U0098552

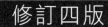

修訂四版

公司法
Corporation Law

作者

潘維大
學歷／
美國內布拉斯加州州立大學法學博士
現職／
東吳大學法律學系專任教授

黃心怡
學歷／
美國杜蘭大學法學博士
現職／
東吳大學法律學系專任助理教授

修訂二版整理
何佳梅／北京大學法學博士

繪圖
薛進坤／政治大學勞工研究所碩士
蔡佳玲／東吳大學會計系學士

三民書局

國家圖書館出版品預行編目資料

公司法 / 潘維大著;黃心怡修訂.－－修訂四版二刷.－
－臺北市: 三民, 2010
面；　公分

ISBN 978－957－14－5249－4　（平裝）

1.公司法

587.2　　　　　　　　　　　　　　　　98016325

© 公 司 法

著 作 人	潘維大
修 訂 者	黃心怡
發 行 人	劉振強
著作財產權人	三民書局股份有限公司
發 行 所	三民書局股份有限公司
	地址　臺北市復興北路386號
	電話　(02)25006600
	郵撥帳號　0009998-5
門 市 部	(復北店) 臺北市復興北路386號
	(重南店) 臺北市重慶南路一段61號
出版日期	初版一刷　2000年8月
	修訂二版一刷　2003年2月
	修訂三版一刷　2006年4月
	修訂四版一刷　2009年9月
	修訂四版二刷　2010年8月
編 號	S 584900

行政院新聞局登記證局版臺業字第○二○○號

有著作權·不准侵害

ISBN　978-957-14-5249-4　（平裝）

http://www.sanmin.com.tw　三民網路書店

※本書如有缺頁、破損或裝訂錯誤，請寄回本公司更換。

修訂四版序

　　民國九十七年底美國雷曼兄弟控股公司發行的連動債大幅貶值，引發全球金融風暴，進而導致臺灣經濟衰退，因此經濟部就受國內外景氣波及之特定產業及中小企業提供紓困方案。本書主要針對公司法於民國九十八年一月增訂接受政府紓困企業至立法院報告自救計畫、主管機關得限制受政府紓困企業之經理人及董監事的報酬或為其他必要處理與限制，和受政府紓困企業公司得發行新股轉讓於政府等相關規定，以及立法院為改善投資環境、促進企業開辦而刪除公司最低資本總額規定，進行修訂，並將書中其他相關法規一併更新。

　　本書延續第一版之作風，在編排設計上務求綱舉目張、提綱挈領，在說明上，儘量以口語方式說明艱澀的法律概念，冀希讀者能在輕鬆愉快的心情下認識法律。

　　本書之完成有賴多方戮力與協力，此次修訂有賴黃心怡博士與三民書局編輯的協助，特此致謝。本書雖已盡心斟酌，仍恐有謬誤之處，尚請見諒與指教。

潘維大 謹識

民國九十八年九月於東吳大學法學院研究室

序

　　在一般人的觀念中，法律是生硬、冰冷的同義詞，然而制訂法律的目的，不外使各種社會活動有規則可循，就好比設立交通標誌，使交通順暢而有秩序一般，法律其實是與生活息息相關的、充滿趣味的一門學科。

　　秉持上述生活化與趣味化的理念，本書的寫作，儘量避免艱澀且專門的法律術語，而以口語的方式，說明法律概念，並輔以生動活潑的漫畫，以期讀者們能在輕鬆愉快的心情下瞭解法律，且希望藉此種方式，開創法律教科書的新途徑。

　　在法律生活化的部分，主要是針對生活實際發生的案例，作為解析之素材，避免單純理論的闡述，此一部分由黃心怡學棣協助，在法律趣味化的部分，則由浪族創意坊的薛進坤及蔡佳玲學棣，以幽默的漫畫表現。

　　本書之完成，主要參考賴源河教授81年版《實用商事法精義》，武憶舟教授87年版《公司法論》，梁宇賢教授75年版《公司法論》，梁宇賢教授83年版《公司法實例解說》，及柯芳枝教授88年版《公司法論》等書籍，特此致謝。又因限於篇幅，書中未能一一註明出處，謹此致歉。

　　筆者才疏學淺，難免有遺漏或不足之處，敬祈各位賢達不吝指正。

潘維大　謹識

民國八十九年三月十四日於東吳大學法學院研究室

公司法

目 次

修訂四版序

序

第二章　股份有限公司 　107

第三章　關係企業 　315

第四章　無限公司 　331

第一章

總　則

第一節　公司的意義及種類

◎公司的意義 ─┬─ 社團法人的一種
　　　　　　 ├─ 以營利為目的的社團法人
　　　　　　 └─ 依公司法組織、登記而成立的社團法人

◎公司的種類

公司種類	股東人數	責任範圍
無限公司	二人以上	股東負連帶無限清償責任
有限公司	一人以上	股東就其出資額為限負責
兩合公司	一人以上無限責任股東	無限責任股東負連帶無限清償責任
	一人以上有限責任股東	有限責任股東就其出資額為限負責
股份有限公司	二人以上或政府、法人股東一人	股東就其所認股份負責

本節目標

1. 本節旨在使讀者對一般的商業組織形態有所認識，建立公司的基本概念，並且能區別公司與其他商業組織的不同。
2. 讓讀者簡單瞭解四種公司的組成、基本權利義務，預先建立公司法的體系。

案　例

　　時節匆匆到了六月，又是鳳凰花開、驪歌高唱的日子。李夢天與大學死黨宋書祺、譚孝竹、陳子揚、連伊涵及林荷謙在校園內作最後的巡禮，大家談起未來的出路，心中有些茫然。李夢天靈機一動，提議說：「不如我們一起來開一家店吧！」突然間大家的前景出現一線曙光、一絲希望，所有人針對這個提議作熱烈討論。

問　題

一、所謂「開一家店」在法律上的意義為何？
二、李夢天等人較適合開什麼樣的店？

說　明

一、所謂「開一家店」在法律上的意義為何？

　　一般人說「開一家店」，是指以賺取利益為目的，而成立一種特定的組織。以該組織有無法律上的人格為區分標準，可分為獨資、合夥及公司兩種形態，說明如下：

(一)獨資、合夥的意義

　　獨資、合夥是沒有法律上人格的商業組織。二者又可合稱為「商號」。所謂獨資，是指由單獨一位投資人出資成立的組織，例如「蘇活廣告設計工作室」、「武大郎燒餅鋪」。獨資的商號沒有權利能力，因此是由獨資商號的負責人享受權利、負擔義務。例如「蘇活廣告設計工作室」的負責人蘇活，接受「武大郎燒餅鋪」的負責人武大郎委託，為其設計廣告

在歡愉的謝師宴上，當師長問起：「畢業後要做什麼?」李夢天等人的笑容全都僵在臉上，心頭浮上一層隱憂。

李夢天與其他五位大學死黨談起未來出路時，突然靈機一動，提議說：「不如我們一起開一家店吧!」

招牌一面。此時，委任契約的當事人是蘇活與武大郎，並非「蘇活廣告設計工作室」與「武大郎燒餅鋪」。蘇活負有依照約定設計招牌的義務，並享有請求給付約定價金的權利；武大郎則負有給付約定價金的義務，並享有請求依照約定的招牌設計權利。

合夥，是指二人以上，約定共同出資（提出金錢、金錢以外的財物、勞務、信用或其他利益），以共同經營事業的一種契約（民§667）。合夥人因為共同出資而形成相當緊密的法律上關係。就共同出資而言，合夥人的出資與合夥後所產生的財產為合夥財產，屬於合夥人公同公有的財產（民§668）。所謂公同共有，是民法上的一種物權關係：二個以上的所有人對一個物共同享有一個所有權，但彼此卻沒有擁有多少比例（在法律上稱為「應有部分」）的分別。至於為什麼會形成公同公有的關係呢？則可能因為法律的規定或契約的約定，前者例如繼承事實的發生，後者則例如當事人締結合夥契約。

公同共有人的權利，及於公有物的全部，例如「草莓牛奶冰果室」是由草莓及牛奶兩姊妹所共同出資，其中草莓出資二十萬，牛奶則出資十萬元及拿出價值十萬元的杯、盤、餐具。此時，三十萬元的現金與價值十萬元的現物是草莓牛奶公同共有的合夥財產。原則上，草莓或牛奶都不可以單獨處分合夥財產（民§828），在合夥關係的存續中，草莓或牛奶也不可以要求分割公同共有物（民§829）。

合夥契約的緊密關係還表現在合夥人對於債務的連帶責任。當合夥事業因經營不善而負有債務，且合夥財產不足以清償該債務時，全體合夥人對於不足的部分，必須負起連帶清償責任。所謂連帶清償責任，是指數人因約定或法律規定共負同一債務，此時，債權人可以對數債務人的一人、數人或全體，同時或先後請求清償債務的一部或全部（民§273）。例如「草莓牛奶冰果室」積欠房東租金五十萬，但草莓牛奶的合夥財產不足以支付五十萬元，則房東就可以向草莓或牛奶，同時或先後請求清

償不足債務的全部或部分。至於合夥人間對於債務應負擔的比例如何，則應視合夥人的約定：若有約定，則依照約定；若無約定，則依照合夥人的出資比例而定。以勞務出資的合夥人，除契約另有約定外，不受損失的分配（民§677）。

(二)公　　司

1.公司是權利主體的一種

法律上可以享受權利能力（即享受權利、負擔義務的能力）者稱為「權利主體」。我國法制上的「權利主體」有兩種：自然人與法人。自然人就是與你、我相同，自母體分娩而出的人；而法人則是由自然人或財產所構成的組織。

以自然人或財產為構成基礎的法人，法律為什麼要賦予其權利能力呢？這是因為單一自然人的力量畢竟有限，為了集眾人之力或一定財產的力量達成特定目標，例如組織政黨以實踐政治理想，法律因此使符合一定條件的團體或財團取得權利能力，使其也可以享受權利、負擔義務。以法人的構成基礎為區分標準，可將法人分為兩種：以人為基礎的社團法人，及以財產為基礎的財團法人。此外，以組織法人的目的為區分標準，又可將法人區分為追求公益或私益的法人。財團法人皆是為了追求公益而設立（民§45、§46），例如財團法人行天宮基金會、財團法人流浪動物之家基金會。社團法人則可為追求公益或私益而設立，前者例如社團法人臺灣酒與社會責任促進會就是為追求公益而成立的社團法人，而公司則是典型為追求私益（利潤）的社團法人。

雖然法人與自然人皆享有權利能力，但法人的權利能力範圍卻較自然人的權利能力範圍小。法人只有在一定範圍內才享有權利並負擔義務。這是因為法人的性質或法律的限制，例如自然人因身分關係所享有的繼承權，當然排除在法人所享有的權利範圍之外；又例如公司法為避免公

司擔任其他權利主體的保證人而影響公司正常營運，因此除其他法律規定或公司章程例外允許外，禁止公司擔任保證人（公§16）。

除法律別有規定外，在法人所得享有的權利能力範圍內，法人即須獨立行使權利、負擔義務，並與其組成員（在社團法人的情形）或捐贈財產之人（在財團法人的情形）有所區別。就公司而言，股東出資成立公司後，公司即取得出資財產的所有權。嗣後公司與其他權利主體締結契約，該契約的當事人是公司，而不是股東；若發生公司債務不履行的情形時，債權人只能向公司請求履行債務，而無法向股東提出主張。除無限股東外，公司若因營運不善而虧損，股東也不需為虧損負責。

公司是追求私益（營利）而設立的社團法人，但公司的組織、登記及設立，必須依照公司法的規定，與一般依照民法規定而設立的社團法人不同。

2.公司的種類

(1)無限公司、有限公司、兩合公司、股份有限公司

依組成公司人數的不同,以及組成公司的人對公司所負責任的類型,可將公司分為四種(公§2I)。出資組織公司的人，公司法上稱為「股東」，股東可以是自然人，也可以是法人或政府機關；而股東對公司所負的責任，則因股東是否對公司的債權人負責，而有不同。

公司法對於不同種類的公司，定有不同的股東人數，擁有一定人數的股東不僅是公司的成立要件，也是公司的存續要件，一旦股東人數不足，即構成法定的公司解散事由。

①無限公司：由二人以上股東所組成，且股東就公司的債務，對債權人負連帶無限清償責任。

所謂連帶責任，是指當公司財產不足清償公司債務時，每一個股東，對於公司的債權人，負無限清償責任（公§60）；所謂無限責任，是指股東對公司的債務，必須完全清償，沒有任何上限。例如傅興漢、薄晴

朗及余純純三人成立一家無限公司，每人出資五百萬元，一年後公司欠債權人一億元，而公司沒有任何財產可以清償債務，此時非僅公司欠債權人一億元，債權人對傅興漢、薄晴朗及余純純三人也享有一億元的債權，即三人共同欠債權人一億元，必須傅興漢、薄晴朗、余純純三人合力或個別償還債權人一億元，則債權人對公司及三人之債權才會消滅，此即所謂連帶清償責任。又傅興漢、薄晴朗、余純純三人所應負的債務，不以其出資額為限，也就是說，如果債務超過其出資額（每人五百萬元）時，傅興漢、薄晴朗、余純純三人對於超過的部分（九千五百萬元），仍然要負責，此即所謂無限責任。

無限公司是否能得到交易相對人的信任，不在於公司資本的多寡，而在於股東個人的信用，所以又稱為人合公司。

②有限公司：由一人以上的股東所組成，股東僅就其出資額為限，對公司負責任。例如傅興漢、薄晴朗、余純純、甄皮、吳保證五人成立一家有限公司，每人出資一百萬元，則該五人僅就其出資額（一百萬元）為限，對公司負責任。也就是說，傅興漢、薄晴朗、余純純、甄皮、吳保證五人出了一百萬元以後，不論公司賠了多少錢，都不必再拿錢出來替公司清償債務，即傅興漢、薄晴朗、余純純、甄皮、吳保證五人每人最多損失當初投資的金額而賠一百萬元（公§99）。

③兩合公司：由一人以上的無限責任股東，與一人以上的有限責任股東所組成，無限責任股東對公司的債務負連帶無限清償責任，有限責任股東，僅就其出資額為限，對公司負責（公§114）。此種由不同責任的股東所組成的公司，稱為二元公司，相同責任類型股東所組成的公司則稱為一元公司。兩合公司的信用基礎，一方面是公司的資本，一方面是無限責任股東的信用，兼具人合及資合的性質，所以也稱為中間公司或折衷公司。

④股份有限公司：至少由二位以上股東或單獨由政府或一個法人股東所組成，全部資本分為股份，股東就其所認股份對公司負責。例如某股份有限公司資本額一億元，分為一千萬股，每股十元，股東需就公司所發行的股份認購。股東認股後，應向公司繳交股款金額，繳交股款金額是股東對公司唯一的責任，公司債權人不可向股東請求連帶清償公司債務（公§154）。由於公司債權人是否願意與股份有限公司有商業的往來，取決於公司的資產，而非股東個人的信用，因此，股份有限公司又稱為資合公司。

(2)其他種類的公司

除上述的公司分類方式外，也有依管轄系統、股本構成、國籍與股東責任等不同區分標準而有下列分類：

①依管轄系統：可以分為本公司（管轄全部組織的總機構）、分公司（受本公司管轄的附屬機構）。

②依股本構成：可以分為國營公司、公營公司與民營公司：公司的事業屬於國營者，稱為國營公司。所謂國營事業，依國營事業管理法第三條的規定，是指：一、政府獨資經營者；二、依事業組織特別法之規定，由政府與人民合資經營者；三、依公司法之規定，由政府與人民合資經營，政府資本超過百分之五十者。其與外人合資經營，訂有契約者，依其規定。公司的事業屬於公營者，稱為公營公司。所謂公營事業，指各級政府合營的事業。國營、公營以外者，則為民營公司。

③依公司國籍：可以分為本國公司、外國公司（依外國法律組織登記者）。

④依股東責任是否相同：可以分為一元公司（由同種責任股東所組成的公司，無限、有限、股份有限公司均屬之）、二元公司（由不同責任股東所組成的公司，兩合公司屬之）。

3.公司與合夥的比較

公司在概念上與合夥類似，但本質上仍有極大的差別，二者的不同處說明如下：

(1)性質

公司是一種社團法人，具有法人資格，為擁有權利能力的主體；合夥僅是契約關係的一種，雖然具有團體性，但沒有權利能力。

(2)成立

公司的設立，採取嚴格的準則主義，必須遵守法律所規定的設立要件及程序，並向主管機關辦理設立登記，才可以成立；合夥的成立，除了訂定合夥契約外，「其存在與否，應就當事人有無互約出資經營共同事業之客觀事實予以認定，至於有無辦理廠商登記，在所不問。」（最高法院64年臺上字第1122號判決）

(3)出資方式

公司的有限責任股東，只能以現金或現金以外的財產出資，只有無限責任股東得以信用、勞務或其他權利出資（公§43）；但是合夥人得以現金、現金以外的財產、勞務、信用或其他利益出資（民§667 II）。

(4)財產歸屬

公司的財產與各股東的私人財產，各自獨立，互不相屬；而合夥事業的財產則為全體合夥人公同共有。

(5)責任範圍

公司的有限責任股東僅在其出資額的限度內，對公司負擔責任，無限責任股東才須對公司的債務，負連帶無限清償責任；合夥人則就合夥事業的債務負連帶無限清償責任。

二、李夢天等人較適合開什麼樣的店?

李夢天等六人既欲共同創業，獨資顯不適宜；至於合夥，各合夥人須負連帶無限清償責任，事業愈大風險愈高，若是有合夥人意圖吃裡扒外，除血本無歸、作鳥獸散之外，還可能傾家蕩產、訴訟纏身，所以大企業中無一採用合夥組織者；若採無限公司，由於股東亦負連帶無限清償責任，與合夥人相同，負擔風險較大，也不恰當；兩合公司最大的問題是誰來擔任無限責任股東，李夢天等人恐無人願意負擔較重的責任；股份有限公司的股東責任有限，日後公司再發展時，募集資本也較容易，但應遵守的法律程序及規定較多，而有限公司有股份有限公司的優點，又無兩合或無限公司的缺點，雖然有限公司不能對外公開募集資金，但公司組織彈性、靈活，對剛起步且人數又少的小型企業而言，應是比較適當的選擇。

習　題

◎選擇題

(　) 1.郝迷胡與郝綏二兄弟，想成立一家公司，從股東人數來考量，二人可以成立　(1)無限公司　(2)有限公司　(3)股份有限公司　(4)以上皆可　(5)以上皆不可。

(　) 2.黑吃黑成衣兩合公司共有四位股東，梅注義為無限責任股東，出資一百萬，公司因經營不善，負債一百萬，當公司資產不足清償時，債權人　(1)得　(2)不得　向梅注義請求償還一百萬。

(　) 3.承上題，吳天理為該公司的有限責任股東，出資五十萬，債權人得向吳天理請求　(1)一百萬元　(2)五十萬元　(3)二十五萬元　(4)零元。

第二節　公司的住所及名稱

本節重點

◎公司的住所→本公司所在地

◎公司的名稱
- 公司名稱應標明公司的種類
- 不得使用與他公司相同或類似的名稱
- 不得使用與政府機關、公益團體相同或類似的名稱
- 不得使用妨害公共秩序或善良風俗的名稱

本節目標

1. 介紹公司住所的用途，及公司應以何地為住所。

2. 說明公司名稱的限制、何種情形會構成公司名稱相同或相類似。

帥哥靚妹公司

眾人經過激烈的討論，終於決定成立有限公司，接下來得為公司取個名字，李夢天主張取名為「帥哥靚妹」，陳子揚嫌太「俗」，認為應該取名為「才子佳人」，譚孝竹提議命為「麥當勞」，宋書祺則說「搖頭玩」較新穎，大夥兒爭論不休。

案 例

　　眾人經過激烈的討論，終於決定成立有限公司，接下來就必須確定公司的名稱及住所。關於住所，大家比較沒有意見，一致認為以公司的辦公室地址作為公司的住所。至於公司的名稱，大家各有主張。李夢天認為公司既然是以青少年為主要顧客群，就叫做「帥哥靚妹有限公司」。但陳子揚認為這個名字「俗」斃了，應該取名為「才子佳人有限公司」比較有氣質。連伊涵不想得罪這兩人，就建議採折衷說「酷哥佳人有限公司」或「才子靚妹有限公司」。然而，譚孝竹認為公司名稱要簡單易記，最好命名為「麥當勞有限公司」，因為麥當勞已有相當的知名度，可以順道搭便車，方便顧客記憶。宋書祺則對譚孝竹的意見不敢苟同，她認為名稱越新奇越能吸引顧客，所以建議命名為「搖頭玩有限公司」。

◀ **問 題**

一、公司一定要有住所嗎？公司的住所如何決定？

二、公司名稱可否隨意命名？

■ **說 明**

一、公司一定要有住所嗎？公司的住所如何決定？

公司是法人的一種，在法律上擁有人格，可以享受權利負擔義務，然而許多權利義務的行使，均涉及「住所」，例如公司依法應受主管機關的監督，但主管機關又因管轄地區範圍不同而有異；此外，對公司提起訴訟時，應向公司住所所在地的法院提起；因此有確定公司住所的必要。

公司為發展業務，有時會在不同的地方設立據點。公司首先依法設立，以管理全部據點、組織的總機構稱為本公司（公§3 I），至於受本公司管轄的分支機構稱為分公司，依公司法的規定，公司應以本公司所在地為住所（公§3 II）。

二、公司名稱可否隨意命名？

公司的名稱，原則上可以自行決定，但為保障交易安全及維護社會公序良俗，公司法對公司的名稱有下列規定，而且公司在辦理名稱登記前，必須先申請核准，並保留一定期間（公§18 V）：

(一)公司名稱應標明公司的種類

所謂公司的種類，是指公司的四種形態：無限公司、有限公司、兩合公司及股份有限公司。由於這四種形態的公司股東，對公司債權人所負的義務不盡相同，為使與公司交易之人，能迅速、清楚地瞭解公司的性質，所以公司名稱應標明公司的種類（公§2 II）。外國公司的名稱應翻譯成中文，名稱中除應標明公司種類外，還必須標明國籍（公§370）。

(二)不得使用與他公司相同或類似的名稱

公司名稱所表彰的商譽，如同人的名譽，必須經過多方面的努力及長時間的累積，才能獲得社會大眾的肯定，為避免不肖之人冒用，謀取不法利益，並保障消費者的權益，所以公司法特別規定，公司不得使用與他公司相同或類似的名稱，但在公司名稱中加註不同的業務種類或其他可資區別的文字，就不屬於相同的公司名稱。例如A公司經營汽車零件業務，B公司經營房屋仲介業務，A取名為「雙簧管汽車零件有限公司」，B公司登記在後取名為「雙簧管房屋仲介股份有限公司」，二者公司名稱中標明不同的業務種類，故其名稱並非相同。在此要說明的是，雖然B公司在名稱中標明為「房屋仲介」公司，其經營業務不會因此受到限制，仍然可以經營如電腦軟體製作、書籍出版、食品等其他無須先經政府許可的業務（公§18 I）。

故意以他人的著名商標名稱作為自己公司名稱的特取部分，而經營同一或同類商品的業務，例如「王子麵食品有限公司」，依商標法第六十二條第一款之規定，有可能構成侵害他人商標權的行為。商標權人得依商標法第六十一條之規定請求損害賠償及排除侵害。公司的中文名稱不同而英譯名稱相同時，由於公司法並未規定公司必須登記英文名稱，亦不須在章程中載明，即使公司在章程中載明英文名稱，依經濟部的行政

解釋命令，認為不發生登記的效力（經濟部54年經商字第18847號令、60年經商字第17416號令）。所以公司的英譯名稱與他公司相同時，並不構成侵害他公司的名稱專用權。惟我國目前經濟朝向自由化、國際化，公司與外國人（包括自然人與法人）的交易日益頻繁，為避免糾紛，公司的英譯名稱有列入監督管理的必要。

(三)不得使用與政府機關、公益團體相同或類似的名稱

為避免交易相對人在交易時發生錯覺，以為公司與政府機關或公益團體有關，所以公司法規定，公司不可以使用易於使人誤認與政府機關、公益團體相同或類似的名稱（公§18 IV前段），例如「國立交通運輸有限公司」、「慈濟醫藥製品股份有限公司」等，均應避免。

(四)不得使用妨害公共秩序或善良風俗的名稱

公司名稱不可以破壞維繫國家社會的優良秩序，或違背國民一般道德標準者（公§18 III後段），例如「賄賂高手顧問股份有限公司」、「吃喝嫖賭旅遊有限公司」等。如果公司違反上述之限制規定，主管機關將駁回其登記申請，此時公司應該換一個名稱再申請登記。

(五)公司名稱遭侵害之救濟

權利主體可享有的權利，以是否具有財產價值，可區分為財產權及非財產權。非財產權又可區分為身分權與人格權：身分權是權利主體本於特定的親屬關係而產生的權利，而人格權則是權利主體本於其所享有的尊嚴而生的權利，包含生命、身體、健康、名譽、自由、信用、隱私、貞操（民§195）、姓名（民§19）等屬於人格權保護的範圍。

姓名權是公司得享有的人格權之一，當公司的姓名權被其他權利主體侵害，在損害發生之前，公司可以請求防止（民§18）；若造成公司受

有損失，公司得依照民法的規定，請求損害賠償。

民法第十九條規定：「姓名權受侵害者，得請求法院除去其侵害，並得請求損害賠償。」所以姓名權受侵害的公司，亦得依民法第十九條的規定，請求法院除去其侵害，並請求損害賠償。在未經法院判決確定前，姓名權受侵害的公司，為避免權益繼續受損，可以利用保全程序，聲請假處分，禁止被告公司繼續使用類似名稱。

參考答案

李夢天等人在決定公司名稱時，除應於名稱中標明公司的種類外，且應避免使用與其他公司相同或相類似的名稱，例如譚孝竹提議的「麥當勞有限公司」，此外，也不可以使用與政府機關、公益團體相同或相類似的名稱。由於全國公司不下數萬家，在初步決定公司名稱後，李夢天等人得登入經濟部全國商工行政服務入口網查詢（網址是http://gcis.nat.gov.tw/welcome.jsp），以避免公司名稱與他公司相同或相類似。

參考法條

商標法§61：

「商標權人對於侵害其商標權者，得請求損害賠償，並得請求排除其侵害；有侵害之虞者，得請求防止之。（第一項）未經商標權人同意，而有第二十九條第二項各款規定情形之一者，為侵害商標權。（第二項）商標權人依第一項規定為請求時，對於侵害商標權之物品或從事侵害行為之原料或器具，得請求銷毀或為其他必要處置。（第三項）」

商標法§62：

「未得商標權人同意，有下列情形之一者，視為侵害商標權：

一、明知為他人著名之註冊商標而使用相同或近似之商標或以該著名商標中之文字作為自己公司名稱、商號名稱、網域名稱或其他表

彰營業主體或來源之標識，致減損著名商標之識別性或信譽者。

二、明知為他人之註冊商標，而以該商標中之文字作為自己公司名稱、商號名稱、網域名稱或其他表彰營業主體或來源之標識，致商品或服務相關消費者混淆誤認者。」

習　題

◎選擇題

（　）1.公司應以何地作為住所？　(1)公司負責人的住所　(2)公司股東共同決定的地點　(3)本公司所在地　(4)以上皆可。

（　）2.A、B二公司同樣經營家電產品的製造，A公司的名稱為「昱有限公司」，B公司嗣後取名為「昱家電股份有限公司」，B公司的名稱是否與A公司名稱相類似？　(1)是　(2)否。

（　）3.A公司專門製作壓克力成品，B公司則經營販賣珠寶的業務，A公司取名為「萬年有限公司」，B公司嗣後取名為「萬年股份有限公司」，B公司的名稱是否與A公司名稱相類似？(1)是　(2)否。

第三節　公司的設立及相關登記

本節重點

◎公司成立的步驟

1.設立 ┬ 發起人全體訂定公司章程
　　　 ├ 決定公司資本
　　　 └ 選出公司設立中的負責人
　　　　　↓
2.設立登記

◎公司登記的種類 ┬ 設立登記→登記要件主義
　　　　　　　　 └ 其他事項之登記與變更登記→對抗主義

本節目標

1.說明公司設立登記的意義、效力與辦理設立登記之機關。

2.區分設立登記與變更登記效力之不同。

3.說明未經設立而營業或為其他法律行為之處罰。

4.強調設立中公司應以「公司籌備處」名義，且只能為籌備之「必要」行為。

李夢天等人最後決定將公司命名為「志遠有限公司」,並將公司的設立、登記事項交由林荷謙負責。

譚孝竹很幸運的在校門口找到一間「人潮洶湧、地段便宜」的店面,譚孝竹見機不可失,當下以「志遠有限公司籌備處」的名義與屋主簽訂租約,然而林荷謙申請公司名稱預查時,發現「志遠」此一名稱已有其他公司使用。

案 例

　　李夢天等人決定將公司命名為「志遠有限公司」，在解決第一個難題後，再來就是公司的設立及登記程序。由於李夢天等人對公司的經營規劃較有興趣，因此將公司的設立及登記交由林荷謙負責，其他人則為公司的正式營運作準備。公司正式營運的第一步，就是要找到一個「人潮洶湧、地段便宜」的店面。譚孝竹很幸運的在校門口旁找到一間店面，當下就以「志遠有限公司籌備處」的名義，與屋主簽約。然而，事與願違，林荷謙在申請公司名稱預查時，赫然發現「志遠有限公司」的名稱已有人使用了，李夢天等人再度開會決議將公司更名為「以便以謝有限公司」。

問 題

一、李夢天等人應如何設立公司？

二、林荷謙應向那個機關辦理登記？設立公司一定要登記嗎？

三、譚孝竹簽定的房屋租賃契約，會因為公司名稱改變而無效嗎？

說 明

一、李夢天等人應如何設立公司？

(一)公司設立的意義

　　權利主體何時取得權利能力？自然人從出生可獨立呼吸時取得權利能力，而公司則自完成設立登記時取得法人資格，公司成立有二大步驟：(1)設立公司；(2)向中央主管機關申請辦理登記。

㈡公司設立的意義

投資人依法組織公司，使公司取得法人資格，所為的行為，稱為公司的設立。設立公司需注意下列三大要件：「設立人」、「資本」、「章程」：

1.設立人

即出資推動公司成立的人（公司法將股份有限公司的設立人稱為發起人），在本案就是李夢天等人。

2.資本

公司有資本才方便從事營利活動，而公司資本也是公司債權人的保障，所以在設立公司時，必須先決定公司資本額的多寡，之後並確定各股東的出資比例。公司申請設立登記時，其資本額必須先經會計師查核簽證（公§7）。

股東出資不一定要拿出現金，也可以用土地、房屋等或其他權利（例如專利權）財物出資，或以股東未來替公司工作作為出資（稱為「勞務出資」），甚至以股東個人的信用作為出資（稱為「信用出資」，即因該股東的入股，而提高其他人與公司進行商業往來的意願，進而增加公司的收入），須注意的是，只有無限責任股東才能以信用或勞務出資（公§43）。

公司於設立時應備有多少資本額？過去公司法對於有限公司及股份有限公司設有最低資本總額的限制規定。然而依據世界銀行西元二〇〇八年九月發布的「二〇〇九全球經商環境報告」中有關「最低資本額」的調查指出，我國「最低資本額」占國人平均所得百分之一百以上，在全世界排第一五七名，嚴重影響我國經濟競爭力。而且資本額只是一個計算上不變的數額，與公司的實質財產並不全然相等（例如郝培潛拿出一百萬創設一家培潛有限公司，用這一百萬購買高雄縣的一塊山坡地，種植高山農作物。沒想到一場大雨引發山崩及土石流，導致地價爆跌，郝培潛以四十萬賠本將地出售。此時，公司的資本額雖為一百萬，但實

質上財產只有四十萬)。所以,民國九十八年四月修訂公司法時,刪除公司最低資本總額的限制。但公司辦理設立登記時,資本額仍須經會計師查核簽證,證明該公司的資本額足夠支付公司設立時的各項費用,否則主管機關將不准其登記。

3.章程

章程好比一個國家的憲法,憲法是國家的根本大法,而章程就是公司組織架構及營運的最高指導原則。章程是由全體設立人共同訂定,主要目的是在建立公司的組織架構(例如公司的種類、股東人數、股東出資額等),並制定公司的活動規則(例如盈餘、虧損分派)。

與公司進行交易的人,可以透過章程瞭解公司的狀況(資本額若干、負責人為何等資訊),以保障自身權益;另一方面,章程也是主管機關管理公司的標準,例如章程中明訂董事與監察人的人數與任期時,主管機關即可以此為根據管理監督公司。

章程所應記載的事項,視公司的種類而有不同,一般而言包括公司的名稱、住所、種類、公司的營業項目、股東(在股份有限公司則為董事、監察人)、股東的出資方式及金額(在股份有限公司則為股份總額及每股金額)等。

㈢公司設立行為之法律性質

投資人為籌設公司所為的設立行為,其法律性質為何,學說上主要有下列幾說:

1.單獨行為說

⑴偶合的單獨行為說

主張公司的設立為偶然的單獨行為者,認為設立人以各自獨立的行為,偶然的湊合在一起而設立公司。但此說受到批評:忽略設立人在設立公司時的共同目的與表現。

(2)聯合的單獨行為說

主張公司的設立為聯合的單獨行為者，認為各設立人在設立公司的共同目的下，本於其單方的意思表示，聯合而設立公司。但此說亦受到批評：即便設立人間有聯合的意思表示與行為，但公司的設立終究難以單獨行為說明。

2.多數行為說

(1)合夥契約說

主張公司的設立為合夥契約者，認為公司的設立行為，本質即為民法債編各論所規定的合夥契約關係。但此說也受到批評：①公司的章程是公司存續的依據，並非設立人間的契約。②設立人是公司的組織分子，但於合夥契約中，合夥人是合夥契約關係的主體。③在公司設立前，設立人就章程的內容事先約定，充其量只是設立行為的預約，公司的設立行為也只是該預約的實現行為。④公司章程的訂定並無要約與承諾存在。

(2)共同行為說

主張公司的設立為共同行為者，認為設立人在同一目的下，以多數相同內容的意思表示，共同一致設立公司。由於此說較能說明多數人設立追求私益（利潤）社團法人的行為，故為多數學者所接受。

(四)公司設立的立法主義

公司的設立必須依照法律，但法律的設計可鬆可緊，各國法制對於公司的設立有下列四種不同的管理態度：

1.放任主義

是指公司的設立全憑當事人的自由，法律不設任何規定。放任主義盛行於歐洲中世紀自由貿易時代，但是公司的經營，事關社會大眾的投資安全，倘對公司的設立不設任何限制，將影響社會經濟的安定，故近

代很少有國家採取此種主義。

2.特許主義

是指所有想設立公司取得法人資格的人，必須取得元首命令（元首特許主義）或由國家制定特許條例（法律特許主義），而後依據該命令或條例組織成立。

3.核准主義

是指公司的設立，除須符合法令所規定的條件外，必須事先經過行政機關的審查，並取得核准。核准主義下，行政機關係依據現行有效的法律加以審查核准，與特許主義係針對每一公司分別制定一個法律條例，有所不同。

4.準則主義

是指國家對於公司的設立先制定一套準則，公司只須合於該準則所規定的條件，即可申請登記，毋須事先取得立法機關或行政機關的核准。準則主義又可分為「嚴格的準則主義」與「單純的準則主義」，後者由於法律所規定的準則非常簡單，易造成流弊，為保護投資人及公司債權人的利益，將單純的準則主義加以改良，嚴格規定設立程序，由主管機關進行實質審查，並加重設立人的責任，我國即採取嚴格的準則主義。

(五)公司的營業許可

公司業務，依法律或基於法律授權所定的行政命令，須經政府許可時，在領得許可證件後，才可以申請公司登記。例如商業銀行、專業銀行、信託投資公司、票券商、信用卡業務等。此項業務的許可，經目的事業主管機關撤銷後，應由各該目的事業主管機關，通知中央主管機關，撤銷或廢止其公司登記或部分登記事項（公§17）。對某些種類的業務設下限制是因為這些業務與公共利益有重大關係，為保障社會大眾，故須先經目的事業主管機關審查並許可後，才可登記。但此規定為登記的前提要件，並

不是設立的前提要件，所以不會和設立採嚴格準則主義互相矛盾。

有關公司業務須取得政府許可，可分為下列幾種：

1.基於法律的規定

例如銀行法、保險法等。公司若經營銀行業或保險業，應經財政部許可，於領得許可證後，才可以申請登記，其於申請設立登記時，須另附繳許可證。

2.基於法律授權所定命令的規定

例如報關業設置管理辦法，是依據關稅法第二十二條第三項的授權，由財政部頒行。所以經營報關業務的公司，必須經財政部許可，領得許可證後，才能申請公司登記。

二、林荷謙應向那個機關辦理登記? 設立公司一定要登記嗎?

㈠公司登記的意義

所謂公司登記，是指將公司組織、資本額、財務狀況等資料，公布於眾。登記的目的，一方面是保護社會大眾、維護交易安全，例如某股份有限公司對外宣稱其資本額達一千億，並擁有上百頃土地，以吸引大眾購買其股票，此時投資人可閱覽該公司的設立登記事項，瞭解該公司是否確實擁有一千億的資本、該公司是否為土地的真正所有權人，避免被不肖之徒詐騙；另一方面則是保護公司自身的權利，例如公司經設立登記後，其名稱即受到保護，其他的公司原則上不可以再使用與該公司相同的名稱。

㈡公司登記的種類

公司登記的種類可概略地分為二大類：一類是設立登記，包括本國公司的設立登記及外國公司的認許登記；一類是公司設立登記後，就設立登記以外的事項辦理登記，或就設立登記事項所為的變更登記，例如公司住所遷移登記、經理人變更登記、分公司登記及解散登記等。

㈢公司登記的機關

公司應向中央主管機關辦理設立登記，所謂中央主管機關是指經濟部（公§5）。惟申請設立登記的公司太多，無法完全由經濟部處理，所以經濟部規定，凡公司的實收資本額（即股東實際交給公司的財物，不包括信用或勞務出資）在新臺幣五億元以上及本公司所在地在金門、馬祖的本國公司，向經濟部商業司申請；凡公司的實收資本額在新臺幣五億元以下，若公司住所在臺灣省者，向經濟部中部辦公室申請，若公司的住所在臺北市或高雄市者，向市政府建設局申請；位於加工出口區或科學工業園區的公司，則分別向經濟部加工出口區管理處或科學工業園區管理局申請。

㈣公司登記的罰則

既然公司登記有其重要性：一方面使得抽象存在的法人得以「現形」，二方面可以作為公司保護自己的證明，因此公司負責人應遵守法律（「公司之登記及認許辦法」）規定誠實辦理。代表公司的負責人未於限期內辦理，將被處以新臺幣一萬元以上五萬元以下罰鍰。若受主管機關責令限期改正而未改正時，主管機關除繼續責令限期改正外，更可按次連續處新臺幣二萬元以上十萬元以下罰鍰，直至改正為止（公§387 VI、VII）。

㈤公司登記的效力

公司登記的效力可分為兩種：

1.就公司的設立登記

如果公司沒有辦理設立登記，法律上認為該公司尚未成立（公§6），不可以使用「某某公司」的名稱，經營業務或為其他法律行為。未辦理設立登記而以公司名義經營業務、或為其他法律行為，由主管機關禁止其使用公司名稱，且行為人各處一年以下有期徒刑、拘役或科或併科新臺幣十五萬元以下罰金，並自行負民事責任；行為人有二人以上時，應負連帶責任（公§19）。

公司法在民國九十年修正前，規定公司完成設立登記並經主管機關發給執照後，始得成立。但領取執照的要件，於民國九十年公司法修正時遭刪除，原因是現今經濟部、臺北市及高雄市政府均已採用公司登記電腦連線系統，社會大眾得透過網路查詢公司的基本登記資料，公司無須再藉由領取執照的方式表徵已正式成立。科技進步帶來的便利，使得上網查詢公司資料既即時又便利，因此核發執照的實益也大為減少。此外，某些不肖廠商在解散或經勒令歇業後，仍持執照招搖撞騙，故廢除核發執照制度亦有助於防範犯罪。

公司完成設立登記後，公司才取得法人資格，才能享有名稱專用權、營業權等權利，而對股份有限公司而言，辦理設立登記後才能發行股票或轉讓股東股份。

在這裡要特別指出的是，公司辦理設立登記後雖取得權利能力，但並不表示公司可以馬上營業，登記後的公司還必須向主管稽徵機關申請營業登記，經取得營利事業登記證後才可以營業。營利事業設立登記的目的，是使公司在稅捐機關取得一個稅籍（相當於自然人的戶籍），作為稅捐機關課稅的依據。營利事業登記與公司登記之性質、目的、效力並

不相同，但某些情形下，具有主從關係。例如：公司之營利事業登記證被主管稽徵機關撤銷時，公司不得繼續營業，但公司仍存在（持續成立）；反之，公司的設立登記被撤銷時，公司不僅不得繼續營業，公司亦不存在，公司的法人資格因此消滅。

2.其他事項的登記

如果公司設立登記後，有設立登記以外的事項未登記，此時並不影響公司設立的效力，但必須先為登記後，才可從事該事項，例如設立分公司。此外，當已登記的事項有所改變而未為變更登記，該事項（即改變後的情形）仍屬有效，但與第三人有爭執時，不得以該事項作為向第三人抗辯的事由（公§12）。例如夢幻珠寶有限公司辦理設立登記時，將負責人登記為李強生，嗣後負責人改由麥喬丹擔任，但夢幻珠寶公司未辦理公司負責人的變更登記，李強生私下以公司名義向公牛進口商訂購珠寶一批，此時夢幻有限公司不能以李強生已經不是公司負責人為由，否認這筆買賣。換句話說，夢幻公司與公牛進口商之間的買賣契約仍為有效。公司法第十二條規定之「不得以其事項對抗第三人」，是否不分第三人善意與否，絕對不可對抗？司法院司法業務研究會第三期研討意見認為：公司法第十二條與民法第三十一條的立法方式完全相同，無表明「善意」字樣，乃為絕對的不得對抗。惟在具體訴訟事件，仍應注意第三人有無民法第一百四十八條權利濫用的情形。但公司法第十二條規定，不包括公司法第二百零五條第六項在內（最高法院68年臺上字第1749號判例。公司法第二百零五條第六項規定：凡居住國外之股份有限公司董事，以書面委託居住國內之其他股東經常代理出席董事會者，必須將其事項向主管機關申請登記。）因為該項的登記，非僅為對抗要件，而是生效要件，凡未登記者不生授與代理權之效力。

三、譚孝竹簽定的房屋租賃契約，會因為公司名稱改變而無效嗎？

籌備中的公司，就好像是尚未出生的胎兒，胎兒既未「出」「生」，故未取得權利能力。但於某些情形之下，確有賦予胎兒權利能力的必要，否則造成法律保護不周的漏洞。例如瑪麗亞在懷胎三個月的時候，被阿強撞傷，傷及胎兒小卒，使得小卒出生後有殘疾，若否認小卒於胎兒期間有權利能力，則小卒就無法向阿強請求損害賠償。因此民法第七條進一步規定，胎兒於將來非死產的前提下，有權利能力。胎兒出生後，原本胎兒所享有的權利就接續下去，同樣地，籌備中公司也有權利能力，且其權利義務，由成立後的公司加以承繼。

籌備中的公司尚未成立，故不得直接以公司的名義為法律行為，而必須以公司籌備處的名義為法律行為，否則行為人將受罰。同時，籌備中的公司所為的法律行為，限於成立公司所必要的行為，例如承租公司營業場所、申請電話等。但若公司不能順利成立時，公司法僅就股份有限公司設有規定：「公司不能成立時，發起人關於公司設立所為之行為，及設立所需之費用，均應負連帶責任。」（公§150）而最高法院早期判例則認為，不論何種類型的公司，若公司未經核准登記，其所負債務，各參與籌備之股東應依民法合夥之規定，負連帶責任（最高法院19年上字第1403號判例、23年上字第1743號判例、58年8月25日民刑庭總會決議）。

◆ 參考答案

本案中李夢天等人應先遵循公司法關於有限公司的規定（詳見第五章第一節）訂定章程，接著確定股東人數及每位股東的出資額，以決定公司的資本額，最後選任一至三名董事，作為設立中公司的負責人（關

於公司負責人詳見本章第六節）。

　　至於登記機關須視林荷謙等人的出資多寡與公司的住所所在地，決定向何機關申請設立登記。

　　譚孝竹所為的承租房屋行為，屬於成立公司所必要的行為，且以公司籌備處的名義所為，未違反公司法第十九條的規定。雖然公司嗣後變更名稱為以便以謝有限公司，與譚孝竹簽約時所使用的名稱「志遠有限公司籌備處」不同，但並不對公司的權利義務產生影響，就好比原先替胎兒命名為「曉山」，等小孩出生後又決定叫「筱珊」，並不影響胎兒的權利義務一般，先前以「志遠有限公司籌備處」名義為法律行為，所產生的權利義務，仍由以便以謝有限公司加以承受。

參考法條

民法§7：

　　「胎兒以將來非死產者為限，關於其個人利益之保護，視為既已出生。」

民法§148：

　　「權利之行使，不得違反公共利益，或以損害他人為主要目的（第一項）。行使權利，履行義務，應依誠實及信用方法（第二項）。」

習　　題

◎選擇題

(　　) 1.柳澄、黃瓜、連霧、甘桔、洪梅、龍眼六人，想每人出資新臺幣一百萬元，在臺北市成立一家有機蔬果有限公司，下列哪一件事是成立有限公司一定要作的？　(1)訂定公司章程　(2)決定公司資本額　(3)辦理設立登記　(4)以上皆是。

(　　) 2.承上題，柳澄等人應向何機關辦理公司的設立登記？　(1)經濟部中部辦公室　(2)臺北市建設局　(3)臺北縣政府　(4)以上皆可。

(　　) 3.承上題，在辦妥公司設立登記前，柳澄等人　(1)可以　(2)不可以　用「有機蔬果有限公司」的名義，承租辦公室。

第四節　公司的能力

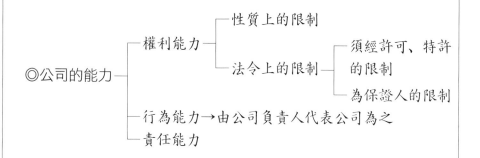

```
                              ┌─ 性質上的限制
                  ┌─ 權利能力 ─┤                    ┌─ 須經許可、特許
                  │           └─ 法令上的限制 ──────┤   的限制
◎公司的能力 ──────┤                                └─ 為保證人的限制
                  ├─ 行為能力 → 由公司負責人代表公司為之
                  └─ 責任能力
```

本節目標

1. 本節旨在使讀者瞭解公司之權利能力、行為能力及侵權行為能力。
2. 公司之權利能力方面，除受公司本身性質之限制外，還有法令的限制。

   公司所受法令上的限制，本應包括須經許可、特許之限制、擔任保證人之限制、轉投資之限制及貸款與他人之限制，但為使讀者容易瞭解起見，將後二種限制，移至下一節說明，統稱為公司資金運用之限制。
3. 就公司之責任能力方面，由於公司法並未明文規定公司有無責任能力，而是從民法第二十八條及公司法第二十三條之規定，推理得知公司具責任能力。

李夢天等人終於完成公司的成立手續，定於十一月一日開幕。

開幕當天，譚孝竹的好友薛迪前來祝賀，並向譚孝竹等人推銷「用必瘦按摩器」，保證銷路一定好，並希望以便以謝有限公司能擔任「薛迪健康美容推展中心」的保證人。突然，二樓傳來一陣巨響，原來是一個小燈泡從展示架上掉落，一名小學生因過度驚嚇從樓梯上跌下。

案　例

　　歷經千辛萬苦，李夢天等六人終於完成公司的成立手續，公司定名為「以便以謝有限公司」，資本額五百萬元，並選舉李夢天擔任董事，營業項目包括：各類圖書、文具、藝術品的代理進口及銷售等業務，並定於十一月一日開業。開幕當天，門庭若市，譚孝竹的好友薛迪也前來祝賀。薛迪見以便以謝公司前景一片光明，就向譚孝竹推銷他們公司的新產品——用必瘦按摩器，市價二十萬元。看在好朋友的分上，薛迪主動五折優待，唯一的請求是希望譚孝竹能以公司的名義，替薛迪的健康美容推展中心作保證人。譚孝竹心想愛美是人的天性，兼賣按摩器必能大發利市，所以就一口答應了。正當大家熱烈搶購的時候，二樓傳來一陣劇烈的爆炸聲，原來是義大利進口的小燈泡，因擺設位置過高而不慎掉落。一名前來消費的小學生，因過度驚嚇而從樓梯上跌下來，哀聲不絕於耳。

問　題

一、以便以謝有限公司可以擔任健康美容推展中心的保證人嗎？
二、譚孝竹購買按摩器的承諾，是否等於以便以謝有限公司的承諾？
三、該名受傷的學生可否向以便以謝有限公司請求損害賠償？

說　明

一、以便以謝有限公司可以擔任健康美容推展中心的保證人嗎？

　　公司是法人的一種，可以在法律上享受權利負擔義務。但依民法第

二十六條的規定：法人只在法令限制的範圍內有權利能力，且專屬於自然人的權利義務法人無法享有、負擔。換句話說，公司的權利能力除了受到本身性質的限制外，還受到法令的限制。

所謂本身性質的限制，例如公司不像自然人般有血肉之軀，所以像生命權、身體權、健康權等因身體而產生的權利義務，或基於親屬關係而生的繼承權，公司就無法享受或負擔，此即稱為「性質上的限制」。但除此以外，財產權及公司得享有的人格權，例如商譽、信用等均不受影響。至於公司在法令上所受的限制詳細說明如下：

(一)須經許可、特許的限制

由於不同的事業可能發生的問題不同，主管機關必須針對不同的事業採用不同的管理方式，例如對證券公司的財務制度加強管理、對航空公司的飛行安全體系加強監督，有的事業甚至必須經過主管機關的特許。

受到高度監督的公司，不但應取得主管機關的許可，而且必須先取得許可後，才可辦理設立登記。公司經營需經許可的事業，必須於章程中載明所營事業；無須經許可的事業，則無須在章程中載明。但公司在辦理設立登記時，必須將全部的所營事業，包含經許可及無須經許可的事業，一併登記。例如「阿爾發音樂股份有限公司」（91.6.30資料）登記的所營事業有：茶牛乳果汁咖啡汽水等各種飲料的買賣經銷業務、糖果餅乾瓜子等各種零食的買賣經銷業務、各種速食品點心即食菜餚等食品的買賣經銷業務、菸酒的買賣經銷業務、一般雜貨的買賣經銷業務、音響設備空白錄音帶錄影帶的買賣經銷業務、提供伴唱視聽設備供人歌唱、視聽歌唱業的管理諮詢分析顧問業務、前各項產品的進出口貿易及代理國內外廠商產品投標報價及經銷業務、成衣零售業、鞋類零售業、皮包、手提袋、皮箱零售業、服飾品零售業、玩具、娛樂用品零售業、鐘錶零售業、眼鏡零售業、一般百貨業、國際貿易業、餐廳業、小吃店業、飲

料店業、飲酒店業、企業經營管理顧問業、資訊軟體服務業、資料處理服務業、電子資訊供應服務業、資訊軟體零售業、事務性機器設備零售業、有聲出版業、圖書出版業、演藝活動業、其他工商服務業（代辦晚會、舞臺劇、音樂會、演唱會、代客錄音）、智慧財產權業、錄音室的出租業。

民國九十年公司法修正前，規定公司不得經營登記範圍以外的業務，但上述限制應如何認定，往往引起諸多爭議，也使得公司於多角化經營時綁手綁腳，因此於此次修法中刪除。

關於公司所營事業的登記，須注意政府自民國八十七年一月一日起實施公司營業項目代碼化作業，所以在民國八十七年一月一日後設立的公司，其所營事業應依中央主管機關所定的營業項目代碼表登記。在民國八十七年一月一日前已設立登記的公司，其所營事業以文字方式表示者，應在變更或新增所營事業時，依代碼表規定辦理（公§18 III）。

(二)擔任保證人的限制

保證，是一種民法上的契約關係。保證契約是由債權人與保證人約定，當債務人不履行債務時，由保證人代負履行責任的契約。例如小黃向銀行貸款（借貸契約關係），其中，小黃是負有返還貸款義務的債務人，而銀行則是小黃的債權人。為避免小黃於清償期屆至時不履行債務，銀行要求小黃必須提供一位保證人。小黃因此找來大牛為其擔任保證人，並由銀行與大牛締結保證契約，其中，大牛與銀行是保證契約的當事人：大牛是保證人，銀行則是債權人。小黃則是保證契約當事人以外，與保證契約息息相關的第三人。擔任保證人所負擔的風險非常大，一旦被保證人無法履行債務，保證人就必須替被保證人清償債務，此時往往造成保證人財產上的巨大損失，為保障公司股東及債權人的權益，避免公司因擔任保證人而蒙受虧損，所以公司法規定：公司除依其他法律或公司

章程規定得為保證者外，不得為任何保證人（公§16 I）。所謂依其他法律，例如依銀行法第三條第十三款規定：銀行可為保證；所謂依章程規定以保證為業務者，例如保證公司等。公司負責人違反前述規定時，自負保證人責任。

惟應注意者，票據背書乃票據行為，背書人應依照票據文義負票據法規定的責任，此與民法所指保證契約的保證人，於主債務人不履行債務時，由其代負履行責任的情形不同，故若公司在票據上背書不違反公司法第十六條第一項規定（最高法院53年臺上字第1930號判例）。

票據法第五十八條第二項「前項保證人，除票據債務人外，不問何人，均得為之。」此項規定並未排除公司法第十六條的適用。故除依其他法律或公司章程規定以保證為業務外，公司仍不得為票據保證人（最高法院43年臺上字第83號判例）。

公司可否為他人設定擔保物權？目前通說與實務的見解認為：公司法第十六條第一項之立法目的旨在穩定公司財務，而公司提供財產為他人設定擔保物權，就其對公司財務之影響而言，與為他人擔任保證人之情形同，故應一併禁止（最高法院74年臺上字第703號判例，經濟部61年經商字第16749號函）。

二、譚孝竹購買按摩器的承諾，是否等於以便以謝有限公司的承諾？

並非所有權利主體皆可獨立為有效的法律行為（此種能力在法律上稱為「行為能力」）。就自然人而言，滿二十歲的成年人或已結婚的未成年人有行為能力；未滿七歲的未成年人無行為能力；滿七歲以上的未成年人只有限制行為能力（民§12、§13）。就法人而言，並無年齡的區分，因此法人皆有行為能力。不過，法人畢竟只是抽象的存在，在現實生活

中，公司沒有嘴巴也沒有手腳，必須由特定的人「代表」公司為法律行為。所謂特定的人，在公司法上，稱為公司的負責人，至於誰是公司的負責人，則因公司種類的不同而有不同（詳見本章第六節），原則上有限公司以董事為公司的負責人，在本案中，只有李夢天才有權「代表」公司為法律行為，所以譚孝竹的承諾，不等於是以便以謝有限公司的承諾。

三、該名受傷的學生可否向以便以謝有限公司請求損害賠償？

(一)責任能力

　　權利主體因故意或不小心侵害別人權益，造成他人受有損害時，行為人只有在具備責任能力的前提下，才負賠償責任（民§187）。所謂責任能力，簡單地說，就是權利主體有一定的注意義務，但卻違反該注意義務。若權利主體於行為時有識別能力，對於事務有正常認識及預見其行為可能發生如何的效果，則該權利主體就有責任能力，必須對於其所作所為負起責任。

(二)公司之責任能力

　　公司是權利主體之一，可能違反義務而必須負起責任，但公司畢竟是抽象存在的法人組織，無法實際親自作出侵害其他權利主體的行為。但代表公司的自然人，卻可能於執行職務時，侵害他人權益。此時，若公司的代表於行為時有責任能力，他本身當然應該負起損害賠償責任，但公司是否亦應負起損害賠償責任？換句話說，公司有沒有責任能力？按照民法第二十八條的規定，法人對於其董事或其他對外有權代表公司的人，因執行職務而造成他人權益受損時，與該行為人連帶負賠償責任。

而公司屬於法人的一種，所以也適用民法第二十八條的規定，換句話說，公司也有責任能力。

此外，公司法第二十三條第二項則是以公司負責人為主的規定，輾轉宣示公司有責任能力，故需負起賠償責任。其規定為：公司負責人對於公司業務的執行，若因違反法令致他人受有損害時，對他人應與公司連帶負起損害賠償責任。

公司法第二十三條與民法第二十八條規定的內容與性質極為相似，然二者仍有下列之不同：

第一，公司法第二十三條著重公司負責人的損害賠償責任；民法第二十八條則著重法人本身的侵權行為責任。

第二，民法第二十八條以法人董事及其他有代表權之人（例如有權代表公司的職員）的不法行為為要件；公司法第二十三條則以公司法第八條所列公司負責人的不法行為為要件，範圍較窄。

第三，民法第二十八條適用於所有法人，公司法第二十三條僅適用於公司。

(三)公司侵權行為責任之成立要件

1.公司負責人之行為具備侵權行為要件

①公司負責人必須有故意、過失。

②侵害他人權益，使他人受有損害。他人「權益」，須為私權。「他人」則包含自然人及法人（如係公權受侵害，不得以此為請求賠償之依據，62年臺上字第2號判例）。

2.該侵權行為必須係因執行業務而發生

①所謂執行職務，凡在外觀上足認為機關之職務行為，及在社會觀念上，與職務行為有適當牽連關係之行為，均屬之（87年度臺上字第2259號判決）。

②公司法第八條第二項規定，清算人於執行職務範圍內，亦為公司負責人，因此清算人如於執行清算事務時，違反法令，致他人受有損害，應有公司法第二十三條之適用（66年度第10次民庭庭推總會決議）。

③公司違法滯納稅金，非屬公司業務，不得依公司法第二十三條令公司負損害賠償責任（經濟部54年經商字第0876號函）。

㈣公司之其他能力

⑴除法律另有規定外，法人不得成為普通刑法上犯罪之主體。因此除特別刑法有明文規定外，法人並無犯罪能力。公司既為法人，亦應適用上述原則，故公司法對於公司之違反行為，僅以公司負責人為刑事處罰對象，並無對公司處刑事罰的規定。

⑵公司具有訴訟法上之權利能力，可以成為民事訴訟上的當事人，亦得以被害人身分，提出刑事告訴或自訴，由代表人為公司進行訴訟。

⑶公司亦得提起請願、訴願或行政訴訟，具公法上的權利能力。

◆ 參考答案

以便以謝有限公司章程中的所營項目，並不包括經營保證業務，而且沒有其他法令允許其為保證業務，所以以便以謝有限公司不可以擔任保證人。如果以便以謝有限公司違反公司法的規定，擔任薛迪健康美容推展中心的保證人，則該保證契約不生效力，此時由公司負責人（李夢天）自負保證人責任。若被保證人（薛迪健康美容推展中心）無力清償債務，應由李夢天清償。若公司因此遭受損失，公司負責人必須負賠償責任。

由於公司法本身未對公司侵權行為作特別規定，所以公司的侵權責任應依民法第二十八條的規定處理。在本例中，李夢天（公司負責人）未盡注意義務（執行職務有疏失），將物品擺設在不安全的位置，使來參

觀的顧客受到傷害，依民法第二十八條，以便以謝有限公司應與李夢天負連帶的責任，所以該名受傷的小學生，可以向以便以謝有限公司請求損害賠償。

參考法條

民法§184：

「因故意或過失，不法侵害他人之權利者，負損害賠償責任。故意以背於善良風俗之方法，加損害於他人者亦同（第一項）。違反保護他人之法律，致生損害於他人者，負賠償責任。但能證明其行為無過失者，不在此限（第二項）。」

民法§187：

「無行為能力人或限制行為能力人，不法侵害他人之權利者，以行為時有識別能力為限，與其法定代理人連帶負損害賠償責任。行為時無識別能力者，由其法定代理人負損害賠償責任（第一項）。前項情形，法定代理人如其監督並未疏懈，或縱加以相當之監督，而仍不免發生損害者，不負賠償責任（第二項）。如不能依前二項規定受損害賠償時，法院因被害人之聲請，得斟酌行為人及其法定代理人與被害人之經濟狀況，令行為人或其法定代理人為全部或一部之損害賠償（第三項）。前項規定，於其他之人，在無意識或精神錯亂中所為之行為致第三人受損害時，準用之（第四項）。」

票據法§58：

「匯票之債務，得由保證人保證之（第一項）。前項保證人，除票據債務人外，不問何人，均得為之（第二項）。」

習　題

◎選擇題

（　）下列那一種權利，在法律上公司可以享有？　(1)生命權　(2)健康權　(3)姓名權　(4)以上皆可。

◎問答題

公司有沒有侵權行為能力？請說明之。

第五節　公司資金運用之限制

本節重點

限　　　制	原　　　則	例　　　外
轉投資的限制	1.公司不得成為其他公司的無限責任股東或合夥人。 2.如為他公司有限責任股東，投資總額不得逾本公司實收股本的40%。	遇下列事項，投資總額不受限制： 1.公司章程另有規定時。 2.無限、兩合公司經全體無限責任股東同意。 3.有限公司經全體股東同意。 4.股份有限公司經代表已發行股份總數2/3以上股東出席，以出席股東表決權過半數同意之股東會決議。
貸款的限制	公司資金不得貸與股東或任何他人	因公司間或與行號間有業務往來或有短期融通資金必要。但短期融資金額不得超過貸與企業淨值之40%。

1. 經濟高度發展的結果，大型企業之公司債權人往往高達數千人，公司股東亦動輒達萬人以上，公司之營運成敗，不僅攸關股東之權益與公司員工之生計，更與社會經濟秩序密不可分。與公司永續生存最息息相關的，莫過於公司的財務狀況，故公司法對公司之財務，設有若干管制規定，包括定期公開各種財務報表、限制公司資金之不當運用、隨時派員監督查核等，以期公司能穩健經營，避免公司之不當營運危害社會大眾。

2. 本節除使讀者知悉公司法對公司資金運用之限制規定外，並期讀者就前述立法精神有所瞭解，有助於日後學習公司法關於公司會計制度之規定。

　　屋主通知李夢天等人其欲出售該店面，如果李夢天等人籌不出錢，將把店面轉賣他人。由於公司可用資金不多，宋書祺建議向地下錢莊借錢，借期三個月。

陳子揚認為向地下錢莊借錢並非長久之計，不如拿出一百萬元炒作股票，保證立刻籌足所需資金。正當大家為此事煩惱不已時，譚孝竹忍不住放聲大哭，因為他急須補繳十萬元的期貨保證金，本想向公司借錢，沒想到公司也周轉不靈。

案 例

　　幾週之後，以便以謝有限公司的營運漸趨穩定，屋主卻告知李夢天等人其欲出售該店面，如果李夢天等人一個月之內籌不出六百萬元，屋主只好將該屋轉賣他人。因為公司所有的資金都用來採購商品，目前可供周轉的資金僅剩下一百萬而已，而其他股東頂多也只能再籌到二百萬元，仍不足三百萬元，於是宋書祺建議以公司名義向地下錢莊借錢，借期三個月，以便暫時解決問題。陳子揚認為解決問題最好的方法就是增加公司的獲利率，而獲利率最高的，就屬炒作股票。所以陳子揚提議公司將剩餘的一百萬交由他來操作，保證馬上賺到三百萬。正當大家為此事煩惱不已時，譚孝竹忍不住放聲大哭，因為他投資的期貨，價格狂跌，必須立刻再補繳十萬元的保證金，正想向公司借錢，沒想到公司也周轉不靈。一時間，烏雲密布，大家都不知該如何解決。

◀ **問 題**

一、李夢天等人可否以公司名義向外借錢?

二、李夢天等人可以利用炒作股票的方式籌措資金嗎?

三、如果以便以謝有限公司有多餘的現金,可以借給譚孝竹嗎?

■ **說 明**

一、李夢天等人可否以公司名義向外借錢?

現今的商業形態與以往有很大的不同,靈活運用資金往往能為公司帶來高額的利潤,所以很少有公司會積存大筆資金,公司向金融業者或個人借錢已成為家常便飯。但是如果債務數額太大,超過公司所能負擔時,不僅影響公司的營運,也影響公司債權人的權益。因此民國九十年修正前的公司法禁止公司以短期借貸的方式(不論是向金融業者或私人借款),籌措「因擴充生產設備而增加固定資產」所需要的資金。

所謂短期究竟所指為何?行政院對於短期的定義,是指不滿一年或不滿一個營業週期,所謂固定資產,是指土地、房屋、機械設備等具有長期使用性質的財產,擴充生產設備而增加固定資產,往往需要數百萬甚至上億的資金,若公司以短期借款方式取得資金,則公司在短時間內要返還本金及利息,很容易造成資金周轉不靈,甚至倒閉破產,此種後果,對公司股東或公司債權人均不利,所以民國九十年修正前的公司法特別明文禁止。但公司是否因為以短期債款支應因擴充生產設備所需的資金,而產生財務困難,應由公司自行衡量,不宜由法律全面強行禁止。例如買賣土地賺取價差,此種以固定資產作為投資理財工具的情形,公

司往往在購買時，即有計畫再度脫手，因此對公司的資金調度影響不大，故民國九十年公司法修正時，將該規定予以刪除，正式宣告公司舉債究竟以長期或短期債款支應，屬於公司自治事項，公司法對此解除管制。

二、李夢天等人可以利用炒作股票的方式籌措資金嗎？

為了使公司的資本額維持一定，公司能穩健經營，以保障公司股東的權益，更為避免有心人士利用公司，大量發行股票與債券，吸收投資人的資金後，將公司自有資金轉移至他處，置原公司於不顧，使投資人蒙受財產上損失，所以公司法對於公司的轉投資設有限制：

㈠公司不得成為其他公司的無限責任股東或合夥事業的合夥人（公§13 I前段）

此項規定的主要原因在於，無限責任股東或合夥人，必須為該公司或合夥事業連帶負無限清償責任，萬一該公司或合夥事業倒閉，勢必影響原公司的財務狀況，所以公司法絕對禁止。

㈡公司如為他公司有限責任股東時，其所有投資總額，不得逾本公司實收股本的百分之四十（公§13 I後段）

公司成為他公司有限責任股東的方式有兩種，一是直接以現金、現物出資，另一種則是以購買股份有限公司的股份。過去有些公司以購買股份但不辦理過戶的方式，規避公司法之規定，因未辦理過戶，理論上即非該公司的股東。但經濟部於民國七十八年十一月作出解釋，凡購買

股份，無論是否登記為所購股份公司之股東，一律視為轉投資，受公司法第十三條之拘束，投資總額不得超過實收資本的百分之四十（78年經商字211081號函）。

不論被投資的公司是本國公司或外國公司，從事轉投資的公司均應遵守前述限制，換句話說，即使是購買外國公司的股票，其投資總額也不可以超過公司法的規定。所謂的投資總額，是指公司拿出自有的資金投資於他公司，不包括因投資所獲得的盈餘分配、或因被投資公司增資而取得的股份（公§13 IV）。舉例來說，安哥拉紡織股份有限公司，其章程所定的資本額為二億元，但實際發行股份所取得的資本為一億元，該公司在民國九十五年五月拿出四千萬元投資開羅紡織股份有限公司，成為開羅公司的股東，開羅公司因經營得法，在民國九十五年八月以發行新股的方式（詳見第二章第八節），分配盈餘給各個股東，安哥拉公司因此分得四十萬股，每股票面金額十元，共計四百萬元。在這個例子中，安哥拉公司的投資總額，應以實際收取的資本計算（一億元），所以其轉投資的金額不可以超過四千萬元，而安哥拉公司實際拿出來投資的錢，剛好四千萬元，開羅公司分配給安哥拉公司的盈餘（四十萬股），不算入轉投資總額中，所以安哥拉公司所為的轉投資，符合公司法的規定。

(1)如果公司本身是以投資為專業，則無受限之必要（公§13I）

所謂以投資為專業，指公司專門以投資信託為業務，而不經營其他事業者而言，此種公司轉投資總額不受公司法限制。依據經濟部之解釋，係指信託投資公司及證券信託投資公司（62年經商字第03917號函）。

(2)如果公司章程有特別規定或已取得股東同意或股東會議決議，則不受限制

股東同意或股東會決議的情形是指：

①無限公司或兩合公司經全體無限責任股東同意（公§13 I ①）。

②有限公司經全體股東同意（公§13 I ②）。

③股份有限公司經代表已發行股份總數三分之二以上股東出席，以出席股東表決權過半數同意的股東會決議（公§13Ⅰ③）。公開發行股票的公司，出席股東的股份總數不足前述定額時，得以有代表以發行股份總數過半數的股東出席，出席股東表決權三分之二以上的同意決議。不過，若公司章程中規定較高的出席股東股份總數及表決權數時，應以章程規定者為定。

公司違反公司法第十三條第一項後段的轉投資比例時，該違法行為之效力如何，公司法未有明文規定，學者間見解亦不一：

(1)絕對無效說

此說認為，違反公司法第十三條第一項後段的轉投資行為，應絕對無效，但構成理由卻有不同：

①公司法第十三條第一項後段屬於禁止規定，依民法第七十一條之規定，法律行為違反禁止規定者，無效。

②公司法第十三條第一項後段，屬於公司權利能力之限制，而公司為法人，依民法第二十六條規定，法人在法令限制內才有權利能力，故違反公司法第十三條第一項後段時，公司即非權利主體，該法律行為對公司無效。

(2)有效說

此說認為公司實收資本額之多寡、轉投資是否逾越比例，純屬公司內部之財務管理，並非他公司所能知悉，為維護交易安全，故違反公司法第十三條第一項後段規定時，僅依同條第五項規定，由公司負責人應賠償公司所受之損害，該行為對公司仍為有效。

(3)部分無效說

此說認為僅公司轉投資超過比例部分無效，未超過部分仍屬有效。

以上三說皆有所據，但基於保障社會交易安全，本書認為採有效說為妥。

公司法對於公司轉投資總額加以限制之原因，主要是避免公司將財產移作他用，以確保公司資本的穩固。然而鑑於經濟發展的需要，為提昇投資意願、鼓勵公司多元化經營，以發揮公司潛力，歷年修正公司法時，逐漸放寬轉投資之限制。但放寬或解除轉投資限制，可能形成壟斷、兼併、資本不實等流弊，故必須與其他相關法令配合，例如消費者保護法、公司法關係企業章等，以保障整體經濟秩序。

三、如果以便以謝有限公司有多餘的現金，可以借給譚孝竹嗎？

(一)原則上，公司不得將資金貸與他人

為了確定公司資本，避免公司負責人隨意將資金借給他人，造成公司的資本額形同虛設，無法順利推展公司業務，甚而損及投資人及公司債權人的權益，所以公司法特別規定，公司不得將資金借給股東或任何他人。此處所稱的股東，包括自然人股東及法人股東，所謂的「任何他人」，包含自然人與法人在內（公§15 I）。但按照特別法規定所成立的公司，如銀行等，則不受公司法規定的限制。

然而完全禁止公司借錢給他人，不免過分嚴苛，所以公司法又設例外規定（公§15 I）：公司間或與行號間有業務往來，或有短期融通資金之必要者除外。即公司符合下列情況時，可以將資金借給他人：(1)限於將資金借給其他公司或行號，依經濟部的解釋還包括借給公司自己的法人股東；(2)公司間或與行號間必須有業務上往來；(3)有短期融通資金的必要。但短期融資金額不得超過貸與企業淨值的百分之四十。

公司不得將資金貸與他人，但若公司員工向公司借支，約定就其薪津及獎金於公司存續期間內扣還，依經濟部解釋，認為此屬預支薪津，

非屬一般貸款性質，不違反公司法第十五條第一項規定。

㈡公司違反禁止貸款規定之處理

公司負責人違法將公司資金貸與股東或任何他人時，應與借用人連帶負返還責任。若使公司受有損害，則須負起損害賠償責任。該貸與行為對公司是否有效，學者見解亦不一：

1.無效說

此說認為公司負責人違法貸與資金之行為，對公司不生效力，其理由有：

(1)公司法第十五條第一項規定，屬於禁止規定，法律行為違反禁止規定者無效。違法將公司資金貸與他人，有違資本維持原則，為保護公司股東及債權人，應認為該行為無效。此外，行為相對人應對公司法第十五條第一項規定，知之甚稔，故無保護相對人的必要。

(2)公司法第十五條第一項規定，是公司權利能力的限制規定，違反該規定時，公司非權利主體，故該違法行為對公司不生效力。

2.有效說

此說認為公司負責人違法貸與資金之行為，對公司有效，其理由如下：

公司原則上有貸與資金之能力，公司法第十五條第一項規定應屬訓示規定，非效力規定。所謂「貸與」，並非「贈與」，公司仍可請求償還，並不違反公司資本維持原則。為保護交易相對人及維護社會交易安全，應以有效說為妥。

民國九十年修正前的公司法並未明確指出公司違法所為的貸與契約是否有效，基於維護社會交易安全的考量，多數學者採取有效說。但民國九十年公司法修正時，已明確規範公司負責人與借用人連帶負返還責任，故該契約應屬無效。

參考答案

李夢天等人借錢是為了購買房屋作為營業場所，不論李夢天等人是以長期或短期債款支應，皆無違反公司法的禁止規定。

瞭解公司法對於公司轉投資的限制後，對於李夢天等人是否可用炒作股票的方式籌措資金，即可作出如下的結論：原則上以便以謝有限公司可以用買賣股票的方式增加公司財富，但不可以超過公司實收資本的百分之四十（在本案為五百萬的百分之四十，即二百萬元）。如果李夢天等人想再多投資一點錢，有兩種解決方式，一是取得公司全體股東的同意，一是直接修改章程。如果用第一種方法，則每次發生投資總額超過公司法規定時，就必須重新取得公司全體股東的同意。

如果李夢天未取得公司全體股東的同意，也沒有修改章程，卻轉投資超過公司實收資本的百分之四十時，必須賠償公司因此所受的損害（公§13 V）。

至於借貸一事，以便以謝有限公司不可以借錢給譚孝竹。如果李夢天違反規定，將公司資金借給譚孝竹，則李夢天應與譚孝竹連帶負返還責任。若導致公司受有損害，亦應負起賠償責任。

習　題

◎選擇題

（　　）1.沙米亞冬橡膠有限公司欲投資其他事業，該公司可能可以成為　(1)新活力輪胎合夥事業的合夥人　(2)全方位食品兩合公司的無限責任股東　(3)跨世紀運動器材股份有限公司的股東　(4)以上皆可。

（　　）2.承上題，沙米亞冬橡膠有限公司的資本額為新臺幣三千萬元，如欲購買跨世紀運動器材股份有限公司的股票，原則上不得超過新臺幣　(1)一千萬元　(2)一千二百萬元　(3)一千五百萬元　(4)沒有限制。

（　　）3.承上題，沙米亞冬公司因購買原料急需現金，　(1)可　(2)不可　向銀行辦理三個月短期貸款。

（　　）4.承上題，新活力輪胎合夥事業，是沙米亞冬公司的老主顧，因資金周轉不靈，欲向沙米亞冬公司借款，沙米亞冬公司(1)可　(2)不可　借錢給該合夥事業。

第六節　公司的股東與負責人

本節重點

◎股東的資格

	無限責任股東	有限責任股東
限制行為能力人／受輔助宣告人	有條件限制	有條件限制
無行為能力人／受監護宣告人	不可	有條件限制
政　府	可	可
公　司	不可	可
獨資／合夥事業	不可	不可
財團／公益社團法人	不可	有條件限制
他公司無限責任股東	有條件限制	可

◎股東的權利與義務

	無限公司	兩合公司		有限公司	股份有限公司
		無限責任股東	有限責任股東		
出資義務	有	有	有	有	有
分派公司虧損義務	有	有	無	無	無
分派公司盈餘權利	有	有	有	有	有

◎公司的負責人

1.種類

	無限公司	有限公司	兩合公司	股份有限公司
當然負責人	執行業務股東或代表公司的股東	董事	執行業務股東或代表公司的股東	董事
職務負責人	1.經理人 2.清算人	1.經理人 2.清算人	1.經理人 2.清算人	1.發起人 2.經理人 3.監察人 4.檢查人 5.重整人 6.重整監督人 7.清算人

2.責任——違反法令致他人遭受損害┬ 與公司連帶負賠償責任
　　　　　　　　　　　　　　　　└ 單獨負賠償責任

本節目標

1.本節旨在使讀者瞭解：

　(1)無限責任股東與有限責任股東之資格。

　(2)公司負責人之意義。

　(3)公司經理人之任免、資格、權限與責任。

2.重點置於經理人違反競業禁止義務之效果。

李夢天每日為公務四處
奔走，林荷謙心有不忍，提
議選出一個經理，減輕李夢
天的工作負擔。陳子揚、連
伊涵等人皆有意出馬競選。

陳子揚為使自己當選，
就說服大夥兒讓他十九歲的
外甥洪昭宇加入公司，以便
表決時多拿一票。豈知人算
不如天算，陳子揚以一票之
差落選，由連伊涵出任經理。

　　以便以謝有限公司的業務蒸蒸日上，李夢天每天為公務四處奔走，連休息的時間都沒有。林荷謙心有不忍，提議再選出一個經理，負責店內的生意，以減輕李夢天的工作量。陳子揚為了使自己能順利當選，就先說服大夥讓他十九歲的外甥洪昭宇加入公司，成為新股東。但人算不如天算，投票的結果，陳子揚仍以一票之差落敗，最後就由連伊涵出任以便以謝有限公司的經理。

問　題

一、洪昭宇才十九歲，可不可以成為以便以謝有限公司的股東？

二、什麼叫做經理人？經理人要做那些事？

三、李夢天及連伊涵誰是公司的負責人？

說　明

一、洪昭宇才十九歲，可不可以成為以便以謝有限公司的股東？

　　依所負責任的不同，可將公司股東區別為無限責任股東及有限責任股東。由於無限責任股東所負責任較重，所以公司法對無限責任股東的資格規定亦較嚴格，詳細說明如下：

㈠無限責任股東

　　1.投資人出資成為公司股東，在法律上就享有權利並負擔義務，所以公司股東一定要具備權利能力，獨資或合夥事業不是權利主體，因此

沒有權利能力，所以獨資或合夥事業不得以該事業的名義成為公司股東。

2.由於無限責任股東的責任較重，在公司資產不夠清償公司債務時，必須負連帶清償責任，所以公司法規定：

(1)受監護宣告的人（民§14、§15）不可以成為無限責任股東（公§66④）。

(2)依照公司法關於轉投資的限制，公司不可以成為其他公司的無限責任股東（公§13 I）。

(3)已經是某公司無限責任股東，如果再要成為其他公司的無限責任股東，依公司法的規定，必須得到原公司其他無限責任股東全體的同意，才可以擔任其他公司的無限責任股東，以免影響原公司其他股東及債權人的權益（公§54、§115）。

(4)至於限制行為能力人，公司法並未禁止其成為無限責任股東，只是須徵得法定代理人的同意。

㈡有限責任股東

1.有限責任股東僅就其出資額負責，責任較輕，所以公司法對有限責任股東的資格並不特別作限制，不論是政府、公司、已擔任其他公司無限責任股東的人、限制行為能力人及受輔助宣告人（民§15-1）均可成為有限責任股東。

2.不過限制行為能力人及受輔助宣告人成為有限責任股東時，應得到法定代理人或輔助人的同意（民§79、§15-2），且在辦理股東登記時，必須附上法定代理人的同意書。至於無行為能力人，例如未滿七歲的小孩，雖然沒有行為能力，但可以透過法定代理人的行為，使其成為有限責任股東（民§76）。例如梅注義才六歲，她的法定代理人（通常是她的父母）仍然可以用梅注義的名義購買多多龍動畫股份有限公司的股份，並將股東登記為梅注義，使梅注義成為多多龍動畫股份有限公司的股東，

但梅注義不能自己行使股東的權利或負擔義務，必須完全由其法定代理人代替她行使。

3.財團或公益社團法人得否成為股東？依經濟部的解釋，認為財團法人及公益社團法人具有公益性質，原則上不能從事商業營利行為，但如果為達成公益目的而有營業的必要，且已在章程中訂明並獲得主管機關的許可時，可以成為有限責任股東。

二、什麼叫做經理人？經理人要做那些事？

(一)經理人的意義

公司規模愈大，需要處理的事情愈多，所以公司法規定，只要公司認為有必要，可以在章程中明定設置經理人，對內處理公司一部或全部的事務，對外則在其職權範圍內代表公司與第三人交涉，以分擔公司負責人的工作量。如果公司須要處理的事情太多，可以設置多位經理人，並在數位經理人中選出一位總經理，以管理其他經理。

(二)經理人的職權

1.經理人的職權範圍

經理人確實的職務為何，須視公司章程的規定，或就公司與經理人簽訂的契約內容加以決定。公司法第三十一條規定，經理人的權限得以章程或契約訂定，但均不得剝奪民法所賦予經理人的基本權限。因此只能依章程或契約約定擴增公司經理人的職權，不能排除民法有關經理人固有權限規定的適用（42年臺上字第554號判例，行政院42年臺經字第5408號令）。經理人在公司章程或契約規定授權範圍內，有為公司管理事務及簽名之權限。

2.公司對經理人職權之限制

雖然公司有權限制經理人的職權，但除法律有特別規定外，公司不得以其對經理人權限的限制，對抗不知情之第三人（民§557）。例如黑玫瑰唱片有限公司委任李斯特為業務部經理，但公司規定李斯特不得以折扣價出售商品，李斯特代表公司與企鵝CD量販店簽訂買賣契約，由於交易量大，李斯特以市價八折出售，而企鵝CD量販店並不知道黑玫瑰唱片有限公司對李斯特的權限定有限制，事後黑玫瑰唱片有限公司不得以「李斯特無權降低商品價格」作為理由，主張該買賣契約無效。因為依民法規定，經理人對第三人，就商號（或商號的分號）的事務，視為有為一切必要管理行為的權利（民§554I）。李斯特為業務部經理，就其業務範圍（出售商品）有權為一切必要的管理行為，而依照一般交易習慣，以適當的折扣價格出售商品，為業務經理執行業務的必要行為，所以黑玫瑰唱片有限公司對李斯特的限制，不得對抗善意第三人（企鵝CD量販店）。

但就下列情形，公司對經理人所作的限制，可以對抗善意第三人：

⑴依民法第五百五十三條第三項規定，公司可以將經理人的職權，限制在公司的部分事務，例如專門處理企劃事務；也可以將經理人的職權，限制在公司的某個或某些個分公司。經理人的行為如果逾越此項限制，公司可以拒絕承認，該行為對公司將不生任何效力。但為保護交易相對人的權利，公司為此種授權限制，必須明確地使第三人從外觀上能清楚地瞭解該經理人的權限何在，例如名片上明白記載該經理人是某部門、或某分公司經理。

⑵依民法第五百五十四條第二項的規定，經理人除有公司書面授權外，對於不動產，不得買賣或設定負擔（如設定抵押權等）。由於不動產買賣、設定負擔等事項，對公司影響較大，對此種重大事件，應由公司出具授權書面，以保障公司及交易相對人的權益。此時，第三人應注意經理人是否取得公司書面授權，若第三人未盡注意義務，則不問該第三

人是否為善意，公司均得對抗之。換句話說，公司可以拒絕承認該無權代理行為，第三人只能自行承擔契約無效的損失，或再轉向經理人求償。

依民法第五百五十五條規定，經理人就所任之事務，視為有代表公司為原告或被告或其他一切訴訟上行為之權，此代理權僅以公司與第三人間之訴訟為限。至於股份有限公司與董事或監察人間之訴訟（公§213、§225），非經理人所得代表。

3.經理人與公司關係之終了

經理人與公司間，屬於民法上的有償委任契約關係，故發生民法上委任契約終止的法定事由時，如經理人死亡、破產或喪失行為能力，公司與經理人間之委任關係亦消滅。此外，公司或經理人之任何一方，得隨時終止委任契約，但當事人一方於不利於他方之時期中止契約者，應負損害賠償責任，惟因非可歸責於該當事人之事由，致不得不終止契約者，不在此限（民§549）。

(三)經理人的資格與任免

1.資格

①經理人須在國內有住所或居所，以確保經理人能就近專心管理公司事務（公§29Ⅲ）。

②經理人常須處理公司重大事務、並經手大筆財物，其能力、人格操守應有一定水準，所以公司法規定，如果有下列情形，不得擔任經理人（公§30）：

A.曾犯組織犯罪防制條例規定之罪，經有罪判決確定，服刑期滿尚未逾五年。此項規定是為防止黑道人士擔任公司負責人的「反黑條款」，以免公司的營運及投資人的權益受到影響。

B.曾犯詐欺罪、背信罪、侵占罪，經受有期徒刑一年以上刑宣告，服刑期滿尚未逾二年。

C.曾經擔任公職虧空公款，經判決確定，服刑期滿未逾二年。

D.受破產宣告尚未復權。

E.使用票據經拒絕往來尚未期滿。

F.無行為能力或限制行為能力。

公司經理人有公司法第三十條所列情事之一時，不得充任經理人，如已充任經理人，當然解任。

2.任　免

經理人之任免應經下列程序：

①無限公司及兩合公司須經全體無限責任股東過半數同意（公§29Ⅰ①）。

②有限公司須經全體股東過半數同意（公§29Ⅰ②）。

③股份有限公司須經董事會過半數之出席，及出席董事過半數同意之決議。且登記時須檢附董事會決議紀錄，預防日後就決議的真假發生爭執（公§29Ⅰ③）。

④經理人的委任或解任，應於經理人到職或離職後十五日內，向主管機關登記。

(四)經理人的義務與責任

(1)經理人應遵守政府法令、公司章程，及股東或執行業務股東之決定、或股東會、董事會之決議（公§33），若經理人違背此義務致公司受損時，對公司應負賠償責任（公§34）。

經理人與公司間既屬有償委任，則經理人處理公司事務應盡善良管理人的注意義務，倘違反該義務，應對公司因此所受的損害，負損害賠償責任，其因逾越權限之行為所生之損害，亦同（民§535、§544）。

經理人因處理公司事務所收取之金錢、物品及孳息，應交付給公司；以自己名義，為公司取得之權利，應移轉予公司。經理人為自己的利益，使用應交付予公司的金錢，或使用應為公司利益而使用的金錢者，應自使

用之日起，支付利息，如有損害，並應賠償（民§541、§542）。而且這種為自己利益使用公司金錢的行為，可能構成刑法上的背信罪（刑§342）。

經理人若代表公司購買物品，並簽發有公司印文及經理簽名之票據，縱使物品由經理侵占未交予公司，公司對該票據仍應負責。經理人取得物品未入帳，屬於公司之內部關係，公司不得以經理人有此情形，而否認經理人對外簽名蓋章之效力（32年臺上字第475號判例，司法院司法業務研討會第3期研究結論）。

(2)經理人不得兼任其他營利事業的經理人，而且不得自己經營或為他人經營同種類的業務，此稱為競業禁止的義務（公§32）。由於經理人處理的事務，多半是公司的重要事務，對公司業務狀況瞭若指掌，如果經理人可以兼任其他營利事業的經理人、或自己經營同種類的業務、或為他人經營同類業務，極可能引來「利益衝突」(conflict of interest)的疑慮，甚或發生經理人故意違背職守，以圖利自己或他人的情形。

例如吳信義是好風水建設股份有限公司的業務經理，負責公司承攬公共工程的投標事宜，隨後又自己開設一家低成本建設有限公司，吳信義因為經手好風水股份有限公司的事務，獲知好風水股份有限公司的投標價格，於是以低於好風水公司百分之十的價格，作為低成本有限公司的競標價格，而造成好風水公司的損失。好風水股份有限公司，可以依民法第五百六十三條第一項的規定，自知道吳信義的違法行為起二個月內，或自吳信義為違法行為時起一年內，請求吳信義將低成本有限公司，因吳信義違反行為所增加的盈餘，交給好風水股份有限公司，作為好風水股份有限公司的損害賠償。

但並不是每位經理人都會以此種方式圖利自己，造成公司損失，因此公司法設有例外規定，如果公司信任該位經理人，得以任免經理人的方式（公§29 I），解除經理人的競業禁止義務（公§32但書）。

(3)公開發行股票公司的經理人，在處理業務時，常有機會知道公司

的業務機密，為避免經理人趁機進行內線交易，因此公開發行股票公司的經理人，如果持有公司股票，應在就任後，向主管機關申報其所持有股票的種類及數量，並對外公告。此外，並需於每月五日以前將上月份持有股數變動的情形，向公司申報。公司應於每月十五日前，彙總向主管機關申報（證交§25）。

(五)經理人的報酬

經理人為公司辛苦工作，理當享有報酬。其報酬數額，若是無限公司及兩合公司，須由全體無限責任股東過半數同意（公§29 I ①）；若是有限公司則須由全體股東過半數同意（公§29 I ②）；若是股份有限公司須由董事會（過半數董事出席及出席董事過半數）同意（公§29 I ③）。

但股份有限公司若為改善財務結構或回復正常營運，參與政府專案核定的疏困方案時（詳如262頁），專案核定的主管機關得限制該公司發給經理人的報酬數額，或為其他必要的處置或限制，以免造成公司營運不佳時，經理人仍然享受高額報酬的不公平現象。關於限制經理人報酬的詳細辦法由中央主管機關規定（公§29 II）。經濟部已於民國九十八年三月發布「參與政府專案紓困方案公司發行新股與董事監察人經理人限制報酬及相關事項辦法」。

三、李夢天及連伊涵誰是公司的負責人？

(一)公司負責人的種類及名稱

公司法上將有權對外代表公司並執行業務的人，稱為公司負責人，而公司負責人又可區分為當然負責人與職務負責人：當然負責人可以全面性地代表公司，並執行公司各項業務，好比是一國元首；職務負責人

僅在其職務範圍內被視為是公司的負責人，一旦超過職務範圍，就沒有代表公司的權利，好比是一國的部長。

當然負責人的名稱，因公司種類而異：在無限公司、兩合公司為執行業務或代表公司之股東；在有限公司、股份有限公司為董事（公§8 I）。職務負責人則包括公司的經理人、清算人，股份有限公司的發起人、監察人、檢查人、重整人、重整監督人（公§8 II）。

㈡政府或法人或其代表人得為公司負責人

在問題一的說明中曾提到，政府或法人可以成為公司的股東，那麼政府或法人可不可以成為公司的負責人？依公司法第二十七條的規定，答案是肯定的。政府或法人為股東時，得被推選為執行業務股東或當選為董事、監察人，再由政府或法人指定特定的自然人代表政府或該法人行使職權。例如太古投資顧問股份有限公司為梅花航空股份有限公司的股東，在股東大會中被推選為董事，此時梅花股份有限公司的當然負責人就是太古投資顧問股份有限公司，太古投資顧問股份有限公司必須指定自然人代表其行使職務，並且可以隨時改派代表人。

按照公司法第二十七條第二項的規定，政府或法人為公司股東時，其代表人也可以被推選為執行業務股東、或當選為董事或監察人。依本項規定，公司負責人就不是政府或法人，而是政府或法人的代表人。如果代表人有數人，可以分別被推選為執行業務股東，或當選為董事或監察人。如上例中，太古股份有限公司委託殷商與鐘諮代表太古股份有限公司行使股東權，在梅花航空股份有限公司的股東大會中，殷商被推選為董事、鐘諮被推選為監察人，此時梅花航空股份有限公司的負責人是殷商，而不是太古股份有限公司。惟若殷商因故不再是太古股份有限公司的代表人，例如車禍身亡，為避免公司因政府或法人股東變更代表人，致公司需重新推選公司負責人，造成公司業務的延滯，所以公司法允許太

古股份有限公司另外派人接替殷商成為梅花航空股份有限公司的董事。

(三)公司負責人之責任

公司負責人在執行公司職務時，應忠實執行業務並盡善良管理人的注意義務，如果未忠實執行業務或未盡善良管理人注意義務，致公司受有損害時，應對公司負損害賠償責任（公§23 I）。如果公司負責人執行業務時，違背法律命令，致他人受有損害時，對該他人應與公司負連帶賠償責任（公§23 II）。這裡所指的公司負責人，包含公司的當然負責人與職務負責人。公司法第二十三條第二項規定的公司責任，係公司基於侵權行為人身分所應負的責任，與僱用人責任（民§188）不同，故公司不得依民法第一百八十八條第一項但書規定，主張其對公司負責人的選任及監督，已盡相當的注意義務，或縱加以相當的注意仍不免發生損害，而免除其損害賠償的責任。

參考答案

綜上所述，洪昭宇雖然才十九歲，只要經過其法定代理人的同意，仍然可以成為以便以謝有限公司的股東。原則上，以便以謝有限公司的負責人為李夢天，但連伊涵在其職權範圍內（關於店內生意的處理）也是公司負責人。

參考法條

民法§14：

「對於因精神障礙或其他心智缺陷，致不能為意思表示或受意思表示，或不能辨識其意思表示之效果者，法院得因本人、配偶、四親等內之親屬、最近一年有同居事實之其他親屬、檢察官、主管機關或社會福利機構之聲請，為監護之宣告（第一項）。受監護之原因消滅時，法院

應依前項聲請權人之聲請，撤銷其宣告（第二項）。法院對於監護之聲請，認為未達第一項之程度者，得依第十五條之一第一項規定，為輔助之宣告（第三項）。受監護之原因消滅，而仍有輔助之必要者，法院得依第十五條之一第一項規定，變更為輔助之宣告（第四項）。」（註：本修正條文於中華民國九十七年五月二十三日公布，自九十八年十一月二十三日施行。）

民法§15：

「受監護宣告之人，無行為能力。」（註：本修正條文於中華民國九十七年五月二十三日公布，自九十八年十一月二十三日施行。）

民法§15-1：

「對於因精神障礙或其他心智缺陷，致其為意思表示或受意思表示，或辨識其意思表示效果之能力，顯有不足者，法院得因本人、配偶、四親等內之親屬、最近一年有同居事實之其他親屬、檢察官、主管機關或社會福利機構之聲請，為輔助之宣告（第一項）。受輔助之原因消滅時，法院應依前項聲請權人之聲請，撤銷其宣告（第二項）。受輔助宣告之人有受監護之必要者，法院得依第十四條第一項規定，變更為監護之宣告（第三項）。」（註：本修正條文於中華民國九十七年五月二十三日公布，自九十八年十一月二十三日施行。）

民法§15-2：

「受輔助宣告之人為下列行為時，應經輔助人同意。但純獲法律上利益，或依其年齡及身分、日常生活所必需者，不在此限：一、為獨資、合夥營業或為法人之負責人。二、為消費借貸、消費寄託、保證、贈與或信託。三、為訴訟行為。四、為和解、調解、調處或簽訂仲裁契約。五、為不動產、船舶、航空器、汽車或其他重要財產之處分、設定負擔、買賣、租賃或借貸。六、為遺產分割、遺贈、拋棄繼承權或其他相關權利。七、法院依前條聲請權人或輔助人之聲請，所指定之

其他行為（第一項）。第七十八條至第八十三條規定，於未依前項規定得輔助人同意之情形，準用之（第二項）。第八十五條規定，於輔助人同意受輔助宣告之人為第一項第一款行為時，準用之（第三項）。第一項所列應經同意之行為，無損害受輔助宣告之人利益之虞，而輔助人仍不為同意時，受輔助宣告之人得逕行聲請法院許可後為之（第四項）。」（註：本修正條文於中華民國九十七年五月二十三日公布，自九十八年十一月二十三日施行。）

民法§188：

「受僱人因執行職務，不法侵害他人之權利者，由僱用人與行為人連帶負損害賠償責任。但選任受僱人及監督其職務之執行，已盡相當之注意或縱加以相當之注意而仍不免發生損害者，僱用人不負賠償責任（第一項）。如被害人依前項但書之規定，不能受損害賠償時，法院因其聲請，得斟酌僱用人與被害人之經濟狀況，令僱用人為全部或一部之損害賠償（第二項）。僱用人賠償損害時，對於為侵權行為之受僱人，有求償權（第三項）。」

民法§553：

「稱經理人者，謂由商號之授權，為其管理事務及簽名之人（第一項）。前項經理權之授與，得以明示或默示為之（第二項）。經理權得限於管理商號事務之一部或商號之一分號或數分號（第三項）。」

民法§554：

「經理人對於第三人之關係，就商號或其分號，或其事務之一部，視為其有為管理上之一切必要行為之權（第一項）。經理人，除有書面之授權外，對於不動產，不得買賣，或設定負擔（第二項）。前項關於不動產買賣之限制，於以買賣不動產為營業之商號經理人，不適用之（第三項）。」

民法§555：

「經理人，就所任之事務，視為有代理商號為原告或被告或其他一切訴訟上行為之權。」

民法§556：

「商號得授權於數經理人。但經理人中有二人之簽名者，對於商號，即生效力。」

民法§557：

「經理權之限制，除第五百五十三條第三項、第五百五十四條第二項及第五百五十六條所規定外，不得以之對抗善意第三人。」

民法§558：

「稱代辦商者，謂非經理人而受商號之委託，於一定處所或一定區域內，以該商號之名義，辦理其事務之全部或一部之人（第一項）。代辦商對於第三人之關係，就其所代辦之事務，視為其有為一切必要行為之權（第二項）。代辦商，除有書面之授權外，不得負擔票據上之義務，或為消費借貸，或為訴訟（第三項）。」

民法§559：

「代辦商，就其代辦之事務，應隨時報告其處所或區域之商業狀況於其商號，並應將其所為之交易，即時報告之。」

民法§560：

「代辦商得依契約所定，請求報酬或請求償還其費用。無約定者依習慣，無約定亦無習慣者，依其代辦事務之重要程度及多寡，定其報酬。」

民法§561：

「代辦權未定期限者，當事人之任何一方得隨時終止契約。但應於三個月前通知他方（第一項）。當事人之一方，因非可歸責於自己之事由，致不得不終止契約者，得不先期通知而終止之（第二項）。」

民法§562：

「經理人或代辦商，非得其商號之允許，不得為自己或第三人經營與其所辦理之同類事業，亦不得為同類事業公司無限責任之股東。」

民法§563：

「經理人或代辦商，有違反前條規定之行為時，其商號得請求因其行為所得之利益，作為損害賠償（第一項）。前項請求權，自商號知有違反行為時起，經過二個月或自行為時起，經過一年不行使而消滅（第二項）。」

民法§564：

「經理權或代辦權，不因商號所有人之死亡、破產或喪失行為能力而消滅。」

證券交易法25：

「公開發行股票之公司於登記後，應即將其董事、監察人、經理人及持有股份超過股份總額百分之十之股東，所持有之本公司股票種類及股數，向主管機關申報並公告之（第一項）。前項股票持有人，應於每月五日以前將上月份持有股數變動之情形，向公司申報，公司應於每月十五日以前，彙總向主管機關申報。必要時，主管機關得命令其公告之（第二項）。第二十二條之二第三項之規定，於計算前二項持有股數準用之（第三項）。第一項之股票經設定質權者，出質人應即通知公司；公司應於其質權設定後五日內，將其出質情形，向主管機關申報並公告之（第四項）。」

習 題

◎選擇題

( ) 1.蘇喜想找朋友合開一家醍醐食品無限公司，他可以找誰一起當股東？ (1)十六歲的柳澄 (2)大和解文教財團法人 (3)全方位食品有限公司 (4)以上均不可。

( ) 2.下列那一選項不是公司的當然負責人？ (1)沙米亞冬有限公司董事 (2)全方位食品兩合有限公司總經理 (3)跨世紀運動用品股份有限公司董事 (4)以上皆非。

( ) 3.皮再揚是全方位食品兩合有限公司的公關部經理，爆發力飲料有限公司的董事顧仁怨想高薪聘請皮再揚兼任業務部經理，皮再揚 (1)可 (2)不可 兼任該職。

第七節　分公司

本節重點

◎定　義　從事營業行為，對外經營業務及有獨立財務會計

◎設　立　應於章程中載明得設立分公司，並向主管機關申請登記

◎權利能力┬與本公司係同一人格，無獨立的權利能力
　　　　　└例外得為民事訴訟上的原告或被告

本節目標

1. 本節旨在使讀者瞭解成為分公司之要件及分公司之權利能力。

2. 分公司在業務範圍內，得以自己名義為交易行為，亦得為民事訴訟上之原、被告，一般公司之門市部、服務站則無此種權限，故有區別分公司與門市部、服務站之必要。

3. 商業實務上常見分公司以自己之名義為交易行為，而民事訴訟法上亦允許分公司為原、被告，但分公司並無獨立之法人格、亦無權利能力，非為獨立的權利主體。

宋書祺的叔叔有間房子要出租，地點在車站附近，大夥兒見公司盈餘日豐，決議租下該店面，成立「以便以謝有限公司站前分公司」，由宋書祺擔任分公司經理。

宋書祺以分公司經理身分，與情趣裝潢傢俱公司忠孝分公司簽訂店面裝潢契約，約定在八月一日前全部完工。孰料情趣公司因人手不足，以致站前分公司的開幕儀式被迫延期，李夢天等人決定起訴情趣公司，請求損害賠償。

　　時光飛逝，轉瞬間以便以謝有限公司已經二歲了，大夥兒見盈餘日豐，便想再開家分店。正巧宋書祺的叔叔有間房子要出租，地點位於車站附近，如果能在這裡開店，生意一定比現在更好。幾經商議，大家一致決議租下這間店面，成立「以便以謝有限公司站前分公司」，並選任宋書祺為分公司經理。因開幕在即，店面必須重新裝潢，宋書祺便以分公司經理的身分，與情趣裝潢傢俱有限公司忠孝分公司簽訂契約，約定在八月一日前必須全部完工。站前分公司原本預訂於八月十日正式開幕，孰料情趣公司因人手不足，直到八月十五日才完工，開幕儀式被迫延至八月二十日。李夢天等人遂決定對情趣公司提起民事訴訟，請求損害賠償。

問　題

一、分公司應如何設立？

二、李夢天等人可否直接提起民事訴訟請求情趣裝潢傢俱有限公司忠孝分公司賠償損失？

說　明

一、分公司應如何設立？

　　公司為了推展業務、擴大銷售網路以及應付實際營運的需要，往往在不同地方設立據點，公司據點的形式有很多，例如服務中心、門市部、分店或分公司等，但並非所有的據點，都是公司法上的分公司，依照經濟部的解釋，符合下列條件者才是公司法上的分公司：

1.分公司必須要有營業行為，對外經營業務

有些據點只是用來方便處理本公司的部分事務，例如服務中心可能只負責產品維修、倉儲部可能只負責原料與成品的存放等，這些據點都不是公司法所稱的分公司。

2.分公司必須要有獨立的財務會計

分公司要有自己的會計單位計算盈虧，如果它的交易是每一筆都轉報總公司列帳，自己沒有設置主要帳冊，則不屬於公司法上的分公司。

3.分公司的設立應注意下列事項

(1)公司章程中載明設立分公司（公§41、§101、§116、§130）：如果公司成立時，公司章程中沒有明白記載可以設立分公司，必須先變更章程，增列設置分公司的條款後才能設立分公司。變更章程之要件，依公司種類之不同而有不同：無限公司、有限公司及兩合公司，應得全體股東之同意（公§47、§113、§115）；股份有限公司，應有代表已發行股份總數三分之二以上之股東出席，以出席股東表決權過半數之同意。公開發行股票之公司，出席股東之股份總數不足前述定額者，得以有代表已發行股份總數過半數股東之出席，出席股東表決權三分之二以上之同意行之。出席股東股份總數及表決權數，章程有較高之規定者，從其規定（公§277）。

(2)公司應於設立分公司後十五日內，向主管機關申請登記（公司之登記及認許辦法§7）；分公司如有遷移住所、撤銷（指關閉分公司）等情形，應該在遷移或撤銷後十五日內，向主管機關申請登記（公登§8）。

(3)分公司之名稱不能與其他公司的名稱相同或相類似，以免引起誤認導致交易上糾紛，依照經濟部的解釋，其名稱應以本公司的名稱，加上地名或數字，例如全方位有限公司臺東分公司或全方位有限公司第三分公司，作為分公司名稱。

二、李夢天等人可否直接起訴請求情趣裝潢傢俱有限公司忠孝分公司賠償損失?

由於分公司不是獨立的公司,而是受本公司管轄的分支機構,基於人格的不可分割性(法人人格只有一個,無法割裂成數個),本公司無法分割其人格而使分公司取得部分人格,換句話說,只有本公司才是權利能力的主體,分公司不能享受權利負擔義務。因此分公司不得成為不動產登記之名義人,必須以本公司為登記名義人,倘分公司經理人代表分公司,以該分公司名義聲請設定不動產抵押權或塗銷不動產抵押權,則非適法(經濟部57年經商字第00954號函)。

然而在訴訟上如果堅持只有本公司才是權利能力主體,則與分公司發生糾紛而進行訴訟時,則相當不便。因為依民事訴訟法的規定,原告必須向被告所在地的法院提起訴訟,而通常分公司與本公司是在不同的縣市,當以分公司為被告時,這會對原告產生極端的不便利;當分公司欲提起訴訟,因其欠缺權利能力,必須透過本公司代為提起,也對公司造成不便。因此最高法院判例從寬認為,分公司就其業務範圍內的事項涉訟時,有民事訴訟法上的當事人能力,換句話說,在民事訴訟上,分公司雖無權利能力,然就其業務範圍內的事項,可以成為訴訟上的原、被告。

由於分公司與本公司係同一法人格,故對分公司所為之判決,其效力及於本公司。且由於分公司與本公司係同一權利主體,故分公司無獨立財產,所有分公司之財產,皆為本公司總財產之一部分。因此若持有對分公司之給付金錢勝訴判決時,除得強制執行該分公司之財產外,並得強制執行本公司之財產,亦得就同一公司之其他分公司財產聲請強制執行。

參考答案

由於以便以謝有限公司成立時，並未在章程中明白記載可以設立分公司，因此李夢天等人應先徵得全體股東同意（公§47、§113），變更公司章程，再依規定向主管機關申請分公司的登記。在此要注意的是，以便以謝有限公司變更章程後，李夢天應一併向主管機關辦理公司登記事項的變更登記。

在本案中，李夢天等人得以情趣裝潢傢俱有限公司忠孝分公司為被告，提起訴訟，要求損害賠償。又，李夢天等人除了以以便以謝有限公司為原告外，由於此件糾紛屬於以便以謝有限公司站前分公司業務範圍內的事項，宋書祺還可以以以便以謝有限公司站前分公司為原告，提起訴訟。

倘李夢天等人以情趣裝潢傢俱有限公司忠孝分公司為被告提起民事訴訟請求損害賠償，取得勝訴判決，而情趣裝潢傢俱有限公司忠孝分公司拒絕支付損害賠償金額時，李夢天等人可以就情趣裝潢傢俱有限公司忠孝分公司、或情趣裝潢傢俱有限公司之本公司、或情趣裝潢傢俱有限公司之其他分公司財產，聲請強制執行。

習　題

◎選擇題

（　　）1.公司法上的分公司必須具備下列那一要件？　(1)對外經營業務　(2)有獨立的財務會計　(3)以上皆是。

（　　）2.本公司與分公司的法人人格是　(1)同一個　(2)相互獨立，分別計算　(3)以上皆是。

（　　）3.郝綏向全方位食品股份有限公司新竹分公司購買飲料一箱，返家後發現飲料中有不明懸浮物，郝綏若欲起訴請求損害賠償，應該以誰為被告？　(1)全方位食品股份有限公司　(2)全方位食品股份有限公司新竹分公司　(3)以上皆可。

第八節　公司的監督

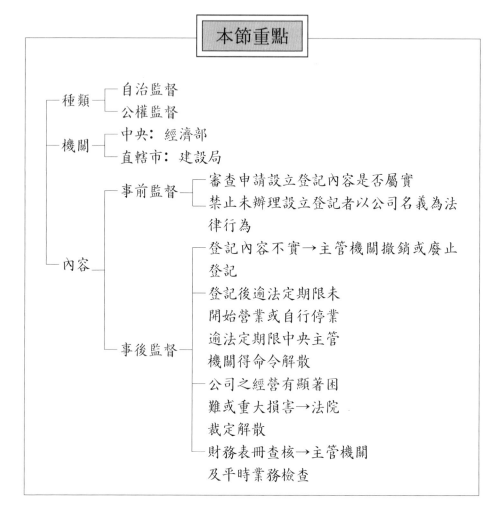

本節重點

- 種類
  - 自治監督
  - 公權監督
- 機關
  - 中央：經濟部
  - 直轄市：建設局
- 內容
  - 事前監督
    - 審查申請設立登記內容是否屬實
    - 禁止未辦理設立登記者以公司名義為法律行為
  - 事後監督
    - 登記內容不實→主管機關撤銷或廢止登記
    - 登記後逾法定期限未開始營業或自行停業逾法定期限中央主管機關得命令解散
    - 公司之經營有顯著困難或重大損害→法院裁定解散
    - 財務表冊查核→主管機關及平時業務檢查

本節目標

1. 本節旨在使讀者知悉公司之監督機關及受監督之事項。

2. 主管機關對公司之監督主要有三：一是禁止未登記之公司，以公司名義經營業務，危害社會交易安全；一是確保公司之登記事項屬實；一是督促公司正常、合法經營業務，並透過檢閱財務表冊，查核公司有無不符法令規定之情事。

連伊涵為了買房子，與其他股東商議，希望先暫時抽回對公司的出資，等日後經濟較寬裕後，再補回出資額，李夢天等人當場答應連伊涵的請求。

譚孝竹對上次公司不借錢給他的事，一直耿耿於懷，遂私下向經濟部檢舉以便以謝有限公司負責人，違法發還公司股東的股款，希望經濟部將李夢天處以重刑。

● 案 例

　　經過兩年不眠不休地工作，連伊涵存了一筆錢，想買間屬於自己的小窩，但手頭上的錢仍不夠繳納頭期款，遂與其他股東商議，希望能先暫時抽回對以便以謝有限公司的出資，等日後經濟較寬裕後，再補回出資額。李夢天等人覺得公司已經穩定成長了，並不缺連伊涵的資金，所以當場就答應了連伊涵的請求。然而譚孝竹對上次公司不借錢給他的事，一直耿耿於懷，於是私下向經濟部檢舉以便以謝有限公司負責人李夢天有違法行為，指其違法發還該公司股東連伊涵的股款，希望經濟部能將李夢天繩之以法，處以重刑。經濟部接獲檢舉後，馬上派員到以便以謝有限公司檢查，調查後發現該公司法律顧問已事先提醒股東，所以連伊涵並未抽回股款，經濟部遂以查無實證而結案。

◄◄ **問 題**

一、以便以謝有限公司是否必須接受經濟部的檢查？

二、公司有那些事項必須受到監督？

■ **說 明**

一、以便以謝有限公司是否必須接受經濟部的檢查？

為確保公司正規經營、避免執行業務的股東（或董事）怠於處理公司業務、或趁機為違法情事，公司內部設有監督機關（例如股份有限公司的監察人）或由構成員（其他非執行業務的股東）監督，此種監督稱為自治監督。然而有時公司為求賺錢，往往上下一心，一起使用不當營業方式謀取利益，對社會經濟及交易安全產生嚴重影響，此時國家基於維護公益而監督公司，稱為公權監督。

公司法中的公權監督，包含了主管機關、目的事業主管機關以及法院。主管機關，在中央是經濟部，在直轄市則為直轄市政府(公§5I)。實際上執行的部門是經濟部商業司，以及直轄市政府的建設局。目的事業主管機關，則需視公司的所營事業為何。有些公司所經營者，是一般普通的商業，此時即無目的事業主管機關。一般來說，經營需事先經過政府部門許可的事業，該政府部門即是目的事業主管機關。例如經營「綜合旅行業」者，需先經交通部觀光局的許可，交通部觀光局即是主管此事業的目的事業主管機關。此外，當股份有限公司發行有價證券時，則受到財政部證券暨期貨管理委員會的管理監督。

除公司營運本身受到上述政府機關的監督外，尚有其他政府機關監督其他的方面，例如稅務機關查核公司是否如實納稅，消防單位檢查公

司有無符合消防安全的要求等等。

　　依公司法第二十一條的規定：主管機關可以會同目的事業主管機關，隨時派員檢查公司業務及財務狀況，公司負責人不得妨礙、拒絕或規避。如果經濟部調查後，發現公司應收的股款，股東並沒有實際繳納，而以申請文件表明收足，或股東雖已繳納，但公司於登記後將股款發還股東，或任由股東收回，經濟部應立刻向公司所在地的地方法院檢察署告發，由檢察官代表國家偵查並提起訴訟，如果法院判決公司負責人有罪（刑責為五年以下有期徒刑、拘役或科或併科新臺幣五十萬元以上二百五十萬元以下罰金），經判決確定後，則由法院檢察署通知中央主管機關撤銷或廢止公司的相關登記（公§9III），以防止不法之徒假冒公司之名行詐騙之實並防範經濟犯罪。公司法第九條第三項所規定之「裁判」確定，係指同條第一項所規定公司負責人應受刑罰之刑事裁判，包括：

　　⑴免刑判決（被告構成犯罪，但基於其他刑罰規定，不予處罰）。

　　⑵緩刑判決（被告構成犯罪，且依法應科處刑罰，惟依刑法第七十四條之規定，法官認為暫不執行刑罰較適當時，可以宣告二年以上五年以下之緩刑，倘緩刑期間，被告未曾受其他有期徒刑以上刑之宣告時，於緩刑期間屆滿時，原本所宣告之刑罰失其效力）。

　　但不包括：

　　⑴免訴判決（是指案件因下列事由，而免予起訴：一、同一案件先前曾受判決，且該判決已確定。二、案件之追訴時效已完成。三、被告就該案件曾經大赦。四、犯罪後之法律已廢止其刑罰）。

　　⑵不受理判決（是指案件因欠缺訴訟條件，法院拒絕受理）。

　　所謂裁判「確定」，指原告（在刑事案件為檢察官或自訴人）、被告雙方，依刑事訴訟法之規定，均依法不得提起上訴之情形，如當事人捨棄上訴權或撤回上訴、遲誤上訴期間等。

二、公司有那些事項必須受到監督?

1.事前監督

(1)設立登記

為預防不肖之人以設立公司為手段詐騙金錢,並確保公司組織、財務的健全,公司未經辦理設立登記,不得成立(公§6)。且主管機關對公司設立登記的申請內容,認為有違反法令或不合法定格式的地方,應命令公司改正,等到公司改正並合於法令規定後,才可予以登記(公§388)。

(2)公司名稱的禁止使用

為維護社會經濟及交易安全,凡未辦理設立登記者,主管機關應禁止其使用公司名義經營業務或為其他法律行為(公§19)。

2.事後監督

(1)經中央主管機關撤銷或廢止登記(公§9)

公司負責人因下列情事受刑事有罪判決,經判決確定後,由第一審法院檢察署通知主管機關撤銷或廢止登記: 1.公司設立或其他登記事項有偽造、變造情形; 2.股東並未實際繳納股款,公司卻在申請文件中記載已收足; 3.公司在辦妥設立登記後,將股款發還股東或任由股東收回。

當公司的經營違反法令而受勒令歇業處分確定時,例如公司違反少年福利法第二十六條而受勒令歇業處分,處分機關將會通知中央主管機關,廢止公司登記或部分登記事項(公§17之1)。

(2)由中央主管機關命令解散(公§10)

公司於辦妥設立登記後,如果發生下列情事時,中央主管機關可以依職權或利害關係人的申請,命令該公司解散:

①公司自設立登記後，超過六個月仍未開始營業，或開始營業後自行停止營業六個月以上。此項規定乃在避免有心人士利用公司名稱招搖撞騙，不好好經營公司業務。如果公司有正當理由時，得申請延展期限。辦妥延展登記後，才可免除被命令解散的命運。

②民國九十年修正前的公司法規定，除有正當理由外，公司自設立登記或變更登記後，超過六個月仍未辦妥營利事業登記者，亦將受到主管機關命令解散的處分。此項規定乃在避免公司逃漏稅，妨害國家財政收入，因此公司如果有正當理由者，得不受限制。但公司有無依法納稅，與其是否正規經營業務，應分別處理，不宜以公司的存廢為強制公司納稅的手段。因此，公司未依法辦理營利事業登記的處理，回歸至相關營業稅法中，由行政罰則為制裁手段。

(3)由法院裁定解散

公司於開始營業後，可能會發生當初預想不到的困難，而且困難可能無法排除，例如出資人意見不合、法律變更、經濟持續低迷等等。此時，與其讓情況惡化，不如壯士斷腕，趁早結束公司，使公司債權人及股東可及早清理債權債務關係與回收資金。故公司法規定，當公司的經營，有顯著困難或重大損害時，法院得依據股東的聲請，在徵詢主管機關及目的事業主管機關的意見後，並通知公司答辯後，作出公司解散的裁定。不過，當股份有限公司發生上述情形時，需由持有已發行股份總數百分之十以上股份的股東，向法院聲請才行（公§11）。

(4)查核公司財務表冊（公§20）

①公司於會計年度終了時，應將營業報告書、財務報表及盈餘分配或虧損撥補的議案提請股東同意或股東會承認（關於各項財務報表，請見第二章第六節）。主管機關得隨時派員查核或令其限期申報，其辦法由中央主管機關訂定。

②公司資本額達中央主管機關所定一定數額以上時（現行規定為新

臺幣三千萬元以上），除公營事業外，其財務報表，應先經會計師查核簽證（經濟部70年經商字第05324號函）。證券管理機關對公開發行股票的公司另有規定時，從其規定。

③主管機關查核上述財務表冊時，得命令公司提出證明文件、單據、表冊及有關資料，除法律別有規定外，應保守秘密，並於收受後十五日內，查閱發還。公司負責人拒絕提出時，各處新臺幣二萬元以上十萬元以下的罰鍰。連續拒絕時，並按次連續各處新臺幣四萬元以上二十萬元以下罰鍰（公§22 II）。如果提出的證明文件、單據、表冊及有關資料有虛偽記載時，依刑法或特別刑法偽造文書相關規定處罰。

(5)檢查公司平時業務（公§21）

主管機關得會同目的事業主管機關，隨時派員檢查公司業務及財務狀況，公司負責人不得妨礙、拒絕或規避，否則各處新臺幣二萬元以上十萬元以下罰鍰，連續妨礙、拒絕或規避時，則按次連續各處新臺幣四萬元以上二十萬元以下罰鍰。主管機關檢查公司業務及財務狀況時，亦有命令公司提出有關資料供檢查的權限。

關於公司財務表冊之查核，除公司法第一章總則設有規定，並於股份有限公司章置有會計一節（公§228～§245），針對股份有限公司之財務作特別規定，除此之外，證券交易法及相關稅法亦對公司之財務表冊設有規定：

①公開發行有價證券的公司，應於每營業年度終了後四個月內，除經證券主管機關核准者外，並應於每半營業年度終了後二個月內及於每營業年度第一、三季終了後一個月內，將財務報告向行政院金融監督管理委員會申報並公告之（證交§36 I）。

②主管機關核准公司募集或發行有價證券時，因保護公益或投資人利益，對發行公司得命令其提出參考或報告資料，並得直接檢查其有關書表、帳冊。股票或公司債發行後，主管機關得隨時命令公司提出財務、

業務報告或直接檢查財務、業務狀況（證交§38）。

③主管機關於審查發行公司所申報之財務報告、其他參考或報告資料時，或於檢查其財務、業務狀況時，發現發行公司有不符合法令規定之事項，得命令糾正並得依證券交易法之規定處罰（證交§39）。

④公司每年度辦理結算申報時，應向稅捐稽徵機關提出資產負債表、財產目錄及損益表（所得稅法§76Ⅰ）。

◆ 參考答案

　　經濟部基於公司法第二十一條的規定，有權隨時派員檢查以便以謝有限公司的業務或財務狀況。而依公司法第九條第一項的規定：「公司應收之股款，股東並未實際繳納，而以申請文件表明收足，或股東雖已繳納而於登記後將股款發還股東，或任由股東收回者，公司負責人各處五年以下有期徒刑、拘役或科或併科新臺幣五十萬元以上二百五十萬元以下罰金。」所以一旦經濟部發現譚孝竹的檢舉屬實，應馬上向法院告發，如果法院判決李夢天有罪，經判決確定後，經濟部接獲法院檢察署的通知，應撤銷或廢止以便以謝有限公司關於股東、出資額及公司資本額的登記，或命令連伊涵補足應繳的股款。（若連伊涵補足款項，則不必撤銷或廢止以便以謝有限公司相關的登記，但連伊涵事後補交股款，並不能因此使李夢天獲無罪判決！）

◆ 參考法條

加值型及非加值型營業稅法§45：

　　「營業人未依規定申請營業登記者，除通知限期補辦外，處一千元以上一萬元以下罰鍰；逾期仍未補辦者，得連續處罰。」

加值型及非加值型營業稅法§46：

　　「營業人有左列情形之一者，除通知限期改正或補辦外，處五百元以

上五千元以下罰鍰；逾期仍未改正或補辦者，得連續處罰至改正或補辦為止：一、未依規定申請變更、註銷登記或申報暫停營業、復業者。二、申請營業、變更或註銷登記之事項不實者。三、使用帳簿未於規定期限內送請主管稽徵機關驗印者。」

習　　題

◎選擇題

(　) 1.公司的中央主管機關是　(1)經濟部　(2)財政部　(3)內政部　(4)行政院經濟建設委員會。

(　) 2.公司未辦理設立登記前，那一機關可以禁止其使用公司名稱？　(1)經濟部　(2)高雄市建設局　(3)臺北市建設局　(4)以上皆可。

(　) 3.公司負責人受何種刑事有罪確定判決，地方法院檢察署應通知中央主管機關撤銷其登記？　(1)殺人罪　(2)擅自發還股東出資　(3)通姦罪　(4)以上皆是。

(　) 4.下列那一情形，中央主管機關可以直接命令公司解散？　(1)公司設立登記後自行停止營業六個月以上　(2)公司掛羊頭賣狗肉，經營登記範圍外之事業　(3)公司違反法令，行為情節重大　(4)以上皆可。

(　) 5.下列那一機關可以隨時派員檢查公司的業務？　(1)經濟部　(2)內政部警政署　(3)臺北市建設局　(4)以上皆可。

第九節 公司的合併、變更組織及解散

本節重點

◎公司的變更組織

  1. 公司人格繼續存在，不因變更而受影響。

  2. 變更組織的態樣：

公司種類	得變更為何種公司
無限公司	兩合公司
兩合公司	無限公司
有限公司	股份有限公司
股份有限公司	不可變更為其他形態的公司

◎公司的合併

  1. 合併必使一個以上的公司人格消滅。

  2. 合併的方式：

    (1)吸收合併

    (2)創設合併

3.合併的態樣：

合併前的公司種類	合併後的公司種類
同種公司+同種公司	同種公司
無限公司+兩合公司	無限公司或兩合公司
有限公司+兩合公司	兩合公司
股份有限公司+有限公司	股份有限公司

4.合併的程序：

(1)股東作成合併決議。

(2)訂立合併契約。

(3)編造資產負債表及財產目錄。

(4)通知債權人或公告。

(5)辦理合併登記。

◎公司的解散

1.進行清算時，於清算範圍內，公司人格視為存續。

2.解散的原因 ─┬─ 任意解散
　　　　　　　├─ 法定解散
　　　　　　　└─ 命令解散

1. 公司為克服營運上障礙，或開創事業新局，常有改變公司既定規模之需求，公司法上關於公司變更組織形態之規定，最主要有合併與變更組織，除使讀者瞭解合併、變更組織之定義外，重點置於：

   (1)合併、變更組織之態樣上限制。

   (2)合併、變更組織後之法律效果。

2. 公司除因股東或股東會之決議而解散外，還可能因主管機關或法院之裁定解散。公司解散之重點置於：

   (1)被強制解散之原因：建立讀者「倘公司之存續危及社會經濟秩序時，可能遭強制解散」之觀念。

   (2)公司解散後應行之法定程序：建立讀者「公司財產非股東私人所有，應優先保護公司債權人權益」之觀念。

以便以謝有限公司因擴展業務需要大筆資金，為解決此一窘境，李夢天等人決定與雌獅股份有限公司合併，成立一家「以獅股份有限公司」。

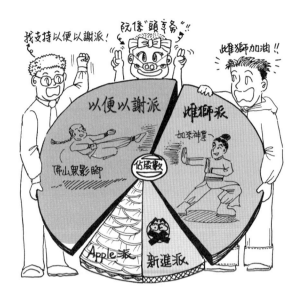

以獅股份有限公司成立後，股東分成數派互相勾心鬥角。林荷謙見公司狀況日益惡化，遂在股東大會中提議解散公司，獲得以便以謝派及新進派的支持，但雌獅派抵死不從。

案　例

　　以便以謝有限公司因擴展業務而需要大筆資金，但有限公司不能公開發行股票、吸收資金。為解決資金不足的窘境，李夢天等人決定與雌獅股份有限公司合併，成立一家「以獅股份有限公司」，主要業務包括學生用品及辦公事務用品的設計、製造及銷售。以獅股份有限公司成立後，股東間就分成以便以謝派、雌獅派及新進派，各派為爭奪公司的經營權而勾心鬥角，暗中較勁。李夢天等人見公司的經營狀況日漸惡化，都悔不當初，覺得既然大家無心於此，不如早早散去。林荷謙遂在股東大會中提議解散公司，獲得以便以謝派與新進派一致贊同，但雌獅派抵死不從，另一場大戰一觸即發。

一、以便以謝有限公司可不可以直接變成以便以謝股份有限公司？

二、以便以謝有限公司與雌獅股份有限公司合併前，應否取得公司債權人的同意？以便以謝有限公司的債權人，在以便以謝有限公司合併後，應向誰請求履行債務？

三、如果以獅股份有限公司的部分股東堅持不願解散公司，該怎麼辦？

說　明

一、以便以謝有限公司可不可以直接變成以便以謝股份有限公司？

1.變更組織的意義

依公司法的規定，公司有四種形態，不同公司的組成人數、股東責任皆不盡相同，公司有時無法符合原公司形態的法律規定，例如股東人數不足法定標準、或無限公司有增加資金的需求，卻找不到願負無限責任的股東等情形。為使公司順利營運，達到繁榮社會經濟的目的，公司法特別規定，公司經過一定程序，可以直接變更公司組織形態，不必將原公司解散再重組新公司。

2.變更組織的種類

惟公司並非可以隨意變更組織，必須公司性質相似而股東責任相同才可以相互變更，以免影響公司債權人的權益。茲說明如下：

(1)無限公司可以變更為兩合公司（公§76）

變更方式有二種，一是經全體股東同意，將原來部分無限責任股東

變更為只負有限責任的股東；一是經全體股東同意，另外加入負有限責任的股東，而成為兩合公司。

(2)兩合公司可以變更為無限公司（公§126）

變更方式也有兩種，一是當有限責任股東全體退股，而剩下的無限股東超過兩人以上時，得以一致的同意變更為無限公司；一是有限責任股東全體同意變更為無限責任股東。

(3)有限公司可以變更為股份有限公司（公§106 IV）

有限公司得經全體股東同意，增資或減資為股份有限公司。

(4)股份有限公司不可變更為其他種類的公司

公司法的立法政策之一，是傾向將公司大眾化、擴大公司經營規模，改變臺灣現在以有限公司（多為家族企業）為經濟主力的現象，因此鼓勵成立股份有限公司，股份有限公司有分割或合併的需要時，也僅限於股份有限公司的形態。由此可知，股份有限公司不得變更為其他形態的公司。

3.變更組織的程序

公司變更組織的法定程序如下：

(1)經全體股東同意。

(2)變更公司章程。

(3)辦理公司變更登記。

公司變更組織之詳細流程圖

二、 以便以謝有限公司與雌獅股份有限公司合併前，
　　 應否取得公司債權人的同意?以便以謝有限公司
　　 的債權人，在以便以謝有限公司合併後，應向誰
　　 請求履行債務?

1.公司合併的意義

　　公司法上的公司合併有其特殊定義：指兩個以上的公司，不經過清算程序，而依公司法規定的程序訂立契約，合併成為一個公司的法律行

為。公司法為了方便公司合併，特別規定公司合併不須經過清算程序，各公司合併前的權利義務，直接由合併後存續或新設的公司承受，使公司的營運及各項法律關係不致中斷而蒙受損失。公司合併與營業設備及營業權的買賣契約關係並不相同，假設A公司向B公司購買營業設備與經營權，屬於民法上一般買賣契約，而非公司合併，B公司之權利義務，並不當然由A公司概括承受，B公司的股東亦不當然成為A公司的股東。依照A、B公司間的買賣契約，A、B互負支付價金與給付營業設備、經營權之權利義務，除此之外，二家公司間別無其他權利義務。

2.公司合併的方式

公司合併的方式大略可分為下列二種:

(1)吸收合併

是指二家以上公司合併後，只有一家公司繼續存續，其他公司的法人資格都歸於消滅。例如A、B、C三家公司併入C公司，只有C公司的法人資格存續，A、B二家公司的法人資格都歸於消滅。

(2)創設合併

是指二家以上公司合併後，另外新設一家公司，原公司的法人資格都歸於消滅，例如A、B、C三家公司合併，成立一家D公司，此時A、B、C的法人資格都歸於消滅，以D公司的形態存續。

3.公司合併的態樣

依公司法規定，同種類的公司可以相互合併成為同種類的公司，例如甲無限公司與乙無限公司合併成為丙無限公司，但不同種類的公司得否合併? 關於此點公司法僅規定股份有限公司得與有限公司合併，但存續或新設的公司以股份有限公司為限(公§316之1 I)，至於其他形態的公司並未明文規定，多數學者認為，即使是不同種類的公司仍然可以合併，但有限制: 參與合併的公司及合併後存續或設立的公司，應以同種類或性質相似者為限，以保護公司的債權人。

茲將不同形態公司的合併詳述如下：

(1)無限公司與兩合公司可合併成為無限公司或兩合公司

例如A無限公司併入B兩合公司，原本A無限公司的股東成為B兩合公司的無限責任股東，仍須負無限責任，不影響A公司債權人的權益。

(2)有限公司與兩合公司得合併為兩合公司

為避免無限責任股東逃避連帶清償責任，所以有限與兩合公司只能合併為兩合公司，例如A有限公司併入B兩合公司，原本A公司的股東則成為B兩合公司的有限責任股東。

4.公司合併的程序

關於公司合併的程序，公司法的規定如下：

(1)股東作成合併決議

由於公司合併對公司影響甚鉅，屬於重大事項，不宜由公司負責人單獨決定，應交由股東表決，以確保各股東的權益。未經股東決議的合併行為無效。

(2)訂立合併契約

各個參與合併的公司，以其股東決議時所設的條件，訂定合併契約。如果公司負責人在股東或股東會決議前，已訂定合併契約，該合併契約雖成立，但必須等到股東同意（或經股東會決議）後才生效。

(3)編造資產負債表及財產目錄

編造資產負債表及財產目錄，主要是讓公司債權人瞭解公司財務狀況，以便債權人決定是否同意公司的合併行為（公§73、§113、§115、§319），公司負責人如果在資產負債表或財產目錄為虛偽記載時，依刑法或特別刑法有關規定處罰。

(4)對債權人通知或公告

為保護合併前公司的債權人，避免因公司合併受到損害，公司作成

合併決議後，應立即分別通知各債權人（如果不知債權人的住居所，則以公告方式通知），並指定三十日以上的期限，聲明債權人可以在該期限內提出反對公司合併的異議，否則即視為承認公司的合併行為。公司對於在期限內提出異議的債權人，應立即清償債務或提供相當擔保。

公司未依法為通知或公告，或未依法對聲明異議的債權人為清償或提出相當擔保時，合併行為仍屬有效，但公司不得以其合併對抗該債權人。

⑸辦理合併登記

公司應在合併實行後十五日內，向主管機關申請登記：因合併而解散的公司應辦理解散登記；因合併而存續的公司應辦理變更登記；因合併而新設立的公司應辦理設立登記（公司之登記及認許辦法§5）。

公司消滅本應經過清算程序（清點公司財產、清償公司債務、分配剩餘財產的程序），但因合併而消滅的公司，例外地不須經過清算程序。因合併而消滅的公司，其權利義務由合併後存續（或設立）的公司概括承受，所謂的概括承受是指合併前公司的全部權利義務，都由合併後的公司承受，由於概括承受是法律的強制規定，所以不可以在合併契約中排除承受某些特定的權利義務。因合併公司而消滅之公司，其權利義務雖由合併後存續或新設之公司概括承受，惟在繼受權利方面，仍必須踐行法定程序，例如合併後存續之公司繼受不動產時，必須以書面為之，並至地政機關辦理登記，方屬有效。

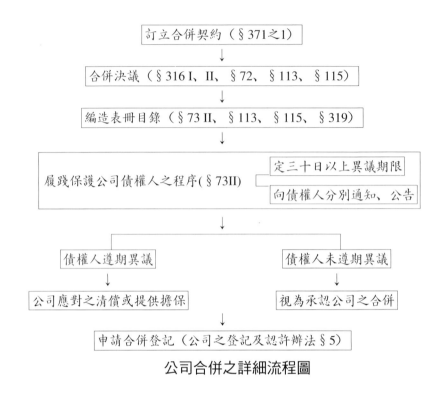

公司合併之詳細流程圖

三、如果以獅股份有限公司的部分股東堅持不願解散公司，該怎麼辦？

公司解散，是公司人格消滅的原因之一，公司的法人資格並不立刻消滅，還必需經過清算程序，在清算完結後向法院為聲報時，公司的法人人格才會歸於消滅。

(一)公司解散的原因

隨著公司種類的不同，解散的原因也有所不同，一般而言，共同的解散原因依據公司主動或被動的地位，可分為下列兩種情形：

1.任意解散

即公司基於本身的意思而解散。例如公司章程定有解散事由，因該事由的發生而解散、或經股東全體同意（或股東會決議）解散。

2.命令或裁定解散

公司因主管機關的命令或法院的裁定而解散，可分為三種情形：

①主管機關依職權或依利害關係人的申請而命令公司解散（公§10）。

②公司登記不實，經法院裁判確定後，通知主管機關撤銷或廢止其設立登記（公§9），因而使得公司解散。

③公司的經營，有顯著困難或重大侵害時，本公司所在的地方法院，可以依據股東的聲請，經徵詢主管機關及目的事業中央主管機關意見，並通知公司提出答辯後，裁定解散（公§11 I）。在股份有限公司，必須由繼續六個月以上持有已發行股份總數百分之十以上股份的股東，始可提出聲請（公§11 II）。

公司之主管機關依法作出撤銷或廢止登記、命令解散或其他處分時，常因公司已不存在，無法將處分書送交受處分之公司，以致不能貫徹公司法之規定，故公司法第二十八條之一特別規定：「主管機關依法應送達於公司之公文書無從送達者，改向代表公司之負責人送達之；仍無從送達者，得以公告代之。」

(二)公司解散後的效果

1.清算中公司的性質

公司宣告解散後，除因合併、破產而解散者外，應經過清算程序。清算中公司的性質，在法學的研究中，有下列三種不同的見解：

(1)人格消滅說

此說認為公司因解散而喪失法人人格，公司財產歸股東所有。過去

德國、法國學者主張此說。惟按此說，則公司因欠缺法人人格常無法進行必要之清算手續，故近代各國學者及立法例均不採用。

(2)擬制說

此說認為公司因解散而喪失法人人格，但因法律之擬制，所以在清算目的之範圍內，仍視為存續。惟此說與現行公司法之規定不符。

(3)同一體說（存續說）

認為清算公司與解散前之公司，屬於同一體之法律關係，但其權利能力限於清算範圍而已，原來公司之法律關係不因解散而變更，解散前關於公司之法律規定，在不違反清算目的之範圍內，仍適用於清算公司。此說為目前我國學者之通說。

2.清算中公司的地位

清算的目的在於整頓公司對外的法律關係、清理公司債權債務，以便為公司的經營與存續畫下一個句點。公司在清算期間、清算的目的範圍內視為未解散，仍有權利能力（公§25），一旦公司逾越清算事務的範圍，繼續經營業務，該行為無效。惟為達成了結現務及便利清算的目的，可以暫時經營業務（公§26）。

3.清算中公司的負責人

公司解散進入清算程序後，公司的當然負責人改為清算人，清算人除公司另行選派外，在無限公司及有限公司由全體股東擔任清算人（公§79、§113）、兩合公司由全體無限責任股東擔任清算人（公§127）、股份有限公司則以董事為清算人（公§322）。在清算程序中，公司的監督機關為法院。

(三)公司解散的登記

公司若因命令或裁定解散時，應於處分或裁定到達十五日內；因公

司股東或股東會決議解散時，則於決議作成十五日內，向主管機關申請解散登記，以免狡詐之徒再冒用該公司的名稱騙吃騙喝。經主管核准辦理登記後，必須在本公司所在地公告，公告應登載在本公司所在的直轄市或縣（市）報紙顯著部分（公§28）。如果公司負責人不向主管機關申請解散登記，主管機關可以依職權或依據利害關係人的申請，廢止其登記。主管機關廢止公司的登記時，除因命令或裁定解散而廢止外，應定三十日的期間，催告公司負責人聲明異議，公司負責人逾期不為聲明、或聲明理由不充分時，即可廢止登記（公§397）。

實務上常發生中小型公司因經營不善，而自行宣告倒閉，或僅向主管機關辦理解散登記，對外負債即不了了之，公司負責人亦以公司早經股東決議解散，並辦妥登記，公司人格業已消滅，負責身分已不存在，作為逃避責任之藉口。此時涉及二個法律問題：一是公司人格消滅之時點；一是公司違法解散（指公司負責人未依公司法規定，進行清算程序，亦未依破產法規定，向法院聲請破產，而逕自解散公司）時，公司負責人的法律責任：

⑴依公司法規定，解散之公司，除因合併、破產而解散外，應行清算，在清算範圍內，公司視為尚未解散，換言之，公司必至清算終結後，其公司人格始行消滅，負責人才能解除責任。所謂清算終結，指清算人就清算程序中應為之清算事務，全部辦理完畢。公司清算人於清算完結後，除應分別依公司法第九十二條、第九十三條第一項、第一百十三條、第一百十五條、第三百三十一條第一項、第四項之規定，請求股東或股東會承認，並向法院聲報外，尚須依非訟事件法第九十一條之規定，向法院辦理清算終結登記，清算事務至終結登記後，才算全部辦理完畢，其公司登記亦自清算終結登記後銷結（非訟事件法§99），亦即清算公司於清算完結後，除向法院聲報外，仍應向法院辦理清算終結登記，其法人人格始歸於消滅。

(2)民法第三十五條規定：「法人（包括公司）之財產不能清償債務時，董事（即公司之當然負責人）應即向法院聲請破產。不為前項聲請，致法人之債權人受損害時，有過失之董事，應負賠償責任。」又，公司法第二十三條之規定：「公司負責人對於公司業務之執行，如有違反法令致他人受有損害時，對他人應與公司負連帶賠償之責。」故若公司經營不善，致負債超過資產，公司負責人未依破產法之規定，向法院聲請破產，亦未經清算程序逕行將公司解散，造成公司債權人之損失時，即構成執行職務違反法令，致他人受有損害，公司負責人對於公司債權人之債權，應與公司負連帶賠償責任。

參考答案

以便以謝有限公司可以變更為股份有限公司，但必須遵守法定程序誠實報告財務狀況，公告債權人，並經全體股東同意才可變更為股份有限公司。

以便以謝有限公司與雌獅股份有限公司合併時，依法應通知或公告債權人，以便公司債權人在所定期限內提出異議。如果債權人未在期限內提出異議，則視為承認公司的合併行為。以便以謝有限公司與雌獅股份有限公司合併後，另成立以獅股份有限公司，原以便以謝有限公司及雌獅股份有限公司的權利義務，由以獅股份有限公司承受，所以原以便以謝有限公司的債權人，應請求以獅股份有限公司清償債務。

如果以獅股份有限公司的部分股東堅持不解散公司，其他股東可依公司法的規定，以公司經營有顯著困難為理由，聲請法院裁定命令解散。但必須由繼續六個月以上持有公司已發行股份總數百分之十以上的股東提出聲請。

習　題

◎選擇題

(　　) 1.下列那一項敘述有誤？　(1)無限公司得變更為兩合公司　(2)兩合公司得變更為有限公司　(3)有限公司得變更為股份有限公司　(4)以上均無誤。

(　　) 2.新活力無限公司變更為全方位兩合公司時　(1)原公司的人格消滅　(2)原公司的人格繼續存續　(3)以上敘述均無誤。

(　　) 3.下列那一項敘述有誤？　(1)無限公司得與兩合公司合併為兩合公司　(2)兩合公司得與有限公司合併為有限公司　(3)有限公司得與股份有限公司合併為股份有限公司　(4)以上均無誤。

(　　) 4.新活力有限公司與全方位有限公司合併成跨世紀有限公司，則原新活力有限公司的債權債務由誰承受？　(1)新活力有限公司　(2)全方位有限公司　(3)跨世紀有限公司。

(　　) 5.下列那一種情形，公司解散不須經清算程序？　(1)合併解散　(2)裁定解散　(3)命令解散　(4)以上皆是。

第二章

股份有限公司

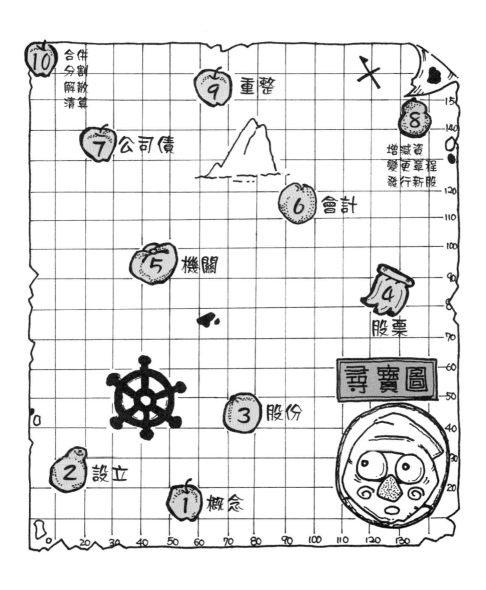

第一節　股份有限公司的概念

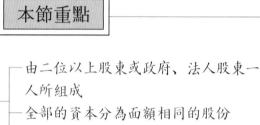

本節重點

◎股份有限公司的意義
- 由二位以上股東或政府、法人股東一人所組成
- 全部的資本分為面額相同的股份
- 股東僅就其所認股份對公司負責

◎股份有限公司的特色
- 股份自由轉讓
- 企業所有與經營分離

◎股份有限公司的基本原則
- 資本三大原則
  - 資本確定原則
  - 資本維持原則
  - 資本不變原則
- 公示原則

本節目標

1. 本節旨在使讀者瞭解股份有限公司的定義、特性與基本原則。

2. 股份有限公司為資合公司，為達成籌措資本、追求公司最大利潤之目的，立法上採取「股份自由轉讓原則」及「企業所有與經營分離原則」；另一方面股份有限公司之財產，是公司債權人的唯一保障，為貫徹保障公司債權人、維護社會經濟秩序之精神，股份有限公司於立法時，採取「資本三大原則」及「公示原則」。

就股份有限公司言，公司法係以「促進公司發展」及「保障社會經濟秩序」為中心思想；以前述四大原則作為法律規定之指導原則。倘讀者能充分瞭解此點，將有助於讀者日後對股份有限公司之學習與掌握。

以獅股份有限公司解散後，連伊涵覺得心有不甘，便與其他幾人聯絡，希望大夥再度攜手合作，共創前程，獲得大家一致的贊同。

有鑑於以便以謝有限公司的失敗經驗，大夥兒決定一開始就成立股份有限公司，然而六人對股份有限公司不甚瞭解，遂請教名律師巫虔先生。

案　例

看到以獅股份有限公司就此草草結束，連伊涵總覺得心有不甘，於是與其他幾人聯絡，希望大夥能盡棄前嫌，再度攜手合作。陳子揚、譚孝竹等人，也一直想找機會東山再起，一經連伊涵提議，陳子揚等人想也不想就答應了。有鑑於以便以謝有限公司的失敗經驗，大夥決定一開始就成立股份有限公司，以便公司擴大營業時，能募集足夠的資金。然而六人對股份有限公司的經營形態不甚瞭解，遂請教名律師巫虔先生。

問　題

一、什麼叫做股份有限公司？

二、股份有限公司有什麼特色？

三、為了保護投資人及公司債權人，股份有限公司應該遵守那些基本原則？

■ 說　明

一、什麼叫做股份有限公司？

　　股份有限公司是指由二位以上股東或政府、法人股東一人所組成、全部資本分為面額相同的股份、而股東僅就其所認股份負責的一種公司（公§2 I ④），詳細說明如下：

㈠股份有限公司是由二位以上股東或單獨由政府或法人股東一人所組成

　　股份有限公司不僅於公司成立時，須由二人以上股東或單獨由政府或法人股東一人所組成，公司在存續中也必須符合此要件。

㈡股份有限公司的全部資本分為面額相同的股份

　　股份有限公司與其他公司最大的不同處，在於公司資本是以股份計算，而不是以金錢計算，而且每股的金額一律相同（公§156 I），例如跨世紀運動器材股份有限公司每股金額十元，其發行一百萬股，則其資本額為一千萬元。

㈢股份有限公司的股東僅就其所認股份對公司負責

　　股份有限公司股東僅就其所認股份，負有繳納股款的義務，而股東對公司的責任，也僅限於繳清股款（公§139、§154），股份有限公司為資合公司，不似無限公司具有人合色彩，故無限股東與公司的關係也比較緊密，其所負的責任也較重。股份有限公司債權人無法向股東有所請求，而只能就公司財產求償，此點對公司債權人較為不利。

四股　東

1.所謂股東，是指股份的持有人，即股份有限公司的出資人，也是股份有限公司的所有人。股份有限公司的股東僅負繳納股款的義務，若股東已經繳清其所認股份的金額，當公司資產不足清償公司債務，股東頂多無法回收資金，但無須為公司的債務負責（公§154）。

2.依據不同的區分標準，股份有限公司股東地位所享受的權利內容可區分為四大類：

(1)以權利行使目的為標準，可分為共益權與自益權：股東行使共益權，除為自身的利益外，也兼為公司的利益，例如請求召集股東會或自行召集股東會的權利（公§173）、對董事及監察人提起訴訟的權利（公§214、§229）等。股東行使自益權，則是專門為了自己的利益，例如：更改股票樣式的請求權（公§166 II）。

(2)以是否可以依章程或股東會的決議予以剝奪或限制為標準，可分成固有權與非固有權：固有權非經該股東的同意，不可以用章程或股東會決議予以剝奪或限制，共益權多屬於此類；非固有權則可以依公司章程或股東會決議，予以剝奪或限制，自益權多屬於此類。

(3)以其行使是否須達一定的股份數額為標準，可區分為單獨股東權與少數股東權：前者是股東一人即可單獨行使的權利，股份有限公司股東的權利多屬此類，如股票過戶的請求權。後者係指必須持有達已發行股份總數一定比例的股東，才可以行使的權利（公§165），例如聲請法院檢查公司業務及財產的權利（公§245 I）。少數股東權一定是共益權，但共益權不一定是少數股東權。

少數股東權的設計目的，旨在避免大股東濫用權利而侵害小股東的權利，所以規定小股東針對某些特定事項也有請求權，例如公司的業務及財產，本應由監察人監督，但有時董事可能會與監察人相互勾串，所

以公司法賦予股東聲請法院檢查公司業務及財產的權利，惟為避免股東濫用此種權利，妨礙公司或董事、監察人執行業務，例如明知公司無任何違法情事，但故意購買一點點股份，成為公司股東，再聲請法院檢查公司業務及財產，藉機整一整董事、監察人，讓這些人忙得雞飛狗跳，所以公司法規定,必須持有已發行股份總數一定比例的股東,才可以行使。

(4)依權利歸屬的主體可分為普通權和特別權：前者是普通股股東所享有的權利；後者為特別股股東所得享有的權利。

3.茲將單獨股東權與少數股東權行使之限制，列表整理如下：

股東權	法　　條	持有股份時間	所持有之股份數
請求解散公司	§11	繼續六個月以上	10%
股東會召集請求權及自行召集權	§173	繼續一年以上	3%
董事違法行為制止請求權	§194	繼續一年以上	無限制
訴請裁判解任董、監事	§200	無限制	3%
對董事提起訴訟	§214 I	繼續一年以上	3%
請求監察人為公司對董事提起訴訟	§214	繼續一年以上	3%
請求董事會為公司對監察人提起訴訟	§227、§214	繼續一年以上	3%
聲請法院選派檢查人	§245	繼續一年以上	3%
聲請公司重整	§282 I ①	繼續六個月以上	10%
聲請法院解任清算人	§323 II	繼續一年以上	3%
特別清算中聲請法院檢查公司業務財產	§352	繼續六個月以上	3%

二、股份有限公司有什麼特色？

股份有限公司有二大特色：

㈠股份自由轉讓

股份有限公司性質上屬於資合公司，不注重股東個人的條件，利用「以股份計算股東出資並表彰股東地位」的方法，使股東隨時能移轉股東地位，將股份變換成現金。

㈡企業所有與經營分離

由於股份有限公司的股東，經常超過百人，且多數股東僅是購買該公司股份作為投資理財的工具，對公司經營並不感興趣，因此公司必須交由真正對企業經營及管理有經驗的人來經營，自然地形成股份有限公司所有權與經營權分離的特色。

三、 為了保護投資人及公司債權人，股份有限公司應該遵守那些基本原則？

㈠資本三大原則

1.資本確定原則

是指公司章程中必須明確訂定公司資本的數額，且公司的股東應認足或募足此一數額，以確保公司成立時有穩固的財產基礎。

然而若嚴格遵守資本確定原則，要求公司於設立時，確定並認足（或募足）全部股份，不僅有礙公司的迅速成立，且強使公司於設立初，收取超過該企業當時營業所需的鉅額資金，甚不合理，因此採取資本三原則之國家，立法上均作適度修正，或改採英美法系之授權資本制；或改採認可資本制。

　　所謂認可資本制，是指公司設立時，仍採取資本確定原則，但得在章程內規定，於公司成立後五年內，就資本額的半數範圍內，經董事會及監察人同意，增加資本、發行新股，而不須經股東會的特別決議。惟如此一來，將與資本不變原則有所出入。

　　所謂授權資本制，指公司設立時，僅須在章程中確定資本總額，由發起人各認一股以上，公司即得成立，不須將資本全部發行。惟若公司於設立時所發行之股份過少，將使公司財產基礎不穩固，亦不足保障公司之債權人，因此日本商法特別增設「公司設立時，發行之股份總數不得少於公司發行股份總數四分之一」之規定，學者稱為「折衷式授權資本制」。我國公司法於民國五十五年修正時，即仿日本之立法例，採取折衷式授權資本制，以彌補資本確定原則之缺點。

　　惟為便利公司迅速設立、避免公司閒置超過其營運所需之巨額資金，且避免公司計算股份總數四分之一之不便，公司法於民國九十四年修訂時，將先前採行之折衷授權資本制改為授權資本制，授權公司自行決定設立時應發行股份之數額。待公司成立後，則由董事會視公司的實際資金需求依章程規定發行新股，以增加公司運用資金之彈性。

　　所以我國目前公司法規定：公司成立時，不必認足或募足章程所定的全部股份，未認足或募足之股份，則授權董事會視實際需要，再行招募（公§156 II）。此外，過去公司法所採用的「最低資本額原則」，已於民國九十八年修法時刪除，理由詳如第一章第三節所述。

2.資本維持原則

　　指公司在存續中，應該維持與資本總額相當的財產，以確保企業能健全發展，並保護公司債權人及未來股東的權益。其「以具體財產充實抽象財產」，故又稱為「資本充實原則」。此一原則，旨在保障債權人，並制止現存股東過度分派盈餘，藉以確保企業的健全發展以及保護未來股東的利益。我國公司法向來嚴守此一原則，下列規定即為此一原則之

表現：

①股票發行價格不得低於票面金額（公§140）；

②抵作股款之財產如估價過高，主管機關或創立會得減少所給股數或責令補足（公§147後段）；

③未認足之第一次發行股份及已認而未繳股款者，應由發起人連帶認繳，其已認而經撤回者，亦同（公§148）；

④公司不得將自有股份收回、收買或收為質物（公§167 I）；

⑤公司非彌補虧損及依法提存法定盈餘公積後，不得分派股息、紅利（公§232 I）。

3.資本不變原則

即公司章程所定的資本總額，非依公司法規定的程序，不可以任意變動。資本維持原則必須與資本不變原則相互配合，才能確實維持公司財產，並保障公司債權人的權益。若只有資本維持原則，而無資本不變原則，公司於財產減少時，得任意變更資本，以符合資本維持原則之要求，如此一來，資本維持原則即形同虛設。我國公司法亦嚴守此一原則。

(二)公示原則

所有的公司均須嚴守此一原則，但因股份有限公司多為吸引上千上萬投資人的大型公司，其股份是否值得購買，正是透過各項公開的營運、財務資訊，才得判斷，因此公示原則於股份有限公司更顯其重要性。公司法基於公示原則所作的規定，可從兩方面來看：

1.登記

股份有限公司的設立、合併、增減資、公司債的募集及解散等，均須公開資訊，主管機關亦會將上述資訊電子化，並登錄於網站上，以便民眾上網查詢。主管機關應予以公開的公司資訊如下，任何人均得向主管機關申請查閱或抄錄，此外，除公司章程外，任何人均得至主管機關

的資訊網站查閱：⑴公司名稱。⑵所營事業。⑶公司所在地。⑷執行業務或代表公司的股東。⑸董事、監察人姓名及持股。⑹經理人姓名。⑺資本總額或實收資本額。⑻公司章程。公司登記文件，公司負責人或利害關係人，得聲敘理由請求查閱或抄錄。但主管機關認為必要時，得拒絕抄閱或限制其抄閱範圍（公§393）。

2.公告

某些特定事項，公司應自行公告，例如解散、募集公司債、財務報表等。

習　題

◎問答題
1.試簡單說明股份有限公司特質。
2.試簡單說明股份有限公司的資本三大原則。

第二節　股份有限公司的設立

本節重點

◎設立要件
- 發起人
  - 自然人→具行為能力
  - 法人→以政府及公司為限
- 章程→全體發起人訂定
- 認足股份

◎設立程序
- 發起設立
  1. 訂立章程
  2. 認足股份
  3. 繳足股款
  4. 選任董事及監察人
  5. 設立登記
- 募集設立
  1. 訂立章程
  2. 發起人自行認股
  3. 訂立招股章程
  4. 申請證券管理機關審核
  5. 公告招募
  6. 認股人認股
  7. 催繳股款
  8. 召開創立會
  9. 選舉董監事
  10. 申請設立登記

本節目標

1. 本節旨在使讀者認識股份有限公司之發起人與設立程序。

2. 由於股份有限公司對社會整體經濟秩序之影響甚鉅，故公司法特別對股份有限公司發起人之資格、責任（包括連帶認繳責任、損害賠償責任、就公司設立前所負債務之連帶責任）及其所享受之特別利益，定有嚴格之規定，此為本節之學習重點。

3. 關於設立程序，除瞭解「發起設立」與「募集設立」之流程外，就各該設立方式，公司法如何監督以防弊端，則為另一學習重點。

薛迪主動要求入股成為發起人之一，譚孝竹等人均表同意。譚孝竹等人決定共組「無明堂管理顧問股份有限公司」，資本額定為三百萬股，每股十元，第一次預定發行一百五十萬股。

籌備會議中，大夥兒對是否在公司章程中增列「特別利益條款」，讓發起人享有配車、津貼與獎金，議論紛紛；又，李夢天等人共認購一百三十萬股，離預定發行目標還差二十萬股，如何補足差額，亦讓大家傷透腦筋。

案 例

宋書祺、陳子揚、林荷謙、李夢天、連伊涵和譚孝竹、薛迪等七人決定共組「無明堂管理顧問股份有限公司」。章程中規定以人力資源制度的設計規劃、辦理員工訓練等事項的規劃與執行，以及協助處理勞資爭議為公司主要營業項目。資本額定為三百萬股，每股十元，第一次預定發行一百五十萬股。薛迪對公司法頗有研究，見譚孝竹等人都不懂得"Ａ"錢，於是鼓勵他們在章程中增定「特別利益條款」，讓公司發起人享有公司配車、房租津貼以及每個月三萬元的「勞心獎金」。陳子揚聽到組公司竟有這等好處，第一個表態贊成；但林荷謙、連伊涵覺得無功不受祿，「特別利益條款」似有不妥之處。除了「特別條款」的爭執外，籌備會議中還有另一件事也使大家傷透腦筋。因為原本計畫第一次發行一百五十萬股的，但大家卻只認購了一百三十萬股，還差二十萬股。對於如何

補足這些差額，大家議論紛紛。

◀ 問　題

一、李夢天等人可不可以在章程中規定「特別利益條款」? 如果後來加入的股東認為這個條款不妥，可不可以要求李夢天等人返還已領取的利益?

二、股份有限公司在公司成立前，可不可以對外募集資金?

■ 說　明

一、李夢天等人可不可以在章程中規定「特別利益條款」?如果後來加入的股東認為這個條款不妥，可不可以要求李夢天等人返還已領取的利益?

股份有限公司於成立時有下列三大要件需注意：發起人、章程、認足股份。說明如下：

(一)發起人

1.發起人的意義

指訂定章程、籌設公司的人。股份有限公司的發起人應在二人以上或由政府、法人股東一人所組織（公§128之1），其資格並有下列限制（公§128）：

(1)無行為能力人或限制行為能力人，不可以成為發起人。

(2)政府或法人均得為發起人，但法人為發起人者，以下列三種情形為限：

①公司。

②以自己研發的專門技術或智慧財產權的價值作為投資的法人。

③經過目的事業主管機關認屬與其創設目的相關而予核准的法人。

民國九十四年修正前的公司法，原本規定以法人為發起人時，僅以公司為限。但因為移轉技術、發明的需要，有必要讓其他種類的法人，例如社團法人、財團法人也可以擔任發起人。所以修法後的公司法，將法人的資格放寬。

民國九十年修正前的公司法規定，發起人至少半數以上必須在國內設有住所。但如此的規定有礙於公司經營的國際化、自由化發展，故該規定於民國九十年修正時遭刪除。

2.發起人的權利

發起人籌設公司而勞心勞力，立法者為獎勵股份有限公司的設立，所以特別允許發起人可以依章程的規定，享受特別利益（公§130 I⑤），一般業界的作法，多以優先認購新股或利用公司設備等特權作為特別利益。

民國九十年修正前的公司法規定，若發起人未於章程中限定領取特別利益的期限或數額，股東得以修改章程的方式予以限制，以免發起人永久領取特別利益，造成公司的負擔。但相對而言，若發起人已於章程中限定領取特別利益的期限和數額，則排除股東修改章程的部分權限。如此一來，對於發起人的保護未免太過，因此民國九十年公司法修正後規定，無論發起人有無於章程中限定領取特別利益的期限或數額，股東會均得予以修改或撤銷，但不得侵害發起人已經取得的利益（公§130 II）。特別利益是專屬於發起人所享有，若發起人日後將股份移轉給他人，此項特別利益不會隨之移轉。

3.發起人在公司法上的責任

為避免居心不良之人，以設立股份有限公司為名行詐騙錢財之實，

所以公司法對發起人課以嚴格的責任：

(1)公司成立時的責任

①發起人負有認足（或募足）章程所定第一次發行股份的義務，如果發起人未認足第一次發行股份、或認股人雖已認購股份卻未繳交股款、或認股人繳納股款後又撤回時，不足的股款皆由發起人連帶負責補足（公§148）。

遇認股人已認購股份卻未繳股款的情形，發起人在連帶繳納股款後，可以依民法代位清償的規定向認股人請求償還股款（民§312）。

②遇有前述發起人應連帶認繳股款的情形，若公司受有損害，發起人還必須負損害賠償責任，賠償公司因此所受的損失（公§149）。

③發起人所領取的報酬、特別利益或設立公司負擔的費用，如果有浮報濫用的情形，致公司受到損害時，發起人應負賠償責任（公§149）。

④發起人得以現金以外的財產抵作股款，但用以抵作股款的財產，如果估價過高致公司受到損害時，應負賠償責任（公§149）。

⑤發起人對於公司的設立事項，如有怠忽其任務致公司受損害時，應對公司負連帶賠償責任（公§155 I）。

⑥公司在設立登記前所負債務，由於是發起人經手負責的，所以在設立登記後，發起人必須負連帶責任（公§155 II）。

⑦發起人是設立中公司的負責人（公§8 II），如果發起人對於公司業務的執行有違反法令，致他人受損害時，應與公司負連帶賠償責任（公§23）。

(2)公司不成立時的責任

①因設立公司所生的債務及設立所需的費用，發起人應負連帶賠償責任（公§150前段）。

②創立會認為公司應負擔設立費用有冒濫而予以裁減（公§147），不因此使發起人應負的連帶責任獲得減免（公§150後段）。

4.發起人在其他法律上責任

⑴依證券交易法之規定，發起人募集公司股份時，應先向認股人或應募人交付公開說明書，違反前述規定，對於善意相對人因而所受之損害，發起人應負賠償責任（證交§31），並各處一年以下有期徒刑、拘役或科或併科新臺幣一百二十萬元以下之罰金（證交§177）。

⑵發起人交付給認股人之公開說明書，其記載之主要內容，有虛偽或隱匿之情事者，發起人對於善意之相對人因而所受之損害，應與公司負連帶賠償責任（證交§32I）。

㈡章　程

章程應由全體發起人訂定，並簽名或蓋章。章程中的條款，以影響章程的效力為標準，可以分為絕對必要事項與相對必要事項：絕對必要事項，是指章程中如果不記載此事項，該章程無效（公§129）；相對必要事項，是指章程中縱使未記載該事項，也不影響章程的效力，（公§130）。除絕對必要事項、相對必要事項外，凡是不違反公序良俗或強行法規的事項，也可以記載在章程中，此稱為任意事項，如股東會的開會地點、股票過戶的手續等。

1.股份有限公司章程中的絕對必要記載事項

①公司名稱。

②所營事業。

③股份總額及每股金額。

④本公司所在地。

⑤董事及監察人的人數及任期。

⑥訂立章程的年、月、日。

2.股份有限公司章程中的相對必要記載事項

①分公司的設立。

②分次發行股份時，在設立公司階段所預定的發行數額。

③解散事由。

④特別股的種類及權利義務。

⑤發起人所受的特別利益及受益者姓名。

⑥其他公司法規定的事項：如經理人的選任、無記名股票的發行等。

(三)認足股份

依民國九十四年及九十八年修訂後的公司法規定，股份有限公司設立時，不必認足股份總數、沒有第一次應發行的股份、也沒有最低資本額的限制。但公司辦理設立登記時，資本額仍須經會計師查核簽證，證明該公司的資本額足夠支付公司設立時的各項費用，否則主管機關將不准其登記。至於經營特定事業而應受目的事業主管機關管理的股份有限公司，則須視個別法規或各個目的事業主管機關制定的標準要求。例如保險法第一百四十三條之四第一項即規定：「保險業自有資本與風險資本之比率，不得低於百分之二百；必要時，主管機關得參照國際標準調整比率。」而行政院金融監督管理委員會也在民國九十六年修正公布「保險業資本適足性管理辦法」。

二、股份有限公司在公司成立前，可不可以對外募集資金？

由於股份有限公司的資本額通常成千上億，雖然股份總數可以分次發行（公§156 II），但如果全部由發起人認股，恐怕不是一件簡單的事，所以公司法特別允許股份有限公司在成立前，即可對外募股，以獎勵股份有限公司的設立，此種設立方式稱為「募集設立」；而單純由發起人自行認股而設立，稱為「發起設立」。茲將這兩種不同設立方式的程序分別

說明如下。

(一)募集設立的程序

1.由全體發起人訂立章程（公§129、§130）

2.發起人自行認股

　　章程訂立後，發起人須先自行認股，每一位發起人至少應認一股以上，而全部發起人所認股份總數不得少於第一次發行股份的四分之一（公§133 II）。此項規定的目的，在使發起人與公司保持相當的利害關係，避免發起人認購股份過少，以致對公司的成立與否及經營成敗漫不經心，甚至從中舞弊。

3.招募股份

(1)訂立招股章程

　　發起人公開招募股份，應先訂立招股章程，章程中應註明下列各款事項（公§137）：

　　①公司法第一百二十九條及第一百三十條所列各款事項。

　　②各發起人所認股數。

　　③股票超過票面金額發行時，該金額的確定數額。須注意的是，股票不得以低於票面金額的價格發行。但公開發行股票的公司，若證券主管機關有另外的規定，不在此限（公§140）。

　　④招募股份總額、募足的期限、逾期未募足時得由認股人（即發起人以外的投資人）撤回所認股份的聲明。

　　⑤發行特別股者，其總額及公司法第一百五十七條各款所規定的事項。

　　⑥發行無記名股者，其總額。

(2)申請證券管理機關審核

　　申請審核時，應具備下列事項（公§133）：

①營業計畫書。

②發起人的姓名、經歷、認股數目及出資種類。

③招股章程。

④代收股款的銀行（郵局）名稱及地址。

⑤有承銷或代銷機關者其名稱及約定事項。

⑥證券管理機關規定的其他事項。

(3)公告招募

發起人應該在證券管理機關通知到達之日起三十日內，加記核准文號及年月日對外公告招募，但有承銷或代銷機構者，其約定事項，得免予公告（公§133 III）。

4.認股人認股

發起人應準備「認股書」（認股人表示認購股份的一種文件）。認股書上必須記載應由證券管理機關審核的各個事項，並加記證券管理機關核准文號及年月日，由認股人填寫所認股份數額、金額及其住所或居所，並簽名或蓋章（公§138 I）。如果發起人超過票面金額發行股票者，認股人應該在認股書上註明認繳的金額（公§138 II）。認股人填寫認股書後，有依照所填認股書繳納股款的義務（公§139）。發起人不備認股書時，由證券管理機關各科新臺幣一萬元以上五萬元以下罰鍰（公§138 III），其所備認股書記載虛偽不實時，依刑法有關規定處罰。

發起人應於招股章程內所載的募股期限內，募足應發行的股份數額，如果逾期未募足時，認股人可以撤回其所認的股份（公§137 ④）。

5.催繳股款

第一次發行股份總數募足後，發起人應立即向各個認股人催繳股款，超過票面金額發行股票時，超過部分的金額應與票面金額同時繳納（公§141）。

認股人延欠應繳股款時，發起人應定一個月以上的期限，催告該認

股人繳款，並聲明逾期不繳者，失其權利（公§142 I）。發起人發出催告後，若認股人逾期仍不繳納時，認股人喪失其認購股份的權利，發起人可另外再招募股東（公§142 II），且若認股人逾期不繳股款致公司受有損害時（如宣告失權程序的費用），認股人應負賠償責任（公§142 III）。認股人延欠股款，但發起人未為催告，則認股人仍保有其認購股份的權利義務，同時發起人對於此已認而未繳股款之部分，應負連帶認繳責任（公§148）。

6.召開創立會

認股人繳納完畢股款後，發起人應在二個月內召開創立會（公§143）。所謂的創立會，是指由發起人召集各認股人，使認股人參與關於公司設立事務的會議。創立會的制度係在保護認股人的權益，讓認股人有機會聽取發起人報告公司設立的經過，並對其中可能危害公司利益或認股人權益的事項，提出意見，甚至當認股人認為公司不設立較妥當時，還可以作出公司不設立的決議（公§151 I）。因此創立會之性質與公司成立後的股東會相似。

創立會的召集、出席、表決決議方式、表決權之計算，及委託代理出席等事項及程序，均準用股東會之相關規定（公§144）。

創立會有下列權限：

(1)聽取有關設立事項的報告

發起人應將下列事項在創立會報告,使認股人瞭解公司設立的情形。發起人對報告有虛偽情事時，各科新臺幣六萬元以下罰金（公§145）。

①公司章程。

②股東名簿。

③已發行之股份總數。

④以現金以外之財產抵繳股款者，其姓名及其財產之種類、數量、價格或估價之標準及公司核給之股數。

⑤應歸公司負擔之設立費用，及發起人得受報酬。

⑥發行特別股者，其股份總數。

⑦董事、監察人名單，並註明其住所或居所、國民身分證統一編號或其他經政府核發之身分證明文件字號。

(2)選任董事及監察人

創立會應自發起人或認股人中選任董事及監察人（公§146 I）。

(3)調查設立經過

當選的董事及監察人應立即就發起人所報告的事項，切實地調查，並向創立會報告（公§146 I後段）。董事或監察人如係由發起人當選，且應報告事項與自身有利害關係時，創立會可以另外選任檢查人調查（公§146 II）。發起人對於董事、監察人或檢查人的調查不可加以妨礙，如有妨礙調查之行為或調查報告有虛偽者，均各科新臺幣六萬元以下的罰金（公§146 IV）。董事、監察人或檢查人的調查報告，也必須據實為之，調查報告因故無法及時提出，經董事、監察人或檢查人請求延期提出時，創立會應作出在五日內延期或續行集會的決議（公§146 V）。

(4)聽取報告後可採取下列措施

①發起人所領取的報酬、特別利益，及公司所負擔的設立費用有作假或浮濫時，創立會可以裁減（公§147前段）。

②用以抵作股款的財產如果估價過高，創立會可以減少其所折抵的股份數額或責令補足（公§147後段）。

③第一次發行股份未認足的部分、或已認購卻未繳股款、或雖已繳納卻又撤回的股款，創立會可以請求發起人連帶認繳（公§148）。

④若有上述情形，而致公司受有損害時，可以向發起人請求損害賠償（公§149）。

(5)修改章程

創立會所接觸的章程是發起人所訂定的版本，未必合於全體認股人

的意思，創立會如果認為發起人所定章程有不妥當的地方，得由代表已發行股份總數三分之二以上的認股人出席，以出席認股人表決權過半數的同意修改（公§151 II準用§277 II）。公開發行股票的公司，出席股東的股份總數不足前述定額時，得以有代表已發行股份總數過半數股東出席，出席股東表決權三分之二以上的同意決定。前述出席股東股份總數及表決權數，章程有較高的規定，應遵守章程的規定（公§277 III、IV）。

(6)為公司不設立的決議

創立會的目的在設立公司，但如果因為經濟情況改變、或政府法令修改、甚至發起人與認股人意見不合等情事，創立會可以作出不設立公司的決議。此時應有代表已發行股份總數三分之二以上認股人的出席，以出席認股人表決權過半數的同意（公§151 II準用§316）。公開發行股票的公司，出席股東的股份總數不足前述定額時，得以有代表已發行股份總數過半數股東出席，出席股東表決權三分之二以上的同意決定。前述出席股東股份總數及表決權數，章程有較高的規定，應遵守章程的規定（公§316 II、III）。

7.申請設立登記

創立會結束後十五日內，代表公司的負責人向主管機關申請公司設立登記(公司之登記及認許辦法§3 III)。公司的業務如須經政府特許者，應在取得許可文件後才可申請公司登記（公§17 I）。公司負責人違反上述期限規定時，各科新臺幣一萬元以上五萬元以下罰鍰。期滿未改正者，繼續責令限期改正，並按次連續處新臺幣二萬元以上十萬元以下罰鍰，至改正為止（公§387 VII）。申請登記事項有虛偽記載者，依刑法有關規定處罰。

8.募集設立流程表

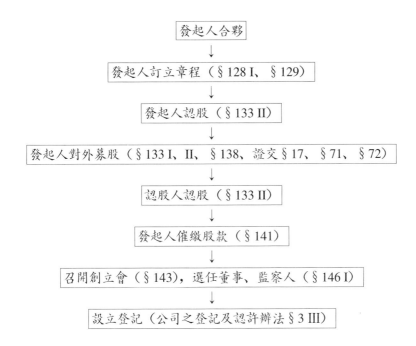

發起人合夥

↓

發起人訂立章程（§128 I、§129）

↓

發起人認股（§133 II）

↓

發起人對外募股（§133 I、II、§138、證交§17、§71、§72）

↓

認股人認股（§133 II）

↓

發起人催繳股款（§141）

↓

召開創立會（§143），選任董事、監察人（§146 I）

↓

設立登記（公司之登記及認許辦法§3 III）

⑴發起人在開始設立行為之前，通常先締結以設立公司為目的之契約。此一契約，性質上屬於民法上的合夥契約，除契約別有規定外，應適用民法合夥的規定。

⑵發起人對外募股有二種方式，一是發起人直接對外公開招募，一是透過證券承銷商，後者又可分為包銷與代銷。所謂包銷，指承銷期滿後，未能全數銷售者，由承銷商自行認購剩餘證券（證交§71I）；所謂代銷，指承銷期滿後，未能全數銷售者，承銷商應將剩餘證券退還發行人（證交§72），此時應由發起人連帶認繳。

⑶於募集設立時，認股人繳納之股款應由銀行或郵局代收並代為保管，以免交給發起人後被挪用。此時該銀行或郵局對代收的股款，有證明其已收金額的義務，其所證明的金額，即為已收股款金額（公§134）。

⑷依規定申請證券管理機關審核時，如有下列情形之一者，證券管

理機關可以不予核准或撤銷核准（公§135 I）：①申請事項，有違反法令或虛偽者；②申請事項有變更，經限期補正而未補正者。依公司法第一百三十六條的規定，證券機關撤銷核准時，如果公司還沒有對外招募，應立即停止招募；已對外招募時，認股人得依所認股份總額加算法定利息，請求返還認股金額。

(5)發起人就申請事項有違反法令或虛偽情事時，依刑法有關規定處罰。申請事項如有變更，經證券管理機關限期補正而未補正時，由證券管理機關各處新臺幣二萬元以上十萬元以下之罰鍰（公§135 II）。

(二)發起設立的程序

1.訂立章程

章程雖已訂立，但在公司辦理設立登記前，仍可經全體發起人的同意，予以變更。

2.認足股份

各個發起人所認股數無須相同，但須認足全部股份或第一次發行的股份。發起人認股，應作成書面，以避免作假，並避免日後舉證困難。

3.繳足股款

發起人認足股份時，應立即繳足股款，必須一次繳清，不可以分期付款（公§131 I）。發起人除繳納現金外，也可以公司營運所需的財產抵繳（公§131 III），惟發起人以現物出資時，必須將財產的所有權移轉給公司，若僅供公司使用，則違背資本充實原則。發起人以公司營運所需之財產，抵繳股款時，按市價決定該財產之價格，如無市價，則估定其價格，如不易估定時，得洽詢公正之有關機關或專家予以評定（經濟部56年4月4日經商字第08180號函）。

股份有限公司採發起設立時，代表公司的負責人應於就任後十五日內向主管機關申請設立登記（公司之登記及認許辦法§3 I）。

4.選任董事及監察人

發起人繳足股款後，應按章程所定董事及監察人的人數，選任董、監事（公§131 I）。

5.設立登記

與募集設立程序的設立登記相同。

6.發起設立流程表

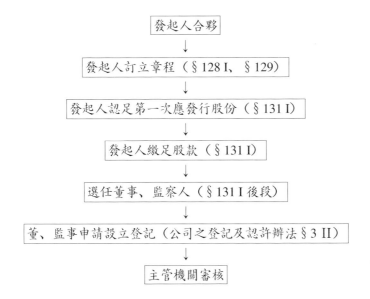

發起人合夥

↓

發起人訂立章程（§128 I，§129）

↓

發起人認足第一次應發行股份（§131 I）

↓

發起人繳足股款（§131 I）

↓

選任董事、監察人（§131 I 後段）

↓

董、監事申請設立登記（公司之登記及認許辦法§3 II）

↓

主管機關審核

參考答案

　　李夢天等人可以在章程中加入使發起人享受特別利益的條款，公司成立後，如果其他股東認為發起人享有的特別利益過高，可以透過股東大會修改章程撤銷發起人的特別利益，但不可以要求李夢天等人，返還已經領取的特別利益；在公司成立前，若是採募集設立的方式，則其他認股人可以在創立會時裁減發起人的特別利益。

◎選擇題

( )　1.蘇喜想成立一家垂涎三尺食品股份有限公司，他可以找誰當發起人？　(1)十八歲的柳澄　(2)政府　(3)新活力輪胎合夥事業　(4)以上皆可。

( )　2.垂涎三尺股份有限公司的資本總額為一百萬股,每股十元,在公司成立時，至少須發行　(1)二十五萬股　(2)五十萬股　(3)一百萬股　(4)沒有最低限制，一股以上即可。

( )　3.在下列那一情形，垂涎三尺股份有限公司發起人蘇喜必須負連帶責任？　(1)黃瓜認購一千股，卻未在期限內繳交股款　(2)黃瓜繳交股款後，又撤回股款　(3)蘇喜捐出一輛市價新臺幣一百萬的豐田汽車，折抵二十萬股　(4)公司不成立時，因設立公司所生的債務及費用　(5)以上皆是。

( )　4.創立會的權限不包括　(1)聽取有關設立事項的報告　(2)選任董監事　(3)起訴董事的不法行為　(4)裁減發起人的報酬及特別利益　(5)修改章程。

( )　5.關於特別利益的敘述，何者正確？　(1)須明定於章程中　(2)須有一定的期限與數額　(3)若發起人將股票移轉給他人，則由取得股票的人享受特別利益　(4)發起人得領取的特別利益，縱使不合理，也不可以裁減。

第三節　股份有限公司的股份

本節重點

◎股份的特性 ── 平等性
　　　　　　 ── 不可分性
　　　　　　 ── 自由轉讓性

◎股份的種類 ── 普通股與特別股
　　　　　　 ── 舊股與新股
　　　　　　 ── 面額股與無面額股

◎股份收回、收買、設質與銷除的禁止→例外 ── 特別股的收回
　　　　　　　　　　　　　　　　　　　 ── 清算或破產股東股份的收回
　　　　　　　　　　　　　　　　　　　 ── 因少數股東的請求而收回
　　　　　　　　　　　　　　　　　　　 ── 因股東拋棄股份而收回
　　　　　　　　　　　　　　　　　　　 ── 因減資而銷除

◎特別股 ── 種類→優先股與後配股
　　　　 ── 時期 ── 公司設立時
　　　　　　　　 ── 設立後第二次以下發行新股
　　　　　　　　 ── 增加資本時
　　　　 ── 條件 ── 能按期支付已發行之特別股約定股息
　　　　　　　　 ── 最近三年或開業不及三年之開業年度課稅後之平均淨利，足以支付已發行及擬發行之特別股股息

本節目標

1. 說明股份特性：

 (1)透過股份平等性，提前建立讀者對股東表決權之概念。

 (2)釐清股份不可分性與股份共有之關係。

 (3)清楚瞭解股份自由轉讓之例外規定。

2. 說明公司收買、收回、設質、銷除股份之禁止：公司禁止收買、收回、設質、銷除自有股份，此乃資本確定原則與資本不變原則之重要體現，其定義、及例外情形，有充分說明之必要。

3. 介紹特別股之種類與發行條件。

林荷謙的姨父孫宏由，人稱「紅油炒手」，專精股市分析，出面認購無明堂股份有限公司五萬股的股份，此消息一傳出，造成投資大眾搶購熱潮，孫宏由於是建議林荷謙等人順勢發行特別股。林荷謙等人恐日後孫宏由轉讓股份，投資大眾亦將大量拋售該公司的股份，遂與孫宏由約定，孫宏由只能把股票賣給公司。

由於公司股份過於搶手，林荷謙等人必須以抽籤方式決定認股數。有一對雙胞胎兄弟，以兩人名義共同認購了三萬股，並準備以每股十五元的價格尋找新買主。

案　例

　　林荷謙的姨父孫宏由得知她與朋友合開公司，為表示祝賀之意，出面認購了五萬股。孫宏由縱橫股市十數年，無論是基本面分析、技術面分析、甚至是政治面的消息分析，樣樣精通，而且奇準無比，所以在股市中有個外號叫——紅油炒手！孫宏由認購無明堂公司股票消息一經傳出，馬上造成搶購的熱潮，最後竟必須以抽籤的方式來決定認股數。孫宏由不愧是商場老手，見大家搶購得如此熱烈，就建議林荷謙等人順勢推出特別股為公司造勢。林荷謙等人萬萬沒想到孫宏由的魅力如此驚人，在高興之餘，心底不禁泛起一陣恐懼：「如果紅油炒手將股份賣了，那大家也將大量拋售公司的股份，到那時……」為避免這種情況發生，大夥兒與孫宏由約定，孫宏由只能把股票賣給公司。在中籤的認股人中，宋書祺發現竟有一對雙胞胎兄弟——伍哥及伍弟，以兩人的名義共同認購了三萬股。更誇張的是，兩人正準備以每股十五元的價格尋找新買主。大夥兒知道以後，無不義憤填膺，薛迪更是後悔當初沒有多認購一點股份！

一、伍哥與伍弟二人可不可以共同認股？二人的股東權利、義務應如何
　　行使？

二、伍哥與伍弟可不可以把抽中的股份轉賣給他人？

三、連伊涵等人可以禁止孫宏由把股票賣給他人嗎？又，無明堂股份有
　　限公司可以出錢買回孫宏由所持有的股份嗎？

四、何謂特別股？無明堂股份有限公司可不可以募集特別股？股份除了
　　特別股外，還有沒有其他種類？

說　明

一、伍哥與伍弟二人可不可以共同認股?二人的股東權利、義務應如何行使?

㈠股份的意義與特性

「股份」在法律上有二種含義，一是指股份有限公司資本的最小構
成單位，依公司法第一百五十六條第一項規定：「股份有限公司之資本，
應分為股份，每股金額應歸一律，……。」一是表示股份有限公司的股東
權，股份有限公司的股東因持有股份，而取得股東地位，享受股東權利、
負擔出資義務。

股份具有如下特性：平等性、不可分性、自由轉讓性、有限性（股
東僅就其所認股份對公司負責）、資本性（將股份有限公司的股份總額乘
以每股金額，即可得算出股份有限公司的資本總額）。

(二)股份平等性

所謂平等性，是指股份有限公司的每一股股份金額相同，每一個股份代表一個股東地位，享有一個表決權，如果一個股東持有數股份時，則有數個股東地位。公司法採用股份平等原則的理由，主要是為了方便計算股東權、簡化分配股利的手續、便利市場買賣、且便於公司帳簿登載。股份平等性主要表現在兩個方面：一是公司發行股份時，同次發行且發行條件相同的股份（例如無表決權的參加分派特別股），每股的價格應相同（公§157 VII）；一是公司各股東，除了無表決權的特別股及公司持有自己的股份外，原則上每股有一個表決權，但為了避免持有股份總數較多的大股東以大欺小，所以民國九十年修正前的公司法規定，股東持有的股份超過已發行股份總數百分之三以上時，應該在章程中限制其表決權數。不過此項規定於民國九十年修法時刪除，原因是以法律限制公司章程「應」限制大股東的表決權，違反股份平等性，且如此將造成計算上的困擾。然而為避免多數暴力的情形，公司「得」於章程中，限制大股東的表決權。

(三)股份不可分性

股份的不可分性，指公司資本最小的構成單位是「一股」，不得再分為「幾分之幾股」，但這不表示股份不可以共有，數人仍然可以共有一股，此時其股東權利應由共有人推派一人行使（公§160 I）。

二、伍哥與伍弟可不可以把抽中的股份轉賣給他人?

(一)股份自由轉讓性

　　股份有限公司性質上屬於資合公司,不強調股東的個人資格,且由於股份有限公司不採取退股制度,股份轉讓變成公司股東收回出資的唯一方法,也唯有自由轉讓股份,才可以刺激社會大眾投資股份有限公司的意願,所以公司法採用股份自由轉讓原則,在第一百六十三條第一項明定:「公司股份之轉讓,不得以章程禁止或限制之。」

(二)股份自由轉讓的例外

　　為了保護投資人的利益,公司法對於轉讓股份設有一些限制:

　　1.必須在公司完成設立登記後,才可以轉讓股份(公§163 I但書)。因為公司完成設立登記前,公司是否能如期成立、成立後營運狀況如何皆屬於未定數,為防止投機事件、保障交易安全,使公司能穩固設立,所以公司法特別為此規定。違反此項規定的股份買賣行為,無效(民§71)。

　　2.為防止發起人虛設公司、詐取利益,所以發起人的股份,必須在公司設立登記一年後才可以轉讓。不過,因公司合併或分割新設的公司發起人,卻不受前述的限制(公§163 II)。原因是因合併或分割而新成立的公司與一般新成立的公司不同,該發起人無須負擔較重的責任。

　　(1)所謂「轉讓」,係指股東私人間之讓售行為,如果股份有限公司設立登記未滿一年而依法律規定辦理減資,致發起人因此而減少其持有之股份時,則與「轉讓」不同。

　　(2)「轉讓」究以「實際轉讓行為發生時」為準,或以「變更股東名簿」為準?學說上有爭議,目前司法實務上係以「實際轉讓行為發生時」

為準，以防止弊端。

(3)股份有限公司設立登記未滿一年，因發行新股或增資而發行新股，發起人就其所增認之股份，因其轉讓不致發生弊害，故不受本項規定之限制。

(4)倘發起人於公司登記後一年內死亡，其繼承人所繼承之股份，仍受本項規定之限制（司法院司法業務研究會第三期）。

(5)若發起人於公司公開招募時，另以中籤人之身分認股，關於中籤部分之股份，有無本項規定之適用，學說見解不一，通說認為本項規定之立法意旨，在確定公司之健全發展與信譽，以免發起人虛設公司，妨礙社會交易安全，為貫徹此項立法意旨，應該從嚴解釋，因此發起人之股份，不論以自身或中籤人身分取得者，均屬募集設立階段之行為，故應受本項規定之限制。

(6)凡違反本項規定而為轉讓，該轉讓行為無效（最高法院70年臺上字第458號判例）。

3.股份有限公司的董事與監察人處理公司事務，常能接觸許多機密消息，為避免董事及監察人趁機炒作公司股票，所以董事及監察人經選任後，應向主管機關申報其當選時所持有的股份數額，同時，在任期中不可以轉讓股份超過申報數額的二分之一，一旦超過二分之一時，其董、監事當然解任（公§197 I、§227）。

4.就員工得優先認購的股份，公司可以限制員工在一定期間內不得轉讓，但該期間最長不得超過二年（公§267 VI）。但如果是員工自行認購的股份，公司不可以限制其轉讓。此外，因合併他公司、公司分割、公司重整或公司發行員工認股權憑證、公司債得轉換股份或附認股權等情形，員工則無優先認購的權利（公§267 VII）。

5.公司為吸引及留住優秀人才，有將股份配發給員工的必要。因此民國九十年修訂公司法時規定，除法律或章程另有規定者外，公司可以

經董事會決議（三分之二以上董事出席及出席董事過半數同意），與員工簽訂認股權契約，約定在一定期間內，員工願依照約定價格認購特定數量的公司股份，訂約後由公司發給員工認股權憑證。員工取得的認股權憑證，不可以轉讓。但因繼承而取得者，不在此限（公§167之2）。

6.關於股份轉讓，除公司法有限制規定外，證券交易法亦針對公開發行股票公司設有限制：

(1)凡公開發行股票公司的董事、監察人、經理人或持有公司百分之十以上股權的股東，其股票轉讓，應依下列方式之一為之（證交§22之2I）：

①經主管機關核准或自申報主管機關生效日後，向非特定人為之。

②依主管機關所定持有期間及每一交易日得轉讓數量比例，於向主管機關申報之日起三日後，在集中交易市場或證券商營業處所為之。但每一交易日轉讓股數未超過一萬股者，免予申報。

③於向主管機關申報之日起三日內，向符合主管機關所定條件之特定人為之。

(2)發行股票公司的董事、監察人、經理人或持有公司股份超過百分之十的股東，對公司上市股票或具有股權性質之其他有價證券，於取得後六個月內再行賣出，或於賣出後六個月內再行買進，因而獲得利益者，公司應請求將其利益歸於公司。發行股票公司董事會或監察人不為公司行使前項請求權時，股東得以三十日之限期，請求董事或監察人行使之；請求之股東得為公司行使前項請求權。董事或監察人不行使第一項之請求以致公司受損害時，對公司負連帶賠償之責。第一項之請求權，自獲得利益之日起二年間不行使而消滅（證交§157I～IV、VI）。

(3)下列之人，獲悉發行股票公司有重大影響其股票價格之消息時，在該消息未公開或公開後十二小時內，不得對該公司之上市或在證券商經營處所買賣之股票或其他具有股權性質之有價證券，買入或賣出

（證交§157之1I）：

①該公司之董事、監察人及經理人及依公司法第二十七條第一項規定受指定代表公司行使職務之自然人。

②持有該公司股份超過百分之十之股東。

③基於職業或控制關係獲悉消息之人。

④喪失前三款身份後，未滿六個月者。

⑤從前四款所列之人獲悉消息者。

三、連伊涵等人可以禁止孫宏由把股票賣給他人嗎？又，無明堂股份有限公司可以出錢買回孫宏由所持有的股份嗎？

公司法第一百六十三條第一項前段規定：「公司股份之轉讓，不得以章程禁止或限制之。」從該條的立法意旨及條文用語來看，是指公司不可以在「章程」中禁止或限制股東自由轉讓股份。如果當事人基於雙方的真意，約定不可自由轉讓股份，基於當事人契約自由的原則，此一約定應屬有效。

(一)股份收買、收回、銷除及設質的禁止

較有疑問的是，股份有限公司是否可用自有的資金收回、收買公司股份、或銷除公司股份（意即直接消滅公司股份，例如公司資本額為一萬股，直接捨棄部分股份，變更為九千股）、或將公司股份收為質物（是指股東將股票背書後交給公司，作為擔保品，以便向公司借錢，關於股份設質的問題，可參閱民法物權編第七章第二節權利質權的規定，及民§908、§909、§910）。

由於股份有限公司的財產，是公司全體投資人及債權人的保障，所

以公司的財產總額應該保持在一定的水準，不可以任意減少，否則將影響公司投資人及債權人的權益，這就是資本維持原則的精神。如果股份有限公司可以隨意銷除股份，將造成公司資本總額的變動，與資本確定原則相違背；如果股份有限公司可以隨意以公司資金收回、收買公司股份、或將公司股份收為質物，無異變相將股東出資返還給股東，則與資本維持原則相違背。

舉例來說，跨世紀運動器材股份有限公司的資本總額為一百萬股，每股十元，如果全部發行完畢，跨世紀股份有限公司應有一千萬元的現金或相當於一千萬元的財產。股東皮再揚把十萬股的股票交給公司，向公司借款一百萬，則表面上公司有一百萬股的資本，但實際財產只有九百萬元，較應有的財產短少了一百萬元，與章程所訂的資本不符；且若允許公司任意收回、收買或設質，則公司負責人可以趁機買賣公司股票，並操縱股價，不僅擾亂證券市場也影響投資人的權益；甚至在公司蒙受虧損時，公司負責人可以公司資金先收買自己及其親友所持有的股份，造成股東待遇不平等的情形；另一方面，如果允許公司自行銷除股份，將使資本減少，影響公司債權人的權益，所以公司法第一百六十七條明文禁止公司將股份收回、收買或設質；所謂「收回」，指公司以單方意思表示，給付代價，向股東取回股份；「收買」則是指公司與股東雙方合意，由公司給付股東代價，股東交付股份予公司，不論收回或收買，公司均須支付代價，均會減少公司之資本，故公司法特別明文禁止。至於股東將其持有之股份無條件拋棄，公司係無償取得，對公司資本應不會產生影響，似無禁止之必要（司法院司法業務研討會第三期）。

公司法第一百六十八條並規定：「公司非依股東會決議減少資本，不得銷除其股份。」公司負責人如違反規定，將股份收回、收買或收為質物，或抬高價格抵償債務，或抑低價格出售時，應負賠償責任（公§167V）；公司負責人如果未經股東會決議減少資本，擅自銷除股份時，各科新臺

幣二萬元以上十萬元以下的罰鍰（公§168）。

(二)股份收買、收回、銷除及設質禁止的例外

然而在某些情形下，公司的確有將股份收回、收買、銷除或設質的需要，因此公司法亦設有下列例外規定：

1.特別股的收回（公§158）

由於特別股本質上違反股東平等原則，所以公司法允許公司以盈餘或發行新股所得的股款收回特別股。

2.清算或破產股東股份的收回（公§167 I 但書）

股東清算或受破產宣告時，其所持有的股份，通常是以拍賣的方式轉換成現金，以清償該股東的債務，然而在拍賣場上，股份往往以低得離譜的價格賣出，這會造成公司整體股票行情下跌，使公司蒙受損失，所以公司法特別規定，如果股東在清算或受破產宣告前，曾積欠公司債務時，公司可以按市價收回該股東的股份。

3.因少數股東的請求而收回（公§186、§317）

公司通過特定重要決議時，為保護少數持反對意見股東的利益，所以公司法賦予少數股東「請求公司以當時公平價格收買股票之權利」。

4.庫藏股

「配股」，是現在企業為了延攬、培植、激勵管理及領導人才或員工的好方法。但民國九十年公司法修正前，公司只能在發行新股時，保留新股總數的百分之十至十五由員工認購。除此以外，公司法沒有提供法律依據，使得公司可在前述目的的前提下，例外地保有一定數額的股份，因此有設置「庫藏股」制度的呼聲。

民國九十年公司法修正時，新增第一百六十七條之一：公司除法律另有規定外，得經董事會以董事三分之二以上出席，出席董事過半數同意決議，於不超過公司已發行股份總數百分之五的範圍內，收買公司自

己的股份；收買股份的總金額，不得超過保留盈餘加已實現資本公積的金額。公司因此而收買的股份，必須於三年內轉讓給員工。屆期未轉讓時，視為公司未發行股份，並應該為變更登記。公司在這三年持有自己股份時，不享有股東權利。

證券交易法第二十八條之二則針對已在證券交易所上市或於證券商營業處所買賣股份的公司，訂定例外規定，使其可以在董事會的決議下（出席及表決的限額與公司法第一百六十七條之一相同），在有價證券集中交易市場或證券商營業處所，或依證交法第四十三條之一第二項規定，向不特定人公開收購，買回公司自己的股份。

但公司依上述規定買回的股份必須用於下列用途：(1)轉讓給員工；(2)配合附認股權公司債、附認股權特別股、可轉換公司債、可轉換特別股或認股權憑證的發行，做為股權轉換之用；(3)為維護公司信用及股東權益所必要而買回，並辦理銷除股份手續（證交§28之2 I）。

(三)收買價格

關於收買價格，原則上由股東與公司間自行協定，但若在法定期間內未達成協議，股東得依非訟事件法規定，向公司所在地的法院，以公司為被告，請求法院裁定收買價格（非訟事件法§171）。收買價格之高低，原應以公司資產情形為主要依據，因此法院為裁定前，應詢問公司負責人及為聲請之股東，必要時並得選任檢查人就公司財務實況，命為鑑定（非訟事件法§182 I）。檢查人之報酬，經法院核定後，除因可歸責於關係人之事由致生無益費用，由法院裁定命該關係人負擔外，由股東及公司各半負擔（非訟事件法§182 III）。若股東所持有者係已上市的股票，法院得斟酌聲請時當地證券交易所實際成交價格核定之（非訟事件法§182 II）。法院應於裁定中載明理由，因裁定而受不利益之人，得依民事訴訟法之規定，向上級法院提起抗告，抗告中應停止執行該裁定（非

訟事件法§182 IV）。

　　公司依法收回或收買的股份，應在六個月內，按市價將其出售，以維持公司資本，逾期未經出售者，視為公司未發行股份，並應為變更登記（公§167 II）。

四、何謂特別股？無明堂股份有限公司可不可以募集特別股？股份除了特別股外，還有沒有其他種類？

(一)特別股的意義與種類

　　所謂的特別股，是指持有該種類股份的股東所享受的權利，比普通股股東更有利或更不利。特別股依其內容可以分為優先股與後配股。後配股所享有的待遇比普通股差，必須在普通股股東分派盈餘或公司賸餘財產後，才可以接受分派，此種股份多由發起人自己認購，所以又稱為發起人股；優先股所享有的待遇則比普通股好，依持有優先股可享有的待遇區分，可分為優先分派盈餘、優先分派賸餘財產、表決權的優先或限制或無表決權，分別說明如下：

1.優先分派盈餘股

　　是指當公司在年終有盈餘時，除彌補損失及提存公積外（詳見本章第六節），撥出一定比例的盈餘，優先分派股利給特別股股東，剩下部分再分派給普通股股東。分派盈餘的優先股還可分為：

　　(1)累積的優先與非累積的優先：所謂累積的優先，指公司本年度的盈餘數額，不足分派約定的優先股利時，得由下年度盈餘補足；而非累積的優先則指股利的分派以當年度盈餘為準，即使不足分派，其不足的數額亦不必由下年度盈餘補足。

(2)參加的優先與非參加的優先：所謂參加的優先，是指除優先分派一定比例的盈餘外，就剩下的盈餘仍可與普通股的股東一起參與分配；非參加的優先，則只能分派所約定比例的盈餘，就剩下的部分不得再參與分派。

2.優先分派賸餘財產股

是指當公司解散清算後，如果有賸餘財產，可以優先接受分派。

3.表決權優先股

是指一股而享有數表決權。

4.無表決權股

是指不享有表決權的特別股。由於優先股已較普通股股東享較多的股息與紅利，所以我國公司所發行的特別股多屬無表決權的特別股。

(二)特別股的發行

1.發行時期

特別股可以在公司設立之初發行，也可以在公司設立後第二次以下發行新股或增資時發行。

2.發行程序

依公司法第一百五十七條的規定，公司發行特別股時，應在章程中訂定下列事項：

①特別股分派股息、紅利的順序、定額或定率。

②特別股分派公司賸餘財產的順序、定額或定率。

③特別股的股東行使表決權的順序、限制或無表決權。

④特別股權利義務的其他事項。

如果公司是在設立後、發行新股時發行特別股，應該將特別股的種類、股數、每股金額及上列各款事項，申請證券管理機關核准公開發行。

3.發行條件

公司發行優先股時，為確保公司有足夠財力發行優先股，以保障優先股股東的權益，所以公司法第二百六十九條規定，公司有下列情形之一時，不得公開發行具有優先權利之特別股：一、最近三年或開業不及三年之開業年度課稅後之平均淨利不足支付已發行及擬發行之特別股股息者；二、對於已發行之特別股約定股息，未能按期支付者。

(三)特別股的變更與收回

由於特別股的存在，通常會對公司造成負擔（必須額外分派盈餘或紅利），不宜永久存在，所以在招募特別股時，可以在募股章程中明訂，自若干年後變為普通股，如果未訂明，也可以在變更章程時，將特別股直接轉變為普通股，不過不可侵害特別股股東的利益。公司法第一百五十九條規定：「公司已發行特別股者，其章程之變更如有損害特別股股東之權利時，除應有代表已發行股份總數三分之二以上股東出席之股東會，以出席股東表決權過半數之決議為之外，並應經特別股股東會之決議。公開發行股票之公司，出席股東之股份總數不足前項定額者，得以有代表已發行股份總數過半數股東之出席，出席股東表決權三分之二以上之同意行之，並應經特別股股東會之決議。前二項出席股東股份總數及表決權數章程有較高之規定者，從其規定。特別股股東會準用關於股東會之規定。」以保障特別股股東的權益。同時依第一百五十八條規定：「公司發行之特別股，得以盈餘或發行新股所得之股款收回之。但不得損害特別股股東按照章程應有之權利。」

(四)舊股與新股，面額股與無面額股

除了普通股與特別股外，依照股份發行的時間還可分為舊股與新股。所謂的舊股，指公司成立時所發行的股份，而新股則是公司成立後所發

行的股份。公司法對於發行新股有特別規定（詳見本章第八節）。此外，依股票票面是否記明股份金額，還可分為面額股與無面額股，前者指股票票面表示有一定金額，後者則不記載金額，僅記載其股份比例，如五萬分之一股。依我國公司法的規定，股份有限公司只能發行面額股。

參考答案

　　股份的不可分性不影響數人共有股份，伍哥與伍弟可以用二人名義共同認股。同時依公司法第一百六十條第二項的規定，伍哥與伍弟對公司負連帶繳納股款的義務，並應推派一人行使股東權利。

　　就股份買賣而言，伍哥及伍弟必須在公司完成設立登記後，才能將股份移轉給他人，否則該轉讓行為無效。

　　連伊涵等人可以與孫宏由約定：孫宏由不可以隨意把股票賣給其他人。如果孫宏由違反約定，將股份轉讓給第三人，該轉讓行為仍屬有效，因為契約只拘束訂約的雙方當事人，並無拘束第三人的效力。

　　無明堂股份有限公司不得以公司的資金買回孫宏由所持有的股份，除非孫宏由受破產宣告，為抵償孫宏由在破產宣告前積欠公司的債務，公司才可以按市價收回孫宏由的股份。

　　由於無明堂股份有限公司的募股章程中，並沒有募集特別股的相關事項，所以在本案中，無明堂股份有限公司只能募集普通股。

習　題

◎是非題

　　蘇喜是垂涎三尺食品股份有限公司的發起人及董事長,該公司資本額為一百萬股,公司設立時發行四十萬股,設立後又發行二十萬股, 蘇喜共持有十萬股。

（　）　1.第二次發行的普通股票面金額可以高於第一次發行的普通股票面金額。

（　）　2.蘇喜可以把股票登記為蘇喜、黃瓜共同所有。

（　）　3.蘇喜在公司辦理完設立登記後就可以把股票轉讓給其他人。

（　）　4.蘇喜當選董事時, 應向主管機關申報其在選任當時所持有的股份數額。

（　）　5.在股東常會召開前二個月, 蘇喜仍然可以轉讓股票給其他人, 並辦理「過戶」手續。

（　）　6.蘇喜如果急需現金, 可以把股份賣給垂涎三尺食品股份有限公司。

（　）　7.蘇喜如果看艾棗茶董事不順眼, 可以直接銷除艾棗茶所持有的股份。

（　）　8.蘇喜如果破產,垂涎三尺公司可以買回蘇喜所持有的股票,以抵銷蘇喜積欠公司的債務。

◎問答題

　1.簡述特別股的種類。

　2.簡述發行具優先權利特別股的條件。

第四節　股份有限公司的股票

本節重點

◎股票的種類
- 記名股票與無記名股票
- 單數股票與複數股票
- 普通股票與特別股票

◎股票的發行
- 須在設立登記或發行新股變更登記後三個月內發行
- 無記名股票的發行，限於公司章程中有記載，且不得超過已發行股份總數二分之一

◎股票的轉讓
- 記名股票→背書＋交付＋登記在股東名簿
- 無記名股票→交付

本節目標

1. 簡單介紹股票之種類、發行程序及股東名簿之作用。

2. 重點置於股票之發行時期，與股票之轉讓手續。

3. 轉讓記名股票時，將受讓人登載於股東名簿上，並非轉讓記名股票之生效要件，僅發生對抗公司之效力。

無明堂管理顧問股份有限公司終於開幕了，名律師巫虔也來祝賀，他一遇到陳子揚便問：「公司打算發行記名股票還是無記名股票？」問得陳子揚一臉迷糊，巫虔才想起公司已發行記名股票了！

突然有個自稱「小黑」的人來公司叫罵，指責公司沒有發股東臨時會的開會通知給他，在宋書祺低聲下氣的詢問下，大家才知道，原來小黑繼承了股東黑面蔡的五萬股，但遲遲未在公司的股東名簿上辦理移轉登記，才造成誤會。

● 案　例

　　無明堂管理顧問股份有限公司在大家的祝福及期待下,終於開幕了。開幕當天,賓客臨門,冠蓋雲集。名律師巫虔先生見無明堂公司真的搞出一些名堂來,頗為他們感到高興,由於他曾掏腰包認了二萬股,所以他對公司的營業狀況特別關心,遇到陳子揚便問:「公司打算發行記名股票還是無記名股票?」問得陳子揚丈二金剛摸不著頭腦,巫虔才想起公司已發行記名股票了。此時有一個自稱「小黑」的人來公司叫罵,他說自己是公司的股東之一,怎麼都沒有收到股東臨時會的開會通知? 在宋書祺低聲下氣的安撫下,大家才漸漸瞭解事情的原委:原來小黑繼承了股東黑面蔡的五萬股,但遲遲未到公司辦理股東名簿上的移轉登記,所以才造成今天這樣的誤會。

◀ 問　題

一、無明堂股份有限公司是不是一定要發行股票?

二、無明堂股份有限公司可不可以發行無記名股票? 除了記名與無記名股票外,股票還有那些分類?

三、什麼叫做股東名簿? 它的作用是什麼?

四、小黑沒有在股東名簿上辦理移轉登記,他是不是無明堂股份有限公司的股東?

一、無明堂股份有限公司是不是一定要發行股票？

(一)股票的意義

　　投資人認購股份後，就享有股東權。股票只是將股東權具體地表彰於書面的一種文件，所以股票是一種證權證券。此外，股票表彰一定的財產價值，所以股票是一種有價證券。雖股票權利之移轉與行使，須占有股票，但在股票製成前，股東權已存在，故非完全有價證券。又因股票應記載公司法第一百六十二條所定事項，故屬要式證券。

　　本來股份有限公司是否公開發行股票，應由各公司自行決定。但為保障股東權益，並利用股票將股東權利證券化，以提高股份的流通性，便利資金的流通，增進社會大眾持有股票的意願，使股份有限公司可以經由發行股票籌措資金，而減少對外借貸，所以公司法規定，公司資本額達中央主管機關所定一定數額以上（現行規定為新臺幣五億元）時，必須於設立登記或發行新股變更登記後三個月內發行股票。資本額未達中央主管機關所定一定數額的公司，則視公司章程規定，自行決定是否發行股票（公§161之1 I）。

(二)股票的發行程序

　　依公司法規定，股票發行程序如下：

1.股票發行時期

　　公司應該在辦理設立登記或發行新股變更登記後，三個月內發行股票。公司負責人違反規定，不發行股票時，除由主管機關限定期限發行

外，各處新臺幣一萬元以上五萬元以下罰鍰，期滿仍未發行，得按次連續各處新臺幣二萬元以上十萬元以下的罰鍰，一直到發行股票為止（公§161之1 I II）。

2.股票不得發行之時期

除非證券暨期貨管理委員對公開發行股票公司另有規定，公司非經設立登記或發行新股變更登記後，不可以發行股票，公司違反此規定而發行股票者，其所發行的股票無效。發行人並應對股票持有人負損害賠償責任（公§161）。

3.股票發行的款式（公§162）

⑴股票無論記名式或無記名式，均應編號。

⑵絕對必要記載事項：

　①公司名稱。

　②設立登記或發行新股變更登記的年、月、日。

　③發行股份總數及每股金額。

　④本次發行股數。

　⑤股票發行的年、月、日。

⑶相對必要記載事項：

　①發起人股票應標明發起人股票的字樣。

　②特別股票應標明其特別種類的字樣。

⑷記名股票應用股東本名，其為同一人所有者，應記載同一本名；股票為政府或法人所有者，應記載政府或法人之名稱，不可以另立戶名或僅記載代表人的本名。

⑸股票應由董事三人以上簽名或蓋章，並經主管機關或其核定的發行登記機構簽證後發行。股票若未經主管機關簽證，多數學者及司法實務（最高法院69年臺上字第2548號判決）認為該股票無效，因為依公司法第一百六十二條第一項之規定，簽證為股票要式行為之一部分，亦為

股票之絕對必要記載事項，如有欠缺，該股票即屬無效。

二、無明堂股份有限公司可不可以發行無記名股票？除了記名與無記名股票外，股票還有那些分類？

(一)記名股票與無記名股票

所謂的記名股票，是指有記載股東姓名的股票，反之，沒有記載股東姓名的股票，就稱為無記名股票。此二者區別的實益，在於其轉讓方式及股東會的召集程序有所不同。

公司除發行記名股票外，也可以發行無記名股票，但有下列二點的限制：一是公司必須先在章程上載明發行無記名股票的相關事項；二是無記名股票發行的數額，不可以超過已發行股份總數的二分之一（公§166 I）。

依公司法第一百六十六條第二項的規定，股東可以隨時請求公司將無記名股票改為記名股票，但此種請求權並非股東的固有權，所以公司得以章程限制股東將無記名股票改為記名股票。至於股票已經是記名股票，可不可以改為無記名？公司法沒有明文規定，但為控制無記名股票的數量，避免超過已發行股份總數的二分之一，多數學者認為此時應該不可以改為無記名股票。

(二)單數股票與複數股票

除了記名股票與無記名股票外，依每一張股票所表彰的股份數，還可分為單數股票與複數股票。前者指一張股票只表彰一個股份；而後者則是一張股票表彰數個股份，如一百股、一千股等。我國公司所發行的多為複數股票。

(三)普通股票與特別股票

此外，還可依照股票所表彰的股東權利內容，分為普通股票與特別股票。前者即是發給普通股股東的股票；後者乃發給特別股股東的股票。

三、什麼叫做股東名簿？它的作用是什麼？

(一)股東名簿的意義

股東名簿是記載股東及持有股份數額等法定事項的名冊，是股份有限公司申請設立時，不可或缺的文件，因此公司應在申請設立登記前編製股東名簿。但公開發行股票的公司，免向主管機關送報股東名簿，而應改送董事、監察人、經理人及持有股份總數百分之五以上之股東名冊。

股東名簿的設置目的有三：一是作為股東權利移轉的證明，持有記名股票的股東轉讓股份，必須將受讓人的姓名及住居所，向公司報告而記載在股東名簿中，否則不可以其轉讓對抗公司（公§165 I）；二是作為寄發通知及催告股東的依據，如果公司已經按照股東名簿上所記載的地址，寄發通知給股東，或向股東為催告，縱使股東未收到通知或催告，該股東都無法主張公司的通知不合法；三是凡記載於股東名簿者，推定其為股東。

(二)股東名簿的記載事項

依公司法第一百六十九條第一項規定，股東名簿應編號記載下列事項：
　1.各股東的姓名或名稱、住所或居所。
　2.各股東所持有的股數及其股票號數。
　3.發給股票的年、月、日。

4. 發行無記名股票者，應記載其股數、號數及發行的年、月、日。

5. 發行特別股者，應註明特別種類字樣。

6. 如果是採用電腦作業或機器處理者，前項資料可以用附表補充。

(三)股東名簿的查閱

公司成立後，代表公司的董事應將股東名簿備置於本公司或其指定股務代理機構（公§169 III），股東及公司債權人得檢具利害關係文件，指定範圍，隨時請求查閱或抄錄（公§210 II）。代表公司的董事如果不備置股東名簿於本公司或其指定的股務代理機構，處新臺幣一萬元以上五萬元以下的罰鍰；連續拒不備置，並按次連續處罰新臺幣二萬元以上十萬元以下罰鍰。

四、小黑沒有在股東名簿上辦理移轉登記，他是不是無明堂股份有限公司的股東？

(一)股票的轉讓

股票的轉讓方式，因股票是記名或無記名而有不同。如果是無記名股票，則只須交付股票，即生股票轉讓的效力。但如果是記名股票，則應該由股票持有人背書轉讓並交付股票（公§164）。至於背書的方法，公司法未作特別規定，解釋上比照票據法背書的規定辦理。除了背書以外，還必須將受讓人的姓名或名稱及住所或居所，報告公司並記載在公司股東名簿，否則不得以其轉讓對抗公司，也就是說，記名股票的轉讓必須經過俗稱的「過戶」手續後，受讓人才能以之對抗公司（公§165 I）。所謂對抗，是指受讓人向公司主張開會通知的寄發、行使表決權、分派股息紅利等權利。若沒有經過「過戶」手續，公司將股息紅利分派給股

東名簿上所記載的原有股東，受讓人無法向公司主張分派錯誤，而要求公司另行分派。

關於過戶之手續，說明如下：

除公司章程另有規定外，股票受讓人一方請求將股票過戶，公司即應予以辦理（最高法院69年臺上字第515號判例、70年臺上字第2156號判決）。公司拒絕辦理過戶時，應由受讓股票之人，以公司為被告，向法院提起訴訟，請求公司變更股東名簿之記載。如果受讓人取得勝訴判決後，依強制執行法第一百三十條第一項之規定，自判決確定之日起，視為公司已變更記載。

㈡股票轉讓後，其股息紅利究應由讓與人或受讓人取得，視股票轉讓之期間而有不同

1.「閉鎖時期」之意義

⑴依公司法第一百六十五條第二項之規定，股東常會開會前一個月或股東臨時會開會前十五日，或公司決定分派股息及紅利或其他利益之基準日前五日內，不得辦理過戶。此一期間，學說稱為「閉鎖時期」。該期間的計算，應包括開會本日及基準日本日在內（經濟部60年經商字第06804號函）。

⑵在「閉鎖時期」記名股票仍可自由轉讓，但受讓人不得申請辦理過戶；縱使受讓人申請，公司應不得受理；若公司接受申請，並辦理過戶，該項登記不生效力（司法行政部54年臺民字第3667號函）。

⑶「閉鎖時期」的股票受讓人，不得出席股東會，亦不得參與表決，否則構成撤銷決議之事由（經濟部62年經商字第20069號函）。

2.非閉鎖時期轉讓

依民法第二百九十五條規定：「讓與債權時該債權之擔保及其他從屬

之權利，隨同移轉於受讓人。」股息與紅利，為股東權之從權利，應隨同股票一併移轉給受讓人，之前應得之股息或其他權利，均歸受讓人所有，稱為「連息或連權買賣」。

3.閉鎖時期轉讓

依臺灣證券交易所股份有限公司營業細則第六十七條第一項規定（民法的特別規定），除非買賣雙方特別約定連息或連權買賣，並經申報外，以前應得之股息或其他權利，由讓與人享有，稱為「除權或除息買賣」。

(三)無實體發行及交易

民國九十年公司法修正時，特別將實務操作行之有年的「無實體發行／交易」制度明文化。使得公開發行股票或公司債等有價證券的公司，得免印製多張股票或公司債券，而將該次發行的總數合併印製成單張股票，存放在集中保管事業機關，並透過發給應募人有價證券存摺的方式，解決股票實體交易的手續繁瑣及流通過程的風險。

需注意的是，股票或公司債券於無實體發行後，是以帳簿劃撥的方式進行交易，因此前述關於股票轉讓的方式，在無實體發行／交易時，並不適用。

(四)股票遺失應如何救濟，我國公司法未設明文規定。但股票屬於有價證券，應比照票據遺失的救濟方式處理。其步驟如下：

1.掛失

先向公司辦理掛失，至於掛失補發之程序，屬於公司內部事務處理問題，原則上，由公司自行規定。

2.公示催告

按民事訴訟法第五百三十九條規定，聲請法院為公示催告，促使相

關權利人於一定期間內申報權利，未在期間內申報權利者，喪失其權利。

3.除權判決

倘於申報權利期間無權利人申報權利，法院應以除權判決，宣告股票無效。原股票所有人即得以自己之費用，請求公司補發股票。

假設郝迷胡遺失股票一紙，被吳天理拾得，吳天理偽造郝迷胡之印章，將股票背書轉讓予梅注義，梅注義就該股票可不可以主張「善意取得」？關於這個問題，須分成下列三點討論：

(1)若郝迷胡遺失的股票是無記名股票，由於無記名股票以交付方式轉讓，具有動產性質，所以有民法上善意取得之適用；若郝迷胡遺失之股票是記名股票，學說上有爭議，目前學者通說及司法實務的見解（大法官會議釋字第186號）認為，為保護交易安全，亦有善意取得之適用。

(2)若郝迷胡遺失股票後，申請公示催告及除權判決，則：

①於公示催告期間，因股票仍具效力，梅注義仍可主張善意取得，但應於公示催告期間申報權利。

②倘經除權判決宣告遺失之股票無效，由於梅注義未申報權利，故其就該股票不得主張善意取得。

③除權判決遭撤銷時，原則上原股票恢復效力，但若發行公司已補發新股票，並經善意受讓人依法取得股東權時，該第三人善意取得該股票，原股票之效力不因撤銷除權判決而回復，因上述情形喪失權利而受損害者，得依法請求損害賠償或為不當得利之返還。例如梅注義於郝迷胡申請公示催告時，取得遺失之股票，並向法院申報權利，但法官於除權判決中漏未斟酌，將該股票判決除權，郝迷胡取得除權判決後，向公司申請補發新股票，並將股票背書轉讓給余純純，嗣後梅注義以郝迷胡為被告，請求法院撤銷除權判決，並獲勝訴，此時，因余純純已善意取得股票，梅注義不因除權判決遭撤銷而回復其股東權，只能向吳天理請求損害賠償，或向郝迷胡請求不當得利之返還。

參考答案

　　無明堂股份有限公司必須於設立登記後三個月內，依法定方式發行股票。

　　如果無明堂股份有限公司在其章程中，已有發行無記名股票相關事項的記載時，就可以發行無記名股票，但其數額，不可以超過已發行股份總數的二分之一。

　　無明堂股份有限公司的股東名簿應據實記載，也就是說，必須照實記載李夢天的姓名、住居所及其所持有的股份數額。

　　小黑雖然沒有辦理股東名簿變更登記，但黑面蔡與小黑之間的轉讓股票行為，仍然有效，亦即小黑因受讓股票而成為無明堂股份有限公司的股東。惟小黑未辦理過戶手續，所以不得以其轉讓行為對抗無明堂股份有限公司，小黑不可以指責無明堂股份有限公司沒有寄發股東臨時會通知。

習 題

◎選擇題

（　）1.垂涎三尺股份有限公司應該在什麼時候發行股票？　(1)設立登記或發行新股變更登記前　(2)設立登記或發行新股變更登記後三個月內　(3)想發行時隨時可發行，不發行也沒關係。

（　）2.垂涎三尺股份有限公司，共發行六十萬股，如欲發行無記名股票，最多可發行　(1)十八萬股　(2)二十四萬股　(3)三十萬股　(4)沒有上限，最多可發行六十萬股。

（　）3.下列敘述何者正確？　(1)無論是記名或無記名股票，均應背書轉讓　(2)記名股票，未經過戶手續，不生轉讓效力　(3)不論記名或無記名股票的轉讓，均應交付股票　(4)以上皆正確。

第五節　股份有限公司的機關

◎股份有限公司的三大機關

股東會
- 種類
  - 股東常會與股東臨時會
  - 普通股東會與特別股東會
- 職權
  - 重要議案的決定
  - 處理人事事項
  - 處理財務事項
  - 聽取董事、監察人、檢查人的報告
  - 查核與承認會計表冊
- 召集
  - 召集權人
    - 原則→董事會
    - 例外→監察人、少數股東、清算人
  - 召集時期
    - 常會→每年至少一次
    - 臨時會→必要時
  - 程序
    - 常會→二十日前通知各股東，對無記名股票持有人應於三十日前公告
    - 臨時會→十日前通知各股東，對於持有無記名股票人應於十五日前公告
- 會議
  - 出席→各股東均有出席權，並得依法委託代理人出席
  - 表決權
    - 原則
      - 出席股東（或代理人）均得行使表決權
      - 一股一表決權
    - 例外
      - 有自身利害關係致有害公司利益→無表決權
      - 公司依法持有自己股份→無表決權
      - 一股東持有超過已發行股份總數百分之三的股份→得以章程限制表決權
      - 一人同時受二位以上股東委託

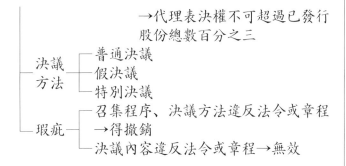

```
                              →代理表決權不可超過已發行
                                股份總數百分之三
                    ┌ 普通決議
              決議 ─┼ 假決議
              方法   └ 特別決議
                    ┌ 召集程序、決議方法違反法令或章程
              瑕疵 ─┤ →得撤銷
                    └ 決議內容違反法令或章程→無效
```

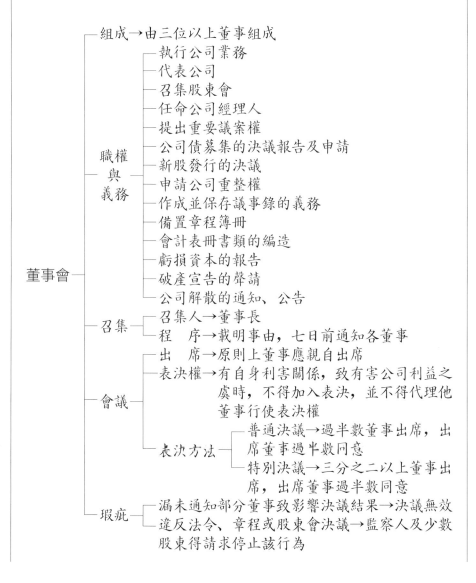

```
          ┌ 組成→由三位以上董事組成
          │      ┌ 執行公司業務
          │      ├ 代表公司
          │      ├ 召集股東會
          │      ├ 任命公司經理人
          │      ├ 提出重要議案權
          │      ├ 公司債募集的決議報告及申請
          │ 職權  ├ 新股發行的決議
          │ 與   ┼ 申請公司重整權
          │ 義務  ├ 作成並保存議事錄的義務
          │      ├ 備置章程簿冊
          │      ├ 會計表冊書類的編造
          │      ├ 虧損資本的報告
          │      ├ 破產宣告的聲請
          │      └ 公司解散的通知、公告
  董事會 ─┤      ┌ 召集人→董事長
          │ 召集 ─┤
          │      └ 程　序→載明事由，七日前通知各董事
          │      ┌ 出　席→原則上董事應親自出席
          │      ├ 表決權→有自身利害關係，致有害公司利益之
          │ 會議 ─┤        虞時，不得加入表決，並不得代理他
          │      │        董事行使表決權
          │      │        ┌ 普通決議→過半數董事出席，出
          │      └ 表決方法 ┤        席董事過半數同意
          │               └ 特別決議→三分之二以上董事出
          │                        席，出席董事過半數同意
          │      ┌ 漏未通知部分董事致影響決議結果→決議無效
          └ 瑕疵 ─┤ 違反法令、章程或股東會決議→監察人及少數
                  └ 股東得請求停止該行為
```

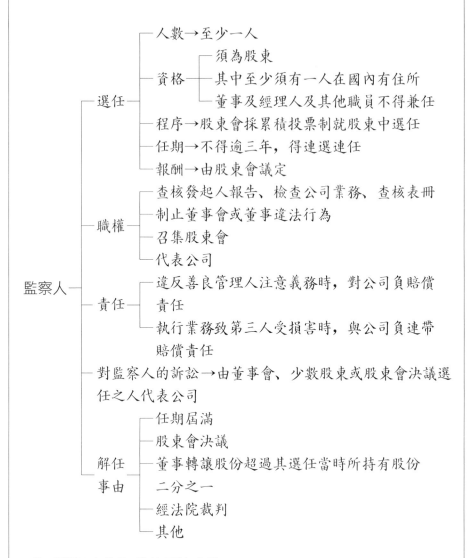

監察人
- 選任
  - 人數→至少一人
  - 資格
    - 須為股東
    - 其中至少須有一人在國內有住所
    - 董事及經理人及其他職員不得兼任
  - 程序→股東會採累積投票制就股東中選任
  - 任期→不得逾三年，得連選連任
  - 報酬→由股東會議定
- 職權
  - 查核發起人報告、檢查公司業務、查核表冊
  - 制止董事會或董事違法行為
  - 召集股東會
  - 代表公司
- 責任
  - 違反善良管理人注意義務時，對公司負賠償責任
  - 執行業務致第三人受損害時，與公司負連帶賠償責任
- 對監察人的訴訟→由董事會、少數股東或股東會決議選任之人代表公司
- 解任事由
  - 任期屆滿
  - 股東會決議
  - 董事轉讓股份超過其選任當時所持有股份二分之一
  - 經法院裁判
  - 其他

◎反對股東的股份收買請求權
- 原因
  - 就公司法第一百八十五條所列決議事項，依法定方式表示反對意見者
  - 公司與他公司合併或分割時，依法表示反對意見
- 時期→股東會決議日起二十日內，以書面向公司提出請求
- 失效→公司取消收買原因時，請求權即失效

◎董　事

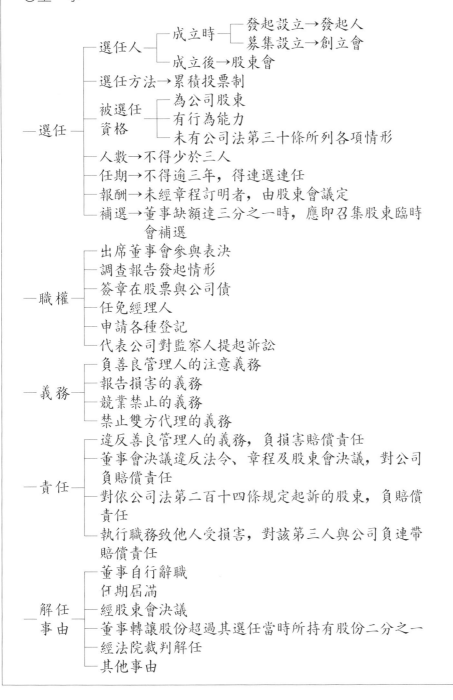

```
        ┌選任人─┬成立時─┬發起設立→發起人
        │       │       └募集設立→創立會
        │       └成立後→股東會
        ├選任方法→累積投票制
        │被選任 ┬為公司股東
   ─選任─┤資格   ├有行為能力
        │       └未有公司法第三十條所列各項情形
        ├人數→不得少於三人
        ├任期→不得逾三年，得連選連任
        ├報酬→未經章程訂明者，由股東會議定
        └補選→董事缺額達三分之一時，應即召集股東臨時
                會補選
        ┌出席董事會參與表決
        ├調查報告發起情形
   ─職權─┼簽章在股票與公司債
        ├任免經理人
        ├申請各種登記
        └代表公司對監察人提起訴訟
        ┌負善良管理人的注意義務
   ─義務─┼報告損害的義務
        ├競業禁止的義務
        └禁止雙方代理的義務
        ┌違反善良管理人的義務，負損害賠償責任
        ├董事會決議違反法令、章程及股東會決議，對公司
        │ 負賠償責任
   ─責任─┼對依公司法第二百十四條規定起訴的股東，負賠償
        │ 責任
        └執行職務致他人受損害，對該第三人與公司負連帶
          賠償責任
        ┌董事自行辭職
        │任期屆滿
   ─解任─┼經股東會決議
    事由 ├董事轉讓股份超過其選任當時所持有股份二分之一
        ├經法院裁判解任
        └其他事由
```

本節目標

1. 股份有限公司是抽象存在的法人組織，無法自行活動，須設置機關以作為活動之基礎，依公司法之規定，股份有限公司在正常營運下，有下列機關：股東會、董事會、監察人、檢查人、經理人。股東會、董事會及監察人為法定必備機關，為本節之講述內容，檢查人為法定任意機關；副董事長、常務董事及經理人為章程所定任意機關。

2. 股份有限公司採行「企業所有與經營分離原則」，然而「權力易使人腐化」，公司法為防止企業經營者濫用權力，以確保企業所有者所追求之經濟利益，乃仿效多數立法例，採行政治上三權分立之體制，將股份有限公司之常設機關劃為三，利用三個機關權限劃分所生之制衡作用，達到公司內部自治監督之目的，以解決企業經營者擅權之問題。

股東會為公司最高意思機關，決定公司之重大營業方針，並享有董事任免權、會計表冊查核及承認權、董事責任追究權等權力，以監督董事會業務之執行。由於股東會並非經常召集之機關，無法時時監督董事之活動，於是另置監察人，賦予監察人對董事或董事會違法行為停止請求權、股東臨時會召集權、代表公司起訴董事等權力，以監督公司業務執行及會計之審核，而股東會對監察人則有任免權、監察人責任追究權等權力，以督促監察人善盡職責。另一方面，股東會採多數決制，為保護少數股東免受大股東之壓迫，致使股東會流於形式化，公司法設有少數股東權及單獨股東權，以防弊端。

3. 本節中，關於股東會決議瑕疵之救濟程序、董事與董事會之區別，為本節重點宜多加注意。

在公司的創立會中，林荷謙、譚孝竹、李夢天等人都報名參選董事或監察人，為爭取票源，無不盡心四處拜票。

薛迪當選董事長後，提出不少新政策，其中一項，就是每個月發給自己十五萬元，作為車馬費，李夢天見薛迪揮霍無度，遂以監察人身分制止其再領取車馬費。

譚孝竹因出售過多公司股份，喪失董事資格，薛迪只好召開股東臨時大會補選董事，為讓宋書祺順利當選董事，薛迪同意在股東臨時會上提案，建議公司與陳子揚之弟所開的「默默無聞顧問有限公司」長期共同經營，股東臨時會中，宋書祺順利當選，而陳子揚的提案，以過半數的票數獲得通過。李夢天對此項提案的程序及結果相當不滿，靜坐主席臺以示抗議。

案　例

　　在公司的創立會中，林荷謙、譚孝竹、李夢天等人都報名參選董事或監察人，投票結果，薛迪、林荷謙及譚孝竹當選董事，李夢天當選監察人。而且因為薛迪得票最高，所以被推舉為董事長。薛迪認為公司只要有他一個董事長就夠了，所以不打算設置常務董事。

　　「新官上任三把火，薛迪出馬三政策」，薛迪當選董事長後，立刻想出經營公司的構想。政策一：「用人必親、無利不用」，薛迪將「國王的人馬」安插到公司各重要的職位上，例如連伊涵被任命為業務經理，宋書祺也擔任財務經理。政策二：「厚己薄人、錙銖必較」，薛迪決定每個月發給自己十五萬元，作為車馬費，其他經理則配給裕隆二手車一輛，再者，要求公司職員自己帶文具上班，並輪流提供茶水，以節省公司的開支。政策三：「同業競爭、異行合作」，薛迪另外也是「金帝美容股份有限公司」的董事長，如果兩公司能相互支援，他就能省下許多成本，

因此就使兩家公司簽約，約定由無明堂公司擔任金帝美容股份有限公司的管理顧問，無明堂公司的顧問費打五折優待。

薛迪雖然有這些構想，但真要實行，仍要得到其他董事的同意。所以在第一次董事會中，薛迪提出他的經營構想，沒想到卻遭到林荷謙的反對，兩人大吵一架，董事會不歡而散，擇期再開。第二次董事會薛迪就乘林荷謙出國期間召開，而且故意不發開會通知給林荷謙。林荷謙雖然事前已得知開會日期，但因人在國外無法趕回來，就委託宋書祺代理出席。在薛迪處心積慮的安排下，他的提案終於獲得董事會的通過。另一方面，李夢天見薛迪厚己薄人，揮霍無度，遂以監察人的身分制止薛迪再領取車馬費。

譚孝竹因投資建築公司，所以三不五時就賣掉無明堂公司的股票。陳子揚長期注意董事的持股狀況，發現譚孝竹只剩五十萬股，遂向薛迪檢舉，表示譚孝竹已經不能再擔任公司的董事了，公司應召開股東臨時大會，補選一位董事，如果薛迪不儘速召開的話，陳子揚就要自己召開股東臨時大會。雖然薛迪不願意「沒有聲音」的譚孝竹離開董事會，但迫於陳子揚的強烈要求，也只好犧牲譚孝竹了。為了使參加股東大會的人數減少，以便控制，薛迪在各大報中刊登收購委託書的廣告。並且，計畫在開會前三天才發出開會通知，防止股東們互通聲息。

薛迪同意召開股東會後的某一晚，陳子揚突然登門拜訪。陳子揚開門見山直接說：「聽說你要提名宋書祺擔任董事，可是以你現在所掌握到的票數，恐怕要使她當選不太容易吧！而且孫宏由也有意出馬角逐，以他的輩分、聲望，宋書祺也不敢跟他爭吧？我可以支持宋書祺，更可以幫你勸退孫宏由，只不過我想要提案讓公司長期與舍弟所開的沒沒無聞顧問有限公司攜手合作，共同經營、發展業務，如何？」既然陳子揚已經把條件開出來了，薛迪也就順水推舟：「我可以把這個提案列入議程中，但不保證會通過。」兩人以酒代茶互祝提案順利通過。

　　股東臨時大會中，在薛迪強力動員輔選下，宋書祺順利當選董事，而陳子揚的提案，雖然反對聲浪不斷，但也以過半數的票數獲得通過。一直反對這項提案的李夢天，對這種程序及結果相當不滿，抗議說：「這項提案事關公司的生存與發展，怎麼可以如此草率地通過？我認為要獲得三分之二以上的同意票才算通過。」之後更靜坐主席臺以示抗議。

◀ **問　題**

一、什麼叫做股東臨時會？與一般股東會有什麼不同？

二、如果薛迪堅持不召開股東臨時會，其他股東有沒有補救的辦法？

三、薛迪在股東臨時會開會前三天才發通知書給各股東，這樣的程序合法嗎？會不會影響該次會議所作決議的效力？

四、薛迪可不可以大量收購委託書？

五、關於無明堂股份有限公司與沒沒無聞有限公司長期合作，共同經營事業的提案，只要股東會過半數通過就可以了嗎？

六、面對公司經營形態的重大變更，李夢天除了靜坐之外，有沒有其他抗議方法？

七、股東會除了選舉董事、監察人之外，還可以作些什麼？

八、譚孝竹轉讓股票超過其當選董事時所持有股份的二分之一，是不是當然喪失董事職位？無明堂股份有限公司是不是一定要再補選一位董事？董事應該如何選任？

九、召集股東會或股東臨時會是董事長的職權嗎？董事應該做些什麼事？

十、薛迪代理無明堂股份有限公司與自己開設的金帝美容股份有限公司簽約，該契約是合法有效的嗎？

十一、薛迪每個月發十五萬的車馬費給自己，應不應該得到股東會的同意？

十二、董事會可以自行決定由誰擔任公司的經理嗎？需不需要取得股東

會的同意?

十三、林荷謙可不可以委託宋書祺代理出席董事會? 薛迪故意不發開會
　　　通知給林荷謙, 會不會影響該次董事會決議的效力?

十四、無明堂股份有限公司可以不設置常務董事會嗎?

十五、李夢天有沒有權力制止薛迪領取車馬費?

說　明

　　股份有限公司通常規模較大, 股東人數有時成千上萬人, 無法由全
體股東一起執行業務, 此外, 多數股東購買股份只在於投資理財, 無意
於公司業務的經營, 所以必須採用分工合作的方式, 由某些人專門代表
公司執行業務, 某些人則負責監督業務的執行狀況等, 這些負責公司不
同業務運作的自然人, 有如自然人的手足, 在法律上稱為公司的機關。

　　公司法將股份有限公司的必設機關分為三種: 公司最高意思機關
──股東會、業務執行機關──董事會及監察機關──監察人。在特殊
的情形下, 檢查人、重整人或重整監督人也是公司的機關, 但由於這些
角色於公司正常、一般營運時不會出現, 故在本節暫時不列入討論。

一、什麼叫做股東臨時會?與一般股東會有什麼不同?

　　股東會由股份有限公司的全體股東組成, 是決定公司意思的最高
機關。

　　股東會依其召集時間、原因與程序的不同, 可以區分為「股東常會」
與「股東臨時會」。股東常會依公司法的規定, 每年至少召集一次
(公§170 I ①), 除有正當理由並經報請主管機關核准外, 應該在每會
計年度終結後六個月內召集 (公§170 II)。股東常會召集的次數及時期,
可以在章程中明文規定。股東臨時會則在必要時召集, 所謂必要時, 包

括法律規定應強制召集的情況，例如公司虧損達實收資本二分之一（公§211 I）、董事缺額達三分之一（公§201 I）等，及因董事會、監察人或少數股東認為必要而任意召集者。區別股東常會與股東臨時會的實益，在於公司法對此二種股東會的召集程序有不同的規定。

此外，還可依股東會構成成員的不同，而區分為「普通股東會」和「特別股東會」。前者是由全部股東（包括普通股及特別股股東）所組成，前述之股東常會與股東臨時會皆屬普通股東會，而後者僅由特別股股東所構成，通常是在公司變更章程，可能損害特別股股東權利時才召集（公§159 I）。

二、如果薛迪堅持不召開股東臨時會，其他股東有沒有補救的辦法？

(一)原則上，董事會為召集權人

股東會的召集必須由召集權人召集，凡是由無召集權人所召開的股東會，其所為的決議當然無效。股東會原則上應該由董事會召集，必須注意的是，董事長或董事不可以單獨以自己的名義召集。

如果董事會不能召集（例如董事全部都依法解任）或故意不召集，監察人可以依客觀實際情況判斷，為公司利益，於必要時召集股東會（公§220）；法院也可以命令監察人召集（公§245 II）。

(二)例外情形之一，由監察人召集

1.此種召集權專屬於監察人，監察人不得委託他人代為召集（經濟部66年經商字第22414號函）。

2.所謂「必要時」，應限於不能召開董事會，或董事會故意不召集股東會，且就公司利害關係有召集股東會之必要情形，若無上述情形，任

由監察人憑一己主觀意旨，隨時擅自行使此一補充召集權，將影響公司營運，喪失立法原意（最高法院77年臺上字第12160號判例）。

3.監察人依法召集股東會時，由監察人擔任主席（經濟部59年經商字第55816號函）。

(三)例外情形之二，由少數股東召集

為了避免董事會與監察人相互串通，故意不召開股東會，影響股東權益，所以公司法特別規定可以由有少數股東權的股東召集股東會：

1.繼續一年以上，持有已發行股份總數百分之三以上股份的股東，得以書面載明提議事項及理由，請求董事會召集股東臨時會。如果股東提出請求後十五日內，董事會仍然不發出股東臨時會的開會通知時，股東可以報經地方主管機關許可，自行召集（公§173 I、II）。

2.全部董事因股份轉讓或其他理由，以致不能依公司法的規定召集股東會時，可以由持有已發行股份總數百分之三以上股份的股東，報經主管機關許可，自行召集（公§173 IV）。

另外，在特別的情況下，重整人（公§310）與清算人（公§324）也有權召開股東會。

三、薛迪在股東臨時會開會前三天才發通知書給各股東，這樣的程序合法嗎？會不會影響該次會議所作決議的效力？

(一)股東會的召集程序

股東會的召集程序，因股東會的種類而有不同：

1.股東常會

應該在開會二十日前通知各股東，對於持有無記名股票的股東，應該在開會三十日前公告（公§172 I）。

2.股東臨時會

應該在開會十日前通知各股東，對於持有無記名股票的股東，應該在開會十五日前公告（公§172 II）。

公開發行股票的公司召集股東常會時，應於三十日前通知各股東，對於持有無記名股票的股東，應於四十五日前公告；召集股東臨時會時，應於十五日前通知各股東，對於持有無記名股票的股東，應於三十日前公告（公§172 III）。

代表公司的董事違反上述通知期限的規定時，各科新臺幣一萬元以上五萬元以下的罰鍰（公§172 VI）。至於無表決權的股東，仍有出席的權利，股東會的召集人不得因其無表決權而漏未通知，以免侵害特別股股東參與討論及詢問等知的權利。

如果股東會討論議題太多，無法在預定的日期內完成，可以繼續開會或延期再開。凡是在五日內延期或續行會議，因為與原開會期日接近，所以不必再依上述召集程序發出通知或公告（公§182）。惟若超過五日，就必須再踐行上述的召集程序。

股東常會或臨時會的開會通知、公告，均應載明召集事由（公§172 IV）。所謂載明，並不是將討論內容詳細記載在通知或公告上，而是簡要說明該次股東會所欲討論的議題，例如選舉或解任董監事、修正章程等，使股東知道該次會議的內容與重要程度即可。召集事由中可以列入「臨時動議」，但關於選任或解任董事、監察人、變更章程或公司合併或分割、解散等事項，必須在召集事由中列舉，不可以用臨時動議的方式提出，以示慎重（公§172 V）。

關於召集股東會的開會通知，因現代電子科技進步，為節省公司以

書面進行通知事務之成本，故民國九十四年修訂公司法時，特別增訂，經股東同意，公司可以電子方式通知股東（公§172 IV後）。

關於召集股東會之公告，雖然經濟部曾以命令函釋認為，股東會之召集權人為董事會，公司刊登股東會開會公告時，應以董事會而非公司之名義刊登公告（經濟部68年經商字第1854號函），惟司法實務上認為董事會為公司之業務執行機關，公司之行為通常係透過董事會為之，故若董事會之其他召集程序合法，雖以公司名義為公告亦無妨（最高法院72年臺上字第2247號判決）。

為使公開發行股票公司的股東瞭解股東會議事程序及內容，公司應編製股東會議事手冊，且應在股東會開會前，將議事手冊及其他會議相關資料公告。公告的時間、方式、議事手冊應記載的主要事項及其他應遵行事項的辦法，由證券管理機關定之（公§177之3）。

(二)股東會決議的瑕疵

股東會的決議有拘束公司及公司內部機關的效力（公§193），所以股東會的決議必須合法且合於章程規定。如果股東會決議不合法或不合章程規定，則稱為「有瑕疵的決議」。股東會決議有瑕疵應如何處理？依其瑕疵的嚴重程度，公司法有不同的規定：

1. 股東會決議的內容違反法令或章程（例如決議不分派紅利給部分股東），該決議無效（公§191），公司及股東均不受該決議的拘束。

2. 股東會的召集程序違反法令或章程規定（例如漏寄開會通知給部分股東），或決議方法違反法令或章程（例如不具股東資格的人參與表決）等，股東可以自決議之日起三十日內，以公司為被告，訴請法院撤銷該決議（公§189）。如果決議事項已經辦理登記，法院為撤銷決議的判決確定後，主管機關應該依法院的通知或利害關係人的申請，撤銷其登記（公§190）。由於此種違法僅屬於程序違法，因此如果沒有股東提起撤

銷之訴，或股東未在法定期間內提起訴訟者，該決議仍然有效。在此必須特別強調，無召集權人所召集的股東會，其所作出的決議已非召集程序違法，而是具有「當然無效」的瑕疵。

3.股東會之出席股東數額不足法定最低出席數額時，該決議之效力如何，公司法並未設明文規定，學者間有主張決議無效，亦有主張得撤銷者。主張無效說者認為，決議乃二位以上當事人基於平行與協同之意思表示相互合致而成立之法律行為，若法律規定其決議必須有一定數額以上股份之股東出席，此一數額即為該法律行為之成立要件，欠缺此項要件，決議根本不成立，自始不生效力；且若採得撤銷說，可能造成少數股東集會作成決議，而影響多數股東之利益，惟目前司法實務上（最高法院63年臺上字第965號判例、70年臺上字第594號判決）係採得撤銷說，仍得由股東對該決議提起撤銷之訴。

4.若股東會選舉董事、監察人時發生舞弊，該次股東會決議效力如何，須視舞弊情形分別論之：

(1)僅召集程序或決議方法有舞弊情形（例如倒填召集通知日期、偽造議事錄、冒名表決、偽造選票等），屬程序違法事項，應由股東提起撤銷決議之訴。

(2)根本未召集股東會而偽造召集通知與公告，乃屬實體舞弊事項，不待撤銷，當然無效（司法院院字第88號及97號解釋）。

5.依司法實務見解，提起撤銷股東會決議之訴者，須具備下列條件：

(1)提起撤銷訴訟時，必須具備公司股東資格。

(2)為避免股東濫行訴訟，影響公司營運，所以提起撤銷之訴的股東，必須曾出席該次股東會議，並對股東會召集程序或決議方法當場表示異議。惟若公司未依法寄發股東會通知或公告，以致股東不知參加股東會時，雖不符上述要件，亦得提起撤銷股東會決議之訴。

倘在股東會決議後取得股東資格者，依最高法院民國七十二年九月

六日第九次民事庭會議決議，原則上亦得提起撤銷股東會決議之訴。該決議認為，雖於股東會議時尚未具有股東資格，然若其前手（即出讓股份之股東）於股東會議時已依民法第五十六條規定取得撤銷訴權時（即出讓股份之股東曾出席股東會，且對股東會召集程序或決議方法當場表示異議，或其未出席股東會係因公司未依法寄發通知、公告），此一撤銷訴權將隨股份轉讓而移轉，受讓股份之股東亦得行使。惟若決議後原始取得新股之股東（非從他人之處繼受取得股份，例如公司於股東會決議後發行新股，因發行新股而取得股份之股東，為原始取得新股之股東），則不能提起撤銷之訴。

四、薛迪可不可以大量收購委託書？

(一)股東會的親自出席

股份有限公司的股東皆有出席股東會之權，但為避免有心人士大量蒐集無記名股票，藉以操縱董、監事選舉或股東會決議，所以持無記名股票的股東，必須在股東會開會前五日，將股票交存公司，才可以出席股東會（公§176）。

(二)股東會的代理出席

股東毋須要親自出席股東會，也可以委託代理人出席，且代理人不限於是公司股東：股東可以在每次股東會，出具公司印發的委託書，載明授權範圍，委託代理人出席股東會（公§177Ⅰ）。但該條規定的意旨，只是便利股東委託他人出席，並非強制規定，若公司沒有印製委託書，股東仍然可以自行書寫委託書，委託他人代理出席。「委託書」僅在股東不能親自出席股東會時，方有適用之必要，倘股東親自出席股東會，於

領取選票後，委託他人代填被選人姓名並投入票櫃，則毋須出具委託書（最高法院55年第二次民刑總會決議）。

1.委託書與表決權的計算

惟為避免股東臨時收購委託書，藉以操縱會議，公司法第一百七十七條第二項規定：除信託事業或經證券暨期貨管理委員會核准的股務代理機構外，一人同時受二人以上股東委託時，其代理的表決權不可以超過已發行股份總數表決權的百分之三，超過部分的表決權不予計算。

為了使公司易於瞭解究竟誰是股東的代理人，且為了避免股東委託數代理人造成表決權行使及計算的困擾，公司法第一百七十七條第三項規定：一股東以出具一份委託書，並以委託一人為限，委託書應該在股東會開會五日前送達公司。委託書有重複時，以最先送達者為準，但如果後送達的委託書中，聲明撤銷前次委託時，不在此限。關於委託書應在股東會開會五日前送達公司的規定，乃是為了便利公司的作業，並不是強制規定，更不是股東合法委託代理人的要件，所以如果代理人受合法委託，並持有委託書，雖然該委託書未在開會前五日送達公司，代理人仍然可以出席股東會。

實務上發生有些股東雖然已交付委託書委託代理人出席股東會，但卻在股東會開會當天，受託人已經報到並領取出席證及選票後，又親自出席，要求當場撤銷委託，造成困擾及紛爭。所以公司法於民國九十四年修訂時，特別規定，委託書送達公司後，股東欲親自出席股東會者，至遲應於股東會開會前一日，以書面向公司為撤銷委託之通知。逾期撤銷者，以委託代理人出席行使之表決權為準（公§177 IV）。

2.委託書的收購

⑴委託書制度之發生，主要有下列幾項原因：

①股東散居各處，距離股東會開會場所較遠者，出席會議不方便。

②股東不一定有時間出席股東會。

③小股東持有公司股份數量有限，對股東會之決議不能產生重大影響，影響其出席意願。

④某部分投機性股東志在賺取股票差額，無出席股東會意願。

⑵委託書之目的，原在便利股東會之召集，使未能親自出席之股東，能委託他人行使股東權。惟大量使用委託書後，演變成代理人主動徵求委託書，以控制股東會，使股東會之監督功能大為降低，故就委託書有加以管理之必要。凡公開上市股票之公司，依「證券交易法」及「公開發行公司出席股東會使用委託書規則」之規定，收購委託書應注意下列事項：

①委託書之徵求人原則上應為持有該公司已發行股份五萬股以上的公司股東（委託書規則§5）。但繼續一年以上持有公司已發行股份且符合特定條件的股東，得委託信託事業或股務代理機構擔任徵求人（委託書規則§6）。

②徵求人應於股東常會開會三十八日前或股東臨時會開會二十三日前，檢附出席股東會委託書徵求資料表、持股證明文件、代為處理徵求事務者資格報經行政院金融監督管理委員會備查之文件、擬刊登之書面及廣告內容定稿送達公司及副知財團法人中華民國證券暨期貨市場發展基金會。公司應於股東常會開會三十日前或股東臨時會開會十五日前，製作徵求人徵求資料彙總表冊，以電子檔案傳送至證基會予以揭露或連續於日報公告二日。且徵求委託書之書面及廣告應載明：

A.對於當次股東會各項議案，逐項為贊成與否之明確表示；與決議案有自身利害關係時並應加以說明。

B.對於當次股東會各項議案持有相反意見時，應對該公司有關資料記載內容，提出反對之理由。

C.關於董事或監察人選任議案之記載事項：

(a)說明徵求委託書之目的。

(b)擬支持之被選舉人名稱、股東戶號、持有該公司股份之種類與數量、目前擔任職位、學歷、最近三年內之主要經歷、董事被選舉人經營理念、與公司之業務往來內容。如係法人，應比照填列負責人之資料及所擬指派代表人之簡歷。擬支持董事被選舉人經營理念以二百字為限，超過二百字或徵求人未依第一項規定於徵求委託書之書面及廣告載明應載事項者，公司對徵求人之徵求資料不予受理。擬支持董事被選舉人經營理念以二百字為限，超過二百字或徵求人未依第一項規定於徵求委託書之書面及廣告載明應載事項者，公司對徵求人之徵求資料不予受理。

(c)徵求人應列明與擬支持之被選舉人之間有無證券交易法施行細則第二條所定利用他人名義持有股票之情形。

(d)持有該公司已發行股份五萬股以上的徵求人或繼續一年以上持有公司已發行股份且符合特定條件的委任股東，其自有持股是否支持徵求委託書書面及廣告內容記載的被選舉人。

D.徵求人姓名、身分證字號、住址、股東戶號、持有該公司股份之種類與數量、持有該公司股份之設質與以信用交易融資買進情形、徵求場所、電話及委託書交付方式。如為法人，應同時載明公司或商業統一編號及其負責人姓名、身分證字號、住址、持有公司股份之種類與數量、持有公司股份之設質與以信用交易融資買進情形。

E.徵求人所委託代為處理徵求事務者之名稱、地址、電話。

F.徵求取得委託書後，應依股東委託出席股東會，如有違反致委託之股東受有損害者，依民法委任有關規定負損害賠償之責。

G.其他依法律規定應揭露之事項。

徵求人或受其委託代為處理徵求事務者不得於徵求場所外徵求委託書，且應於徵求場所將前項書面及廣告內容為明確之揭示。

　　股東會有選舉董事或監察人議案者，徵求人其擬支持之董事或監察人被選舉人，不得超過公司該次股東會議案或章程所定董事或監察人應選任人數。

五、 關於無明堂股份有限公司與沒沒無聞有限公司長期合作，共同經營事業的提案，只要股東會過半數通過就可以了嗎？

(一)股東會議案的提出

　　由於現代公司的經營權及決策權多交由董事會行使，且公司法明文規定，公司業務的執行，除法律或章程規定應由股東會決議者外，均應由董事會決議行之。如果不讓股東在股東會中享有提案權，則許多不能以臨時動議提出的議案，除非由董事會在開會通知中列入，否則股東無法介入。所以民國九十四年修訂公司法時，特別讓股東在股東常會中享有提案權，使股東可積極參與公司的經營。其詳細規定說明如下：

　　持有已發行股份總數百分之一以上股份的股東，可用書面向公司提出股東常會議案。但以一項為限。提案超過一項者，均不列入議案（公§172之1 I）。公司應在股東常會召開前的停止過戶日前，公告受理股東的提案、受理處所及受理期間；其受理期間不得少於十日（公§172之1 II）。股東提出的議案以三百字為限，超過三百字者，該提案不列入議案；提案股東應親自或委託他人出席股東常會，並參與該項議案討論（公§172之1 III）。有下列情事之一，股東所提議案，董事會可以不列為議案：①該議案非股東會所得決議者。②提案股東在公司依第一百六十五條第二項或第三項停止股票過戶時，持股未達百分之一者。③該議案是在公

告受理期間外提出（公§172之1 IV）。公司應在股東會召集通知日前，將處理結果通知提案股東，並將合於規定的議案列入開會通知。對於未列入議案的股東提案，董事會應在股東會說明未列入的理由（公§172之1 V）。公司負責人違反第二項或前項規定者，處新臺幣一萬元以上五萬元以下罰鍰。

(二)股東會的決議方式

為保護股東權益，公司法規定，對公司營運影響程度愈大的議案，需要愈多股東的同意，其決議方式可分為普通決議及特別決議兩大類：

1.普通決議

此種決議應有代表已發行股份過半數的股東出席，出席股東表決權過半數的同意。股東會的決議，除公司法有特別規定外，均依此種方式決議（公§174）。

有時公司股東人數眾多，出席股東所持有的股份，無法超過已發行股份的二分之一，為避免股東會一再因無法達到最低應出席的數額致公司營運受影響，公司法第一百七十五條規定：出席股東不足普通決議的數額，而有代表已發行股份總數三分之一以上的股東出席時，可以出席股東表決權過半數的同意作為「假決議」，公司將假決議通知各股東後，在一個月內再次召集股東會（公司有發行無記名股票時，並應該將假決議公告）。再次召集的股東會，如果仍有已發行股份總數三分之一以上的股東出席，並經出席股東表決權過半數同意假決議時，視同股東會的正式決議。惟假決議的表決方式僅適用在普通決議事項，如果是必須經過特別決議的事項，則不能用假決議的規定。

2.特別決議

對於某些重大的事項，公司法將出席股東所代表的股份數額及出席股東表決權的同意數額提高，使得因此作成的決議更具代表性，以保障

股東權益。

特別決議的作成應有代表已發行股份總數三分之二以上股東的出席，出席股東表決權過半數的同意。但在公開發行股票的公司，因股東人數眾多，經常無法達到前述的額度，所以公開發行股票的公司，應有代表已發行股份總數過半數股東的出席，出席股東表決權三分之二以上的同意。但不論是否為公開發行股票的公司，有關出席股東股份總數及表決權數，如果章程的規定比公司法的規定高時，應依章程的規定。若公司於章程中所規定之數額，較法定數額為低時，該章程條款無效，仍應適用公司法之規定。須經特別決議的事項有：重大營業政策的變更（公§185）、董事競業行為的許可（公§209）、公司解散、合併或分割的決議。

公司讓與全部或主要部分營業或財產，依公司法第一百八十五條第一項第二款之規定，應經過股東會之特別決議，該條之立法意旨在於公司讓與全部或主要部分營業或財產，可能影響公司日後營運，甚至影響公司之生存，故須經股東會特別決議。倘若公司讓與財產之行為，屬於公司營業上之事務，則為董事會之權限，與公司法第一百八十五條第一項第二款之情形不同，毋須經股東會之特別決議，例如好風水建設股份有限公司於章程中明定營業項目為出售其所建房屋，則董事會有權將該公司所建房屋全部售出，毋須經股東會之特別決議。

(三)股東會表決權的行使

於股東會行使表決權，有下列應注意的事項：

1.原則上出席的股東或代理人都可以行使表決權，但有下列例外

(1)公司依法持有自己股份時，無表決權（公§179 II）。

(2)被持有已發行有表決權的股份總數或資本總額超過半數的從屬公

司，所持有控制公司的股份；亦即子公司就其所持有的母公司股份無表決權（公§179 II ②）。

(3)控制公司及其從屬公司直接或間接持有他公司已發行有表決權之股份總數或資本總額合計超過半數的他公司，所持有控制公司及其從屬公司的股份（公§179 II ③）。例如姆媽公司是寶寶公司的控制公司（亦即寶寶公司是姆媽公司的子公司)，姆媽公司持有偷天換日公司有表決權股份五十萬股，寶寶公司持有偷天換日公司有表決權股份二十五萬股，而偷天換日公司已發行的有表決權股份為二百萬股，因姆媽公司及寶寶公司持有的偷天換日公司有表決權股份數額合計已超過偷天換日公司有表決權股份的半數，若偷天換日公司持有姆媽公司或寶寶公司的股份，則偷天換日公司在姆媽公司或寶寶公司的股東會中，不可以享有表決權。

(4)如果股東對決議的事項，有自身利害關係，以致可能損害公司利益時，則不可以加入表決，也不可以代理其他股東行使表決權(公§178)。有自身利害關係的股東，只是對該項議案不可以行使表決權，並不是對所有議案都沒有表決權，所以股東會的召集權人，仍然必須依法通知該股東參加股東會,否則會造成決議的瑕疵(最高法院70年臺上字第3410號判決)。

2.原則上每股有一表決權，但有下列例外

(1)一人同時受二位以上股東的委託，除代理信託事業或經證券暨期貨管理委員會核准的股務代理機構外，如果代理的表決權數超過已發行股份總數百分之三時，超過部分的表決權不列入計算（公§177 II）。

(2)為防止大股東操縱股東會，如果單獨一位股東持有已發行股份總數百分之三以上的股份，公司得在章程中限制其表決權。

3.表決權的行使方式，原則上由股東自行決定，但有下列例外

(1)股東享有數個表決權時，除了章程限定董、監事選舉採累積投票制，而可以將選舉權分配給不同的候選人外，就其他議案不可以為不同

的意見表示，也就是說不可以一部分投贊成票、一部分投反對票。

(2)政府或法人為股東時，其表決權的行使，仍以其所持有的股份合併計算，如果代表人有二人以上時，代表人應共同行使表決權(公§181)。

4.以電子方式行使表決權

為因應現代電子科技之進步，且節省股東往返股東會之不便，公司法特別於民國九十四年修訂時，增加關於股東以書面或電子方式行使表決權之規定。公司召開股東會時，可以採行以書面或電子方式，讓股東行使表決權；公司讓股東以書面或電子方式行使表決權時，應將行使方法載明在股東會召集通知（公§177之1 I）。

股東以書面或電子方式行使表決權，視為親自出席股東會。但就該次股東會之臨時動議及原議案之修正，視為棄權（公§177之1 II）。

股東以書面或電子方式行使表決權者，其意思表示應在股東會開會五日前送達公司。意思表示有重複時，以最先送達者為準。但聲明撤銷前意思表示者，不在此限（公§177之2 I）。

股東以書面或電子方式行使表決權後，欲親自出席股東會者，至遲應於股東會開會前一日，以與行使表決權相同之方式撤銷前項行使表決權之意思表示；逾期撤銷者，以書面或電子方式行使之表決權為準（公§177之2 II）。

股東以書面或電子方式行使表決權，又以委託書委託代理人出席股東會時，以委託代理人出席行使的表決權為準（公§177之2 III）。

(四)股東表決權的計算

關於出席股東股份總數及表決權數的計算，須注意下列事項：

1.無表決權股東所持有的股份數額，不算入已發行股份總數（公§180 I）。例如跨世紀運動器材股份有限公司發行普通股一百萬股，無表決權特別股十萬股，在計算出席股東股份總數是否達已發行股份總數的

特定比例時，已發行股份總數為一百萬股而不是一百一十萬股。

2.對表決事項有自身利害關係而不得加入表決的股東，其所持有的股份數額，不算入已出席股東之表決權數（公§180 II）。例如跨世紀運動器材股份有限公司的股東會有代表已發行股份八十萬股的股東出席，但就某特定議案，股東艾棗茶因有自身利害關係而不可以行使表決權，假設艾棗茶持有一萬股，則此時出席股東的表決權數只有七十九萬股。

3.出席股東的表決權數，係以已出席股東的表決數為準，而非以實際在場的股東表決權數為準。舉例來說，設跨世紀運動器材股份有限公司的股東會，有代表已發行股份八十萬股的股東出席，針對某特定議案以普通決議方式進行表決，但部分股東已先行離去，會場中只剩代表已發行股份五十萬股的股東，如果想要此一議案通過，必須有四十萬股的贊成票，而不是二十五萬股的贊成票。

(五)股東會決議的紀錄

為便利查證股東會的決議程序與內容是否符合法令與章程，以保護股東權益、避免公司捏造決議，公司法第一百八十三條規定：股東會的決議事項，應該作成議事錄，由主席簽名或蓋章，並在股東會結束後二十日內，將議事錄分發給各股東（公§183 I）。前述議事錄的製作及分發，可以電子方式為之（公§183 II）。議事錄應與出席股東的簽名簿及代理出席的委託書一併保存。公開發行股票的公司，對於持有無記名股票未滿一千股的股東，得將議事錄公告以代通知的寄發（公§183 III）。議事錄應記載會議的年月日、場所、主席姓名、決議方法、議事過程的要領及其結果。在公司存續期間應永久保存（公§183 IV）。出席股東的簽名簿及代理出席的委託書，至少應保存一年。但若有股東提起撤銷股東會決議的訴訟（公§189）時，則應保存至訴訟終結為止（公§183 V）。代表公司的董事，違反前述的規定時，將被處以新臺幣一萬元以上五萬元

以下罰鍰（公§183 VI）。

六、面對公司經營形態的重大變更，李夢天除了靜坐之外，有沒有其他抗議方法？

就股東會作成可能影響公司營運的重大決議，如果硬要持反對意見股東為該決議的不良結果承擔，無異侵害該股東的權利，為保護此等少數股東的利益，凡是在股東會通過特定重要決議事項時，依法定程序表達反對意見的股東，可以請求公司以公平價格收買其所持有的股份，使該股東割離與公司的關係，說明如下：

(一)請求收買的原因

1.在股東會表決下列所列決議事項（公§185）前，股東已經以書面向公司表達反對該項議案的意思，並在股東會中表達反對意見時，可以請求公司以當時公平價格收買其所有的股份（公§186）：

(1)締結、變更或終止關於出租全部營業、委託經營或與他人經常共同經營的契約。

(2)讓與全部或主要部分的營業或財產。

(3)受讓他人全部營業或財產，而對公司營運有重大影響。

但若股東會決議將公司全部或主要部分的營業或財產，讓與他人並且決議解散公司時，則不得請求。因為公司決議解散後，應立即進入清算程序，若允許公司收買少數股東的股份，將使公司財產減少，損害公司債權人權益，所以公司法特別明文禁止。

2.股東會為是否與他公司合併、分割的決議，股東在股東會前以書面表示異議或在股東會中以口頭表示異議經紀錄者，可以放棄表決權而請求公司按當時公平價格收買其持有的股份（公§317）。

(二)請求收買的期間

股東應在股東會決議起二十日內,以書面記載其所持有的股份種類及數額,向公司請求收買股份(公§187 I、§317 III)。

(三)收買價格的決定與支付價款的期間

原則上收買價格由公司與股東自行協議,協議達成後,公司應自股東會決議日起九十日內支付金額。如果自決議日起六十日內還不能達成協議時,股東應在此期間經過後三十日內,聲請法院裁定收買價格(公§187 II、§317 III),經法院裁定後,公司應自決議時算至九十日期間屆滿起,額外支付法定利息。股份價款應與股票的交付同時為之,股份的移轉並於價款支付時生效(公§187 III、§317 III)。

(四)請求收買行為的失效

公司取消上述收買原因、或股東未在法定期間內請求時,股東喪失其收買請求權(公§188、§317 III)。

七、股東會除了選舉董事、監察人之外,還可以作些什麼?

股東會的職權除了選舉董、監事之外,還包括下列事項:

(一)決定重要議案

股東會雖是公司的最高意思決定機關,但其集會不易,決策過程繁複。因此公司法採行企業所有與經營分離原則,使專業的經營人才可以迅速針對商業環境,做出有效率及專業的判斷。如此一來,股東會的職

權必須隨之予調整。其所能決議的事項，以法律或章程有特別規定者為限（公§202），這些事項有：董事競業行為的許可（公§209）、營業政策重大變更的決定（公§185）、公司章程的變更（公§277 I）、公司解散、合併或分割（公§316）等。

(二)處理人事事項

公司的重要人事，如董事、監察人的選任、解任及其報酬的決定等章程未規定之事項，均由股東會決議。

(三)處理財務事項

例如依據董事會所提出的「盈餘分派或虧損彌補的議案」，決議分派盈餘及股息紅利，或決議以發行新股的方式分派股息及紅利、或決議提列特別公積等（詳見本章第六節）。

(四)聽取董事、監察人、檢查人的報告

1.董事應對股東會報告之事項

⑴公司虧損資本達實收資本額二分之一的報告（公§211 I）。

⑵募集公司債的原因及相關事項的報告（公§246 I）。

2.監察人或檢查人應對股東會報告之事項

⑴對於董事所編製各項表冊的意見報告（公§184 I、§219 I）。

⑵關於清算完結，應行檢查事項的報告（公§331）。

(五)查核與承認會計表冊（詳見本章第六節）

八、譚孝竹轉讓股票超過其當選董事時所持有股份的二分之一，是不是當然喪失董事職位？無明堂股份有限公司是不是一定要再補選一位董事？董事應該如何選任？

(一)董事的意義

董事是董事會的構成員，也是股份有限公司的負責人。依公司法第一百九十二條第一項規定：股份有限公司至少須設置三位董事。但實際上究竟應設置多少名董事，則視公司章程的規定。由於董事對外代表公司，對內執行公司業務。如果董事出現缺額，則易使公司的運作受到影響，依公司法第二百零一條規定：董事缺額達三分之一時，應於三十日內召集股東臨時會補選，但公開發行股票的公司，董事會應於六十日內召開股東臨時會補選。

(二)董事的資格

由於董事處理公司大小事務，關係公司營運成敗至深，因此董事必須有行為能力，民國九十年公司法修正前立法者認為由公司股東出任董事時，基於股東與公司休戚與共的利害關係，董事較會善盡注意義務，以謀公司利益。不過自實證的經驗觀之，發現上述的期望並沒有實現，因此不如讓有專業能力的經營者擔任董事，使公司所有與經營正式分離，以達公司追求利潤的目標。故民國九十年修正後的公司法將董事需具有股東資格的要件刪除。另外，董事處理公司重大事務，其人格操守亦應具備一定水準，故若有公司法第三十條所列各款情事，不得擔任董事

（公§192 IV）。

(三)董事的選任

若公司設立採取採發起設立，則由發起人互相推選（公§131），如果採行募集設立，則由創立會選任（公§146）；至於公司成立後，則由股東會選任（公§192 I）。

基於上市、上櫃等公開發行股票的公司，股東人數眾多，為健全公司發展、保障股東權益及推動公司治理，民國九十四年公司法修訂時，特別新增「董事候選人提名制度」，詳細說明如下：

公開發行股票的公司董事選舉，如欲採行候選人提名制度，應在公司章程中載明，且股東應從董事候選人名單當中選出董事（公§192之1 I）。公司應在股東會召開前的停止股票過戶日前，公告受理董事候選人提名的期間、董事應選名額、其受理處所及其他必要事項，受理期間不得少於十日（公§192之1 II）。持有已發行股份總數百分之一以上股份的股東，可用書面向公司提出董事候選名單，提名人數不可以超過董事應選名額；董事會提名董事候選人的人數，也不可以超過董事應選名額（公§192之1 III）。

提名股東應檢附被提名人的姓名、學歷、經歷、當選後願意擔任董事的承諾書、沒有公司法第三十條規定情事的聲明書及其他相關證明文件；被提名人是法人股東或法人股東的代表人時，並應檢附該法人股東登記基本資料及持有的股額證明文件（公§192之1 IV）。

董事會或其他召集權人召集股東會者，對董事被提名人應予審查，除非有下列事項之一，否則應將被提名人列入董事候選人名單：①提名股東於公告受理期間外提出。②提名股東在公司依第一百六十五條第二項或第三項停止股票過戶時，持股未達百分之一。③提名人數超過董事應選名額。④未檢附法定相關證明文件（公§192之1 V）。董事會審查董

事被提名人的作業過程，應作成紀錄，並至少保存一年。但若股東對董事選舉提起訴訟者，應保存至訴訟終結為止（公§192之1 VI）。

公司應於股東常會開會四十日前或股東臨時會開會二十五日前，將董事候選人名單及其學歷、經歷、持有股份數額與所代表的政府、法人名稱及其他相關資料公告，並將審查結果通知提名股東，對於提名人選未列入董事候選人名單者，並應說明未列入的理由。公司負責人未遵守規定公告受理董事候選人提名、或未依規定保存董事提名的審查紀錄、或應列入董事候選人名單卻未列入、或未說明未列入候選人名單的理由時，處新臺幣一萬元以上五萬元以下之罰鍰（公§192之1 VII）。

又，為避免持有股份總數較多的大股東，以少勝多，造成小股東無法出任董事，完全由多數股東把持選舉的弊端，所以董事的選任原則上採取累積投票制，除非章程另有規定（公§198 I）。所謂的累積投票制，是指每一股份有與應選出董事人數相同的選舉權，股東得集中選舉一人，或分配選舉數人，由所得選票代表選舉權較多者，當選為董事。舉例說明：跨世紀運動器材股份有限公司的董事候選人有五位，則跨世紀股份有限公司的每一股份有五個選舉權，股東艾棗茶持有一萬股，則艾棗茶享有五萬個選舉權，艾棗茶可以把五萬個選舉權都投給同一人，也可以分開投給不同的候選人，例如投給第一候選人三萬票、第二候選人一萬五千票、第三候選人五千票。

雖公司法以累積投票制之選舉方式，讓少數股東亦有參與公司經營之方式，惟實務上大公司多以減少股東人數或使各董事任期不一（一次只選舉一位董、監事）之方式，達成操縱選舉之目的。

股東自己出來競選董事時，雖然是與自身利害有關的事項，但例外可以行使表決權，也可以代理其他股東行使表決權（公§198 II）。

假設垂涎三尺股份有限公司之股東柳澄與股東黃瓜訂定契約，約定選舉公司董事時，將票投給蘇喜，此一契約是否有效？司法實務認為，

股東表決權之行使，應基於股東之自由意思為之，倘股東間訂立拘束表決權契約，易使少數大股東控制公司，使股東會之表決喪失公平性。而股份有限公司董、監事之選舉採累積投票制之立法理由，即在避免大股東操縱選舉，倘允許股東間訂立拘束表決權之契約，將使選舉董、監事之累積投票制規定形同具文。故依民法第七十二條之規定，股東間拘束表決權行使之契約違背公共秩序，該契約無效（最高法院71年臺上字第450號判決）。

但股東間私下約定投票給誰，不過是一種拉票行為，乃現今工商社會時有所聞之事，此種約定表決權行使之契約，不過是將拉票行為契約化。就某程度言，收購委託書亦是收購人與委託人間，就議案贊成與否或董、監事人選所訂立之契約，而證券交易法及公開發行公司出席股東會使用委託書規則並不禁止收購委託書之行為，且公序良俗能否作如此擴張之解釋不無疑問，故本書主張股東間拘束表決權契約仍應有效。

(四)董事長的選任

1.董事長的選任方式

公司除了設置董事外，還必須設置董事長，此外，若章程有規定，還可以加設副董事長。至於董事長及副董事長由誰選任，視公司是否有設置常務董事而不同：

(1)董事會未設常務董事時，應有三分之二以上董事的出席，及出席董事過半數的同意，互選一人為董事長，並且可以依章程規定，以同一方式互選一人為副董事長（公§208 I）。

(2)董事會設有常務董事者，則由常務董事依前述方式互選董事長與副董事長（公§208 II）。

2.董事長改選衍生的問題

關於董事長改選後可能產生之問題，舉例說明如下，假設李強生為

夢幻珠寶股份有限公司之董事長，嗣後因任期屆滿，改由麥喬登擔任董事長，但夢幻珠寶公司未辦理董事長之變更登記，此時若發生下列情形：

(1)李強生以董事長之名義向公牛有限公司訂購珠寶一批。由於變更登記僅為對抗要件，新任董事長自就任後即生效力，縱使夢幻公司未就董事長之改選辦理變更登記，亦不得以李強生非公司董事長為由，否認該筆買賣，換句話說，夢幻公司與公牛公司間之買賣契約仍為有效。

(2)夢幻公司曾向傅興漢借款新臺幣五十萬，夢幻公司雖已清償，但李強生忘記取回借條，傅興漢持該借條再度向公司請求返還借款，否則要將夢幻公司列為被告，提起訴訟，李強生惟恐事情鬧大，以董事長名義與傅興漢成立民法上之和解契約。由於夢幻公司未辦理變更登記，不得對抗第三人，故該和解契約仍有效。

(3)夢幻公司之債權人梅注義以債務不履行為由，將夢幻公司列為被告，提起訴訟，李強生代表公司與梅注義在法庭上成立訴訟上和解，並由法院製作和解筆錄。因為訴訟上和解兼具私法行為及訴訟行為之性質，凡未經合法授權者所為之行為，依民事訴訟法之規定，該行為無效，李強生因董事改選而喪失董事長資格，不再是夢幻公司之合法代理人，因此李強生與梅注義所成立之訴訟上和解無效，夢幻公司或梅注義得請求法院繼續審判。

(4)李強生代表公司聲請法院強制執行公司債務人郝綏之財產。由於李強生已喪失董事長之資格，欠缺法定代理權，執行法院應駁回其強制執行之聲請。

(5)股東吳天理以公司為被告，主張股東會選舉董事之方式違法，請求法院撤銷股東會關於董事選舉之決議，股東會決議方式有無瑕疵，必須由法院裁判決定是否違法，在法院為撤銷決議判決前，原決議並不當然失效，公司仍應以麥喬登為法定代理人進行訴訟，若將來法院撤銷該股東會決議，訴訟程序並不會因此失效。

(五)董事的解任原因

1.董事自行辭職

2.任期屆滿

董事的任期，原則上應依照公司章程的規定，但最長不可超過三年，可以連選連任（公§195 I）。任期屆滿，董事當然解任，如果來不及改選，可以延長期限至下屆董事就任為止。為避免公司遲遲不改選，主管機關可以依職權限期命令公司改選，期滿仍不改選者，自期限屆滿時，當然解任（公§195 II）。

3.經股東會決議

股東會可以隨時決議解任董事，但公司章程定有董事任期時，若無正當理由而在任期屆滿前將董事解任，董事可以向公司請求賠償其因提前解任所受的損害（公§199I）。

4.股份轉讓超過法定數額

為避免董事因職務獲知公司機密，趁機炒作公司股票，董事當選後，應向主管機關申報其選任當時所持有的股份數額，公開發行股票公司的董事在任期中不可以轉讓超過二分之一以上的股份，一旦超過，其董事身分不待股東會的決議或法院的裁判，當然喪失（公§197 I）。關於本條規定，有下列幾點補充：

(1)所謂「所持有之股份」包括記名股票與無記名股票；

(2)所謂「當然解任」之生效時點，學者間有爭議，有謂應於辦理過戶時生當然解任之效力，有謂應於實際轉讓股份數額超過二分之一以上時，目前實務上採取後者之見解（經濟部56年經商字第13465號函）。

董事任期未屆滿前提前改選時，當選的董事於就任前轉讓超過選任當時所持有的股份總額超過二分之一，或於股東會召開前的停止股票過戶期間內（即「閉鎖期間」），轉讓持股超過二分之一時，其當選也失其效力。

5.經法院裁判解任

董事執行業務，有嚴重損害公司、或違反法令、或嚴重違反章程的行為，但股東會未決議將該董事解任時，為保障公司及少數股東的權益，得由持有已發行股份總數百分之三股份的股東，在股東會後三十日內，訴請法院解任該董事（公§200）。

6.其他事由

董事與公司之間的關係，屬於民法上的委任契約關係，適用民法關於終止委任的規定（公§192 IV）。如：董事死亡、喪失行為能力等。

九、 召集股東會或股東臨時會是董事長的職權嗎?董事應該做些什麼事?

㈠董事長的職權

公司法規定董事長的職權為：對內擔任股東會、董事會及常務董事會主席，對外代表公司（公§208 III）。若董事長違反公司法第一百八十五條第一項規定，於未經股東會決議前即貿然行事，則該無權代表之行為，不論第三人是否善意，非經公司承認，不得對公司發生效力（最高法院64年臺上字第2727號判例）。至於董事長未經董事會決議所為之行為，對公司能否發生效力，學者間有不同意見，多數學者及司法實務見解（司法行政部66年民字第6951號函）認為，依公司法第二百零八條準用第五十七、五十八條規定，公司董事長關於公司營業上一切事務有辦理之權，亦有代表公司之權，公司章程對董事長代表權所加之限制，不得對抗善意第三人，為保護交易安全，應認為對公司發生效力。

最後，召集股東會或股東臨時會是董事會的職權，而不是董事長的

職權, 董事長依法召開董事會後, 再由董事會召開股東會或股東臨時會。

(二)董事的職權

現行公司法將公司的執行機關定為董事會（公§202），舉凡公司業務的執行, 均由董事會作成決議後, 再由董事或董事長以董事會名義執行, 董事對外以自己名義行使職務的機會變得很低。董事的職權如下:

1. 出席董事會參與表決（公§205 I）。
2. 調查報告發起情形（公§146 I）。
3. 在股票與公司債上簽名或蓋章（公§162 I、§257 I）。
4. 任免經理人（公§29 II ③）。
5. 代表公司對監察人提起訴訟（公§225）。

十、 薛迪代理無明堂股份有限公司與自己開設的金帝美容股份有限公司簽約, 該契約是合法有效的嗎?

依公司法規定, 董事的義務如下:

(一)應盡善良管理人的注意義務

公司與董事之間的權利義務關係, 除公司法另有規定外, 依民法關於委任契約的規定（公§192 III）。董事執行職務時, 應盡善良管理人的注意義務（公§23 I, 民§535）, 但若是不支領報酬的董事, 只須盡與處理自己事務同一的注意義務即可。不論是否支薪, 董事均是公司的負責人, 都有忠實執行業務的義務（公§23 I）, 亦即, 於做出公司營運的各種決策時, 須以公司最大的利益為考量。

㈡報告損害的義務

董事發現公司有受重大損害的可能時，應立即向監察人報告（公§218之1），使監察人得盡早調查。

㈢競業禁止的義務

原則上董事不可以為自己或為他人，從事屬於公司營業範圍的行為。如果公司股東對董事的人品有信心，則沒有絕對禁止的必要，董事在對股東會說明其行為的重要內容，經過股東會以特別決議方式許可後，可以為自己或為他人，從事屬於公司營業範圍的行為。董事未得股東會許可，而為自己或他人從事屬於公司業務範圍的行為時，股東會得以決議，將該行為的所得，視為公司的所得，但自所得產生後超過一年，即不得再為請求（在法律上稱為「歸入權」）（公§209Ⅴ）。

茲將公司法上負有競業禁止義務之人，列表整理如下：

義務人\要項	經理人（§32）	無限公司執行業務股東（§54 II）	有限公司董事（§108 III 準用§54 II）	兩合公司無限責任股東（§115準用§54 II）	股份有限公司董事（§209 I）
禁止內容	1.兼任他營利事業經理人 2.自營或為他人經營同類業務	為自己或他人經營同類業務	同左	同左	為自己或他人為屬於公司營業範圍內之業務
競業之許可	執行業務股東過半數同意或董事過半數同意	不因其他股東之同意而許其競業	同左	同左	事前向股東會說明行為之主要內容，並經股東會特別決議
競業行為之效力	有效	有效	有效	有效	有效
歸入權之行使	自知悉起二個月或行為發生起一年內（民§563）	經其他股東過半數同意，於所得產生一年內（§54 III）	同左（§108 III 準用§54 III）	同左（§115準用§54 III）	經股東會普通決議，於所得產生後一年內（§209 V）

※有學者認為有限公司之執行業務股東，應可經其他股東全體同意而解除競業禁止義務。

(四)不得為雙方代理的義務

為避免董事代理他人與公司為交易，或董事本人與公司進行交易時，從中舞弊，當董事為自己或他人與公司有交涉時，應由監察人代表公司（公§223）。

十一、薛迪每個月發十五萬的車馬費給自己，應不應該得到股東會的同意?

㈠董事的報酬

董事的報酬應視股份有限公司的章程如何訂定,如果章程沒有規定,再由股東會決議（公§196）。至於車馬費可不可以算作董事報酬,頗有疑問,在公司章程沒有規定的情形下,一般認為車馬費不算是董事的報酬,不須得到股東會的同意,但車馬費的多寡,必須依董事洽談公事的實際花費決定,不可以浮濫,如果浮濫領取車馬費,則違背董事對公司的忠實義務,應對公司所受損害負賠償責任。

此外,股份有限公司若為改善財務結構或回復正常營運,參與政府專案核定的疏困方案時（詳如262頁）,專案核定的主管機關得限制其發給董事報酬,或為其他必要的處置或限制,以免造成公司營運不佳時,董事仍然享受高額報酬的不公平現象。關於限制報酬的詳細辦法由中央主管機關規定（公司法第二十九條第二項）。經濟部已於民國九十八年三月發布「參與政府專案紓困方案公司發行新股與董事監察人經理人限制報酬及相關事項辦法」。

㈡董事的責任

董事應負的責任,說明如下:

1.對公司的責任

⑴董事應忠實執行業務並盡善良管理人的注意義務（公§23 I）,如果處理公司事務有故意、過失、或逾越權限造成公司損害,董事對公司

應負損害賠償責任（民§544）。

(2)董事會的決議，如果違反法令、章程及股東會決議，以致公司受損害時，參與決議的董事，對公司應負損害賠償責任，但董事在董事會中表示異議且有紀錄或書面聲明可以證明時，免負責任（公§193）。

2.對第三人的責任

股份有限公司的董事，是公司的負責人，董事執行公司業務，違背法令致第三人受有損害時，對該他人應與公司負連帶賠償責任（公§23 II）。

3.與監察人的連帶責任

監察人應對公司或第三人負損害賠償責任，而董事也負賠償責任時，董事與監察人為連帶債務人（公§226）。

(三)對董事的訴訟

如果董事違反其對公司應負的義務，以致公司受到損害而應負賠償責任時，應由誰對該董事提起訴訟？

1.由公司對董事提起訴訟

股東會決議對董事提起訴訟時，公司應自決議日起三十日內提起訴訟（公§212）。除法律另有規定外，此時應由監察人代表公司提起訴訟，股東會也可以選任其他人代表公司提起訴訟（公§213）。

2.由少數股東對董事提起訴訟

雖然小股東在累積投票制下也可能出任董事，但實務上當選董事的人，仍以持有多數股份的大股東居多，欲使股東會決議對董事起訴，恐有困難，為保障公司及少數股東的權利，繼續一年以上，持有已發行股份總數百分之三以上的股東，得以書面請求監察人代表公司向董事提起訴訟。監察人自股東為前述的請求日起，三十日內不提起訴訟時，請求監察人的股東，可以為公司提起訴訟（公§214）。

如果提起訴訟的股東所依據的事實，顯屬實在，經終局判決確定後，

被訴的董事，對於提起訴訟的股東因該訴訟所受的損害，負賠償責任（公§215 II）。但如果提起訴訟的股東所依據的事實，顯屬虛構，經終局判決確定後，對被訴董事因該訴訟所受的損害，起訴股東應負損害賠償責任（公§215 I）。

同時，為預防小股東濫行訴訟，影響公司營運，如果提起訴訟的股東敗訴，致公司受有損害時，對公司應負賠償責任（公§214 II後段）。法院並得因被告（即被訴董事）的聲請，命令自行起訴的股東提供相當的擔保，以便將來提起訴訟的股東敗訴，致公司受有損害，而應由起訴的股東賠償時，公司可直接從該擔保金求償。

十二、董事會可以自行決定由誰擔任公司的經理嗎？需不需要取得股東會的同意？

㈠董事會的職權

董事會是股份有限公司必設的業務執行機關，由公司三位以上董事組成，關於公司業務的執行，應經過董事會討論、決議。董事會職權包含甚廣，說明如下：

1.執行公司業務：除公司或章程規定應交由股東會決議的事項外，均由董事會決定（公§202）。

2.代表公司：董事會應設置董事長，由董事長對外代表公司。代表公司的董事長，有辦理公司營業上一切事務的權利（公§208 V準用§57）。而公司對董事長代表權所加的限制，不可以對抗善意第三人（公§208 V準用§58）。所謂不得對抗，是指公司不可否認董事長所為法律行為的效力。不過，董事長所享有的代表權，僅限於公司營業上的事務，若董事長所為並非公司營業的事務，不論第三人是否善意，非經公司承

認，不對公司發生效力(最高法院21年上字第1486號判例)。

 3.召集股東會（公§171）。

 4.任命公司經理人（公§29 I ③）。

 5.提出重要議案權（公§185）。

 6.公司債募集的決議報告及申請（公§246）。

 7.決定發行新股（公§266）。

 8.申請公司重整（公§282）。

公司重大營業政策的變更議案，應由有三分之二以上董事出席的董事會，以出席董事過半數的同意提出。此外，董事會決定公司債的募集、發行新股及公司重整亦同。

(二)董事會的義務

董事會的義務包括：

 1.作成並保存董事會的議事錄（公§207、§183）。

 2.備置章程、歷屆股東會議事錄、財務報表。並將股東名簿及公司債存根簿備置於本公司或股務代理機關（公§210）。

 3.編造營業報告書、財務報表、營業分派或虧損撥補的議案。並於股東常會開會前三十日送交監察人查核，於股東常會中請求承認。會後並應將財務報表及盈餘分派或虧損撥補的決議，分發各股東或予以公告（公§228、§230）。

 4.報告資本虧損（公§211 I）：公司虧損達公司實收資本額二分之一時，董事會應立即召集股東會報告。

 5.聲請宣告公司破產（公§211 II）：公司資產顯然不足抵償公司所負的債務時，除依公司重整規定辦理外，董事會應立即向法院聲請宣告破產。

如董事會未即聲請宣告公司破產，致債權人受有損害時，最高法院

二十三年上字第二〇四號判例認為，依民法第三十五條第二項之規定，有過失之董事，應負賠償責任。但若受損害者非私法上之債權人（例如稅務機關因董事會未即聲請宣告破產，致使公司應納稅款未能繳納），最高法院五十六年臺上字第六二七號判決認為，稅款及公法債權應無民法第三十五條第二項規定之適用。

稅務機關得否依公司法第二十三條之規定，請求董事與公司負連帶損害賠償責任，最高法院六十二年臺上字第二號判例認為，公司法第二十三條係以「公司負責人違反法令，致他人『私權』受有損害」為責任發生要件，而政府向人民徵稅，係本於行政權之作用，屬於公權範圍，亦不得依公司法第二十三條請求。

6.通知、公告公司解散（公§316 IV）。

十三、林荷謙可不可以委託宋書祺代理出席董事會？薛迪故意不發開會通知給林荷謙，會不會影響該次董事會決議的效力？

㈠董事會的召集權人

董事會為合議的體制，公司法規定應由董事會決議的事項，董事長不得於未經董事會決議前，自作主張行事，董事會必需由有召集權人召開，否則其所為的決議無效。至於董事會之召集權人，依公司法第二百零三條的規定為：

1.董事會由董事長召集之。但每屆第一次董事會，由所得選票代表選舉權最多的董事召集。

2.所得選票代表選舉權最多的董事，未在法定限期內召集董事會時，

可以由五分之一以上當選的董事，報經主管機關許可後，自行召集。

　　3.如果董事長請假、或因故不能行使職權召開董事會時，由副董事長代理；沒有副董事長或副董事長也請假或因故不能行使職權時，由董事長指定常務董事代理，未設常務董事者，可以指定一位董事代理；董事長未指定代理人時，由常務董事或董事互推一人代理。

(二)董事會的召集程序與時間

　　1.董事會的召集，應載明事由在會議七日前通知各董事，但有緊急情事時，可以隨時召集（公§204）。

　　2.每屆第一次董事會應於改選後十五日內召集。但在上屆董事任滿前即改選時，應在上屆董事任滿後十五日內召集。第一次董事會的召集，出席董事未達選舉常務董事或董事長的最低出席人數時，原召集人應在十五日內繼續召集，並且可以適用公司法第二百零六條所規定的通常決議方式，選舉董事長及常務董事（公§203 II、IV）。

(三)董事會的代理出席

　　董事應親自出席董事會，但公司章程訂定得由其他董事代理者，不在此限（公§205 I）。董事委託其他董事代理出席董事會時，應於每次董事會出具委託書，並列舉召集事由的授權範圍（公§205 III）。如果董事居住國外，可以以書面委託居住國內的其他股東，經常代理出席董事會（公§205 V），但此種委託須向主管機關申請登記，其變更時亦同，否則不生授與代理權的效力（公§205 VI）。為防止董事會遭某些董事操縱，所以代理人以受一人的委託為限（公§205 IV）。

　　由於電信科技的進步，人與人的溝通已打破同一地點面對面的侷限。如今已可以採取視訊會議的方式，達到相互討論的效果，而與親自出席會議無異。因此民國九十年修正公司法時，特別增列下列規定：董事會

開會時，如以視訊會議方式，則以視訊會議參與的董事，視為親自出席（公§205 II）。

(四)董事會的決議

關於董事會的決議，公司法規定：

1.普通決議：應有過半數董事出席，出席董事過半數的同意（公§206 I）。

2.特別決議：應由三分之二以上董事出席，出席董事過半數的同意。需要特別決議的事項包含：選任董事長、副董事長或常務董事（公§208 I）、決議募集公司債（公§246 I）、決議發行新股（公§266 II）等。

3.表決權的限制：董事對於決議事項，有自身利害關係，以致有可能損害公司利益時，不可以加入表決，也不可以代理其他董事行使其表決權。不得行使表決權的董事，不算入已出席的表決權數（公§206 II準用§178、§180）。

(五)董事會決議的瑕疵

董事會的召集，如果漏未通知部分董事參加，即構成董事會召集程序違法。至於違法之效果如何？公司法並無明文規定。從立法目的來看，董事會採會議體制，即是希望全體董事在會議時相互交換意見，詳加討論後，決定公司業務執行的方針，因此若董事會未合法通知部分董事參加，該次董事會決議無效。

(六)董事會違法行為的制止

董事會或董事執行業務，違反法令、章程或股東會決議的行為時，監察人應立即通知董事會或董事停止該行為（公§218之2 II），繼續一年以上持有股份的股東也可以請求董事會停止該行為（公§194）。

(七)董事會紀錄

董事會的議事，應作成議事錄，供公司各股東查閱，以保障公司股東權益，董事會議事錄的簽名或蓋章、保存、分發記錄與股東會議事錄的規定相同（公§207）。

十四、無明堂股份有限公司可以不設置常務董事會嗎？

有時股份有限公司的董事人數較多，集會不易，所以公司可以在章程中規定設置常務董事會，在董事會休會期間，由董事長視業務需要，隨時召集，以決定公司業務的執行。常務董事會的職權，僅限於公司日常事務的決議，凡涉及公司重大業務事項，仍應由董事會決議。

常務董事會由常務董事組成，常務董事由董事互選，選任常務董事須有三分之二以上董事出席，並得到出席董事過半數的同意（公§208 II）。常務董事會並沒有一定的召集程序，其決議方式，則以半數以上常務董事出席，出席過半數的同意為之（公§208 IV）。

十五、李夢天有沒有權力制止薛迪領取車馬費？

(一)監察人的意義與資格

監察人是股份有限公司必設的監察機關，其作用在監督公司業務的執行有無違法不當之處，以維護公司及股東權益。

股份有限公司至少須設置監察人一名，至於確實人數，則視公司的需要，在章程中訂明。公開發行股票公司所選任的監察人，至少需有二

人以上。監察人至少須有一人在國內有住所（公§216 I），且須有行為能力（公§216 IV）。另外，監察人之人格操守至為重要，故若有公司法第三十條所列各款情事，不得擔任監察人（公§216 IV，詳見第一章第六節）。由於監察人旨在監督公司業務的執行，所以監察人不可以兼任公司董事、經理人或其他職員，以免監守自盜（公§222）。

㈡監察人的選任與解任

監察人由股東會以累積投票制的方式選任（公§227準用§198 I）。公開發行股票公司的監察人選舉，準用公開發行股票公司的董事候選人提名制度規定（公§216之1準用公§192之1）。監察人的任期不得超過三年，但可以連選連任。任期屆滿來不及改選時，可以延長任期至改選為止，但主管機關可以依職權命令公司限期改選，期滿不改選者，自期限屆滿時，當然解任。關於監察人的解任，其原因與董事的解任同（公§227準用§197、§199）。

㈢監察人的職權

1.查核發起人的報告

股份有限公司採募集設立時，監察人應就公司章程等各事項（參見本章第二節）加以調查，並在創立會中報告（公§146 I）。

2.檢查業務

監察人可以隨時調查公司業務及財務狀況、查核各項簿冊文件，並且可以請求董事會提出報告。妨礙、拒絕或規避監察人檢查者，各科新臺幣二萬元以上十萬元以下的罰鍰。監察人檢查業務時，可以代表公司委託律師、會計師審核（公§218）。

3.查核表冊（詳見本章第六節）

4.制止董事會違法行為

董事會或董事執行業務有違反法令、章程或股東會決議的行為，監察人應立即通知董事會或董事停止該行為（公§218之2 II）。

5.股東會召集權

6.代表公司

⑴代表公司進行公司與董事間的訴訟（公§213）。

⑵董事為自己或他人與公司為買賣、借貸或其他法律行為時，代表公司與董事交涉（公§223）。

(四)監察人的報酬

監察人可以領取報酬，多寡則由股東會決定（公§227準用§196）。但參與政府專案核定疏困方案的股份有限公司，專案核定主管機關得限制其發給監察人報酬，或為其他必要之處置或限制。

(五)監察人的責任

1.對公司的責任

監察人與公司之間的關係，屬於委任契約關係（公§216 III），所以監察人執行職務時，應盡善良管理人的注意，如果違反法令、章程或怠忽職務，致公司受有損害時，應對公司負賠償責任（公§224）。

2.對第三人的責任

監察人在執行職務時，也是公司負責人，若有違反法令的行為，以致第三人受有損害時，對該他人應與公司負連帶賠償責任（公§23 II）。

3.與董事的連帶責任

監察人對公司或第三人負損害賠償責任，而董事也須負責時，該監察人及董事為連帶債務人（公§226）。

㈥對監察人的訴訟

如果監察人違背其義務或與公司發生爭執，而有以監察人為被告，提起訴訟的必要時，得由：

1.股東會起訴

股東會決議對監察人起訴時，公司應自決議之日起三十日內提起訴訟（公§225）。公司會對監察人提起訴訟，多半是由於監察人對董事的行為未盡監督義務，所以股東會可以在董事外，另外選任訴訟代表人，代表公司提起訴訟。

2.少數股東起訴

繼續一年以上持有已發行股份總數百分之三以上的股東，可以以書面請求董事會代表公司對監察人提起訴訟，董事會如果在收到請求後三十日內不提起訴訟時，這些股東可以為公司利益，自行提起訴訟。股東提起此訴之損害賠償責任與提供擔保，以及監察人敗訴時，對股東的損害賠償責任，均與對董事提起訴訟的規定相同（公§227準用§214、§215）。

◆ 參考答案

如果薛迪堅持不召開股東臨時會，應先由具備少數股東權的股東請求董事會召集股東臨時會。提出請求後十五日內，董事會仍然不發出股東臨時會的開會通知時，則該股東可以報請主管機關許可，自行召集。如果沒有具備少數股東權的股東向董事會提出請求，其他股東可以請求監察人召集。

薛迪在開會前三天才發通知書給各股東，顯然違反公司法關於股東臨時會召集程序的規定（至於無明堂股份有限公司與沒沒無聞有限公司共同經營事業的決議，可能涉及表決方式違法），無明堂股份有限公司的

股東，可以自決議之日起三十日內，訴請法院撤銷該次會議所作成的決議。如果沒有股東提出撤銷決議之訴，或股東未在法定期間提出撤銷之訴，該次股東會所作的決議仍然有效。

薛迪雖然可以收購委託書，但如果薛迪所代理的表決權數超過已發行股份總數表決權的百分之三，其超過的表決權數依公司法規定不予計算。

關於無明堂公司與沒沒無聞公司共同經營業務，此一提案屬於締結與他人經常共同經營的契約，應經過股東會的特別決議通過才可以實行，因此須查證股東會的決議是否符合特別決議的規定，如果不符合，則屬於決議方式違反法令而有瑕疵，股東可以提起撤銷之訴撤銷該決議。

李夢天對於無明堂股份有限公司與沒沒無聞公司共同經營事業一案，如果在股東臨時會前已經以書面通知公司表示反對之意，並在股東會中為表示反對，可以依公司法的規定，自股東臨時會決議日起二十日內，以書面記載其所持有的股份種類及數額，請求無明堂股份有限公司按當時公平價格收買其所持有的股份。

譚孝竹移轉其所持有的股份數額，超過當選董事時所申報股份的二分之一，依公司法的規定，不須等到股東會決議或法院裁判，當然喪失董事資格。由於無明堂股份有限公司只有三名董事，譚孝竹解任董事後，董事缺額即達三分之一，依公司法的規定應於三十日內召集股東臨時會補選董事。選任董事的方式，首先視無明堂股份有限公司的章程有無規定，若無，則以「累積投票制」選舉。

薛迪雖然是無明堂股份有限公司的董事長，對外代表無明堂股份有限公司，但為自己的利益與無明堂股份有限公司進行交易時，依公司法的規定應由監察人李夢天代表無明堂股份有限公司，不可以自己代表無明堂公司。薛迪代表無明堂股份有限公司簽約的行為，乃是逾越董事權限所為的代表行為，應該適用民法關於無權代理的規定，決定該契約的效力。也就是說，除非經無明堂公司的承認，否則該契約對公司不生效

力（民§170 I），在未經無明堂公司承認以前，該契約的效力未定。薛迪可以訂定相當期限，催告無明堂股份有限公司答覆是否承認該契約，如果公司在期限內承認，則薛迪的簽約行為對公司發生效力；如果公司拒絕承認，則該契約對公司不生效力；若公司未在期限內答覆時，視為公司拒絕承認（民§170 II）。又，此時應由監察人李夢天代表無明堂公司決定是不是承認該契約，因為公司法規定董事與公司間有交涉時，由監察人代表公司。

薛迪浮濫發車馬費給自己，顯然違背其對公司應盡的責任，無明堂股份有限公司可以經股東會決議，對薛迪提起訴訟，請求損害賠償；如果股東會未作出此項決議，繼續一年以上持有已發行股份總數百分之三以上的股東，可以以書面請求李夢天對薛迪提起訴訟；如果李夢天自接獲請求之日起三十日內仍未起訴，該股東可以將薛迪列為被告，自行提起訴訟。如果股東會認為薛迪情節嚴重，不適合繼續擔任董事，也可以決議解任薛迪的董事職務。

薛迪如果要任命連伊涵、宋書祺擔任經理，只須取得董事會的同意即可，不須經過股東會的決議。

由於宋書祺不是無明堂股份有限公司的董事，縱使無明堂股份有限公司的章程允許董事委託其他董事代理出席，林荷謙的授權代理仍然無效。但是，薛迪故意不發董事會開會通知給林荷謙，即屬董事會召集程序違法，所以此次董事會所為的決議無效。

無明堂股份有限公司是否設置常務董事會，應視該公司的章程如何規定。

李夢天以其監察人的身分，對薛迪浮濫領取車馬費的行為，有權制止。

⬤ 參考法條

民法§170：

「無代理權人以代理人之名義所為之法律行為，非經本人承認，對於本人，不生效力（第一項）。前項情形，法律行為之相對人，得定相當期限，催告本人確答是否承認，如本人逾期未為確答者，視為拒絕承認（第二項）。」

民法§532：

「受任人之權限，依委任契約之訂定。未訂定者，依其委任事務之性質定之。委任人得指定一項或數項事務而為特別委任，或就一切事務，而為概括委任。」

民法§535：

「受任人處理委任事務，應依委任人之指示，並與處理自己事務為同一之注意。其受有報酬者，應以善良管理人之注意為之。」

民法§549：

「當事人之任何一方得隨時終止委任契約（第一項）。當事人之一方，於不利於他方之時期終止契約者，應負損害賠償責任。但因非可歸責於該當事人之事由，致不得不終止契約者，不在此限（第二項）。」

民法§551：

「委任關係，因當事人一方死亡、破產或喪失行為能力而消滅。但契約另有訂定，或因委任事務之性質，不能消滅者，不在此限。」

習　題

◎選擇題

（　　）1.依公司法的規定，垂涎三尺食品股份有限公司一定要設置那些機關？　(1)股東會　(2)董事會　(3)監察人　(4)以上皆是。

（　　）2.誰不是股東會的召集權人？　(1)董事長　(2)監察人　(3)董事會　(4)清算人。

（　　）3.關於股東常會的敘述何者有誤？　(1)每年至少召集一次　(2)應於每會計年度終結前六個月召開　(3)召集的次數、時間，可以在章程中規定　(4)股東常會的召集程序與股東臨時會的召集程序不同。

（　　）4.垂涎三尺股份有限公司，已發行股份總數為六百萬股，蘇喜持有一百萬股，想委託柳澄出席股東會，下列敘述何者合於公司法的規定？　(1)柳澄可以再代理股東白木耳出席　(2)蘇喜找不到公司印製的委託書，隨手寫在一張信紙上　(3)柳澄代理白木耳及蘇喜時，代理的表決權數最多只有十八萬股　(4)以上皆是。

（　　）5.垂涎三尺公司的章程中規定，股東會應該在臺北本公司召開，結果卻在臺中分公司召開，該次會議的決議　(1)當然無效　(2)照常有效　(3)股東艾棗茶可以請求法院撤銷該次會議的決議　(4)主管機關可以依職權撤銷該決議。

（　　）6.下列那一事項必須通過股東會的特別決議？　(1)公司的合併　(2)董事競業的許可　(3)變更章程的決議　(4)以上皆是。

（　　）7.垂涎三尺股份有限公司已發行六百萬股，其中五十萬股是無表決權的特別股，某次股東大會出席簽到的股東共持有二百八十萬股，表決議案時只剩二百萬股，如果採取普通

決議方式，該議案應該至少取得超過多少股的同意？　(1)三百萬股　(2)二百二十五萬股　(3)一百四十萬股　(4)一百萬股　(5)出席人數未達已發行股份總數的二分之一，所以不能進行表決。

( )　8. 承上題，梅注義是望梅止渴飲料股份有限公司的董事，也是垂涎三尺股份有限公司的股東，持有十萬股，如果垂涎三尺股東會就二家公司是否合作刊登廣告進行表決，採普通決議的方式表決，要通過這項議案應該至少獲得超過多少股的同意？　(1)一百三十五萬股　(2)一百三十萬股　(3)一百萬股　(4)九十五萬股　(5)出席人數未達已發行股份總數的二分之一，所以不能進行表決。

( )　9. 垂涎三尺股份有限公司決定與望梅止渴股份有限公司長期合作、共同經營業務，股東艾棗茶極力反對，他必須怎麼作才可以向垂涎三尺公司行使股份收買請求權？　(1)在集會前以書面表示異議　(2)在集會中以口頭表示異議經紀錄　(3)在集會前以書面表示異議，並放棄表決權　(4)在集會前以書面表示異議，並在集會中以口頭表示異議經紀錄，最後還必須放棄表決權。

( )　10. 股份有限公司的董事，應該用何種方式選任？　(1)普通決議　(2)輕度特別決議　(3)重度特別決議　(4)累積投票制　(5)以上皆可。

( )　11. 股份有限公司董事的義務有　(1)應盡善良管理人的注意義務　(2)報告損害的義務　(3)競業禁止的義務　(4)雙方代理禁止的義務　(5)以上皆是。

( )　12. 垂涎三尺股份有限公司發行股份總數為六百萬股，蘇喜當選時持有一百萬股，蘇喜轉讓多少股份會當然構成解職？

(1)七十五萬股 (2)五十萬股 (3)四十萬股 (4)二十五萬股 (5)二十萬股。

( ) 13.下列關於董事會的敘述，何者有誤？ (1)董事會的召集權人是常務董事長 (2)董事只能委託其他董事代理出席董事會 (3)召集董事會時，必須通知全體董事 (4)以上皆非。

( ) 14.監察人的職權不包括 (1)代表公司起訴股東 (2)代表公司與董事交涉 (3)代表公司將董事列為被告，向法院提起訴訟 (4)在必要時召集股東會。

第六節　股份有限公司的會計

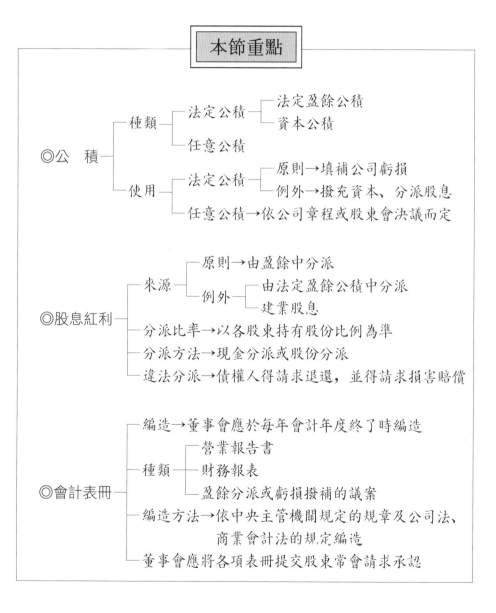

本節重點

◎公　積
- 種類
  - 法定公積
    - 法定盈餘公積
    - 資本公積
  - 任意公積
- 使用
  - 法定公積
    - 原則→填補公司虧損
    - 例外→撥充資本、分派股息
  - 任意公積→依公司章程或股東會決議而定

◎股息紅利
- 來源
  - 原則→由盈餘中分派
  - 例外
    - 由法定盈餘公積中分派
    - 建業股息
- 分派比率→以各股東持有股份比例為準
- 分派方法→現金分派或股份分派
- 違法分派→債權人得請求退還，並得請求損害賠償

◎會計表冊
- 編造→董事會應於每年會計年度終了時編造
- 種類
  - 營業報告書
  - 財務報表
  - 盈餘分派或虧損撥補的議案
- 編造方法→依中央主管機關規定的規章及公司法、商業會計法的規定編造
- 董事會應將各項表冊提交股東常會請求承認

1. 股份有限公司之財產為公司債權人之唯一保障，為使股份有限公司維持充裕之財產，避免公司股東無節制地分派盈餘，故公司法特別設計公積制度。本節旨在建立讀者關於公積之概念，特別是公積之提存與其用途。

2. 無限制分派盈餘與紅利，將侵害公司債權人之權利，且影響公司之營運，故就股息、紅利之分派，設有一定之程序與限制，此亦為本節之學習重點。

3. 介紹各項會計表冊，讀者須暸解會計表冊應提交監察人審核，並由股東常會承認。

無明堂公司第一年的盈餘高達二百萬元，在慶功宴上林荷謙提議用「分紅入股」的方式獎勵員工，薛迪則主張全部由股東分掉，最後大家決定聽從孫宏由的建議，以五十萬元分紅給員工，一百萬元投資其他公司，五十萬元以現金分給股東。

股東蔡欣黑收到公司的簡易財務報表後，發現公司有幾筆帳需要好好查一查，蔡欣黑直接到公司要求查看業務及財務狀況，但被財務經理譚孝竹拒絕，兩人起了嚴重口角衝突。

案　例

　　無明堂公司成立後由於收費低廉，加上孫宏由的大力推薦，第一年的營業額就高達二千萬元，盈餘為二百萬元。在慶功宴中，大夥開始討論該如何分配盈餘。林荷謙首先發言說：「多虧員工才有今日的收穫，我希望可以用『入股分紅』的方式獎勵員工，使他們更努力工作。」薛迪一臉不屑地說：「沒有我們出錢開公司，他們那有工作可以做？公司只靠他們那能賺錢？這些盈餘應該由我們這些股東分掉才對！」孫宏由聽到大家都只想把盈餘分掉，十分不悅，建議說：「公司才剛成立不久，應該儘快累積資本，最好可以將盈餘轉投資，用錢賺錢，公司才能快快成長。」最後大家決定：五十萬元以分派股份的方式分紅給員工，一白萬元投資偉凡股份有限公司，其餘五十萬元則由股東均分，每股可以分得零點三元。

　　在大家達成決議後，巫虔才匆匆趕到，得知大夥的決議後，巫虔連連搖頭說道：「你們沒有讀過書嗎？公司的盈餘要先提撥法定盈餘公積，

你們這種分派是不合法的。」接著又問：「對了，你們有沒有編造財務報表？給我一份吧！」由董事變為財務經理的譚孝竹拿出一疊表格遞給巫虔。「這不是正式的財務報表啊？」「是啊！因為財務報表太專業了，很多股東都說看不懂，所以我們就改用這種簡易表格來表示，大家都方便嘛！」

　　另一方面，股東蔡欣黑收到公司的財務報表後，很仔細的查看，發現公司有幾筆帳不是很清楚。蔡欣黑直接到公司要求查看財產狀況，但財務經理譚孝竹認為股東沒有檢查公司業務與財務的權利，兩人起了嚴重的口角衝突。

問　題

一、薛迪等人可不可以將公司盈餘直接全部分派？

二、無明堂股份有限公司可以用分派股份的方式讓員工分紅嗎？股份有限公司是不是一定要有盈餘才可分派股息給股東？

三、譚孝竹等人可不可以在股東常會上，提出簡單的計算表格代替會計報表？

四、蔡欣黑對公司的財產狀況及業務帳目有所懷疑，應如何保障自己的權益？

說　明

一、薛迪等人可不可以將公司盈餘直接全部分派？

㈠公積的意義

　　由於股份有限公司的資產，是公司債權人的唯一保障，所以公司法設計出公積制度，以充實股份有限公司的財產、保護債權人及社會投資

大眾。所謂的公積，是公司特別保留的金額，在資產負債表中列入股東權益項下，但並不分派給各股東，而是作為公司的財產。

㈡公積的種類

公積的提存，依其是否為強制提存，可以分為法定公積與任意公積。

1.法定公積

是指依公司法規定應強制提存的公積，也稱為強制公積，還可分為：

⑴法定盈餘公積

依公司法第二百三十七條第一項的規定：公司在完納一切稅捐後，分派盈餘前，應先提出百分之十的盈餘，作為法定盈餘公積；但法定盈餘公積總額已達資本總額者，顯示該公司的財務狀況相當良好，可例外地不須強制提存。公司負責人不依法提存法定盈餘公積時，各科新臺幣六萬元以下罰金（公§237 III），如果應提存的公積，已作為盈餘分派給各股東時，公司債權人可以請求股東退還，公司債權人因此受有損害時，還可以請求公司負責人賠償（公§233）。

⑵資本公積

資本公積係由盈餘以外之財產中提出，其是指公司因股本交易所產生的權益，包括超過票面金額發行股票所得的溢價、庫藏股票交易溢價等項目（商業會計處理準則§25）。

2.任意公積

任意公積（又稱「特別公積」或「意定公積」）是指除法定公積外，公司依章程規定或股東會決議，而特別提存的公積（公§237 II），其來源為營業盈餘。任意公積既係依章程或股東會決議而提存，自然可以用變更公司章程或由股東會再為新決議的方法，變更任意公積的提存目的或比例。

㈢公積的使用

公積並不是積而不用，公司在必要時也可以使用公積，公積的使用，除意定公積按照公司章程規定或股東會決議使用外，法定公積必須依公司法的規定使用：

1.以填補虧損為原則

無論是盈餘公積或資本公積，原則上必須是為了填補公司虧損才可以使用（公§239 I）。使用的順序上，必須優先以盈餘公積為填補虧損，盈餘公積不足填補虧損時，才可以使用資本公積（公§239 II）。如果有可以利用的意定公積時，則應先以意定公積彌補虧損、其次才是盈餘公積，而資本公積擺在最後使用。

2.以撥充資本為例外

公司無虧損時，可以經股東會特別決議，將全部或一部的公積撥充資本，再按股東原有的股份比例發給新股（公§241 I）。公開發行股票的公司，如果已經在章程中明定股息紅利的分派定額或比率，並授權董事決議辦理時，可以直接由董事會作出撥充資本的決議（董事會三分之二以上出席，出席董事過半數的同意），再報告股東會（公§240 VI）。

為避免公司無限制的撥充公積，使公司法提存公積制度形同虛設，所以公司作出公積撥充資本的決議時，必須公司的法定盈餘公積已達實收資本的百分之五十，且最多只能撥充法定盈餘公積的一半（公§241 III）。至於法定資本公積則無類似之規定，公司可自行決定撥充資本之數額。

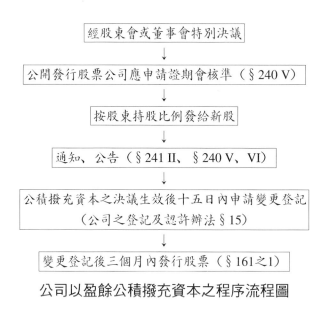

經股東會或董事會特別決議
↓
公開發行股票公司應申請證期會核準（§240 V）
↓
按股東持股比例發給新股
↓
通知、公告（§241 II、§240 V、VI）
↓
公積撥充資本之決議生效後十五日內申請變更登記
（公司之登記及認許辦法§15）
↓
變更登記後三個月內發行股票（§161之1）

公司以盈餘公積撥充資本之程序流程圖

二、無明堂股份有限公司可以用分派股份的方式讓員工分紅嗎?股份有限公司是不是一定要有盈餘才可分派股息給股東?

(一)分派股息紅利的意義與標準

　　成立公司是為了追求利潤，所以公司每年會計年度所獲得的盈餘，應該在完納稅捐及提出法定公積後，分派給各股東（公§232 I）。但如果公司沒有盈餘，為保障公司債權人的權益，除公司法別有規定外，不可以分派股息或紅利（公§232 II）。所謂紅利，有廣狹二義，狹義紅利是指於股息以外，額外分派給股東的數額，廣義紅利則兼指年終分發給員工的獎勵在內。公司法所稱的紅利，是指廣義的紅利。惟公司無盈餘時，對員工所發給的獎金，倘其數額不超過同業通常水準者，可當作費用支付，此種獎金則非公司法所稱的紅利。

每會計年度終了，公司如果有盈餘，經扣除稅額、彌補虧損、提存公積後，可以將剩餘的金額，當作股息、紅利分派給股東及員工。股息與紅利的分派，除公司章程另有規定外（如特別股的股息），應該以各股東所持有股份的比例為準（公§235 I）。公司若發行特別股，其盈餘分派，應依章程之訂定（公§157 ①）。此處所稱之章程，係指盈餘發生年度已登記實施之公司章程，公司不得先修改章程，再依修改後之章程分派盈餘。至於員工分配紅利的成數，應該在章程中明文訂定，但經目的事業主管機關專案核定者，不在此限。公營事業除經該事業主管機關專案核定，並在章程中訂明員工分配紅利的成數外，不適用前項前段的規定（公§235 III）。

可受分配股息、紅利的員工，原本僅限於公司本身的員工。但企業基於經營管理的需要，常設立研發、生產或行銷等各種功能的從屬公司。為使從屬公司的員工，也可以與控制公司的員工相同，享受股息、紅利分派權，故民國九十年公司法修正時，特別明文增訂公司得以章程訂明，使符合一定條件的從屬公司員工得以分派股票紅利(公§235 IV)。

㈡分派股息紅利的方式

1.現金分派

2.股份分派

即以發行新股的方式分派股息紅利。目前臺灣有很多公司採用分派股份的方式，分派股息紅利，主要理由有：(1)保留現金；(2)享受租稅上的優惠。公司雖然有盈餘，但可能缺乏足夠的現金分派股息紅利，或為改善、擴充設備，而有使用現金的必要，採用股份分派的方式，一方面將現金保留在公司中，一方面達到分派盈餘的目的。

股份分派的程序，在一般公司必須經過股東會的特別決議，將應分派股息及紅利的全部或一部，以發行新股的方式為之，其不滿一股的金

額，以現金分派（公§240 I）。關於股東會的決議方式，如果章程的規定比公司法嚴格時，則依章程的規定決議（公§240 III）。以紅利轉作資本時，依章程規定應該分配給員工的紅利，可以用新股或現金支付（公§240 IV）。依此方法發行新股，在決議的股東會終結時，立即生效力，董事會應迅速分別通知股東，或記載在股東名簿的質權人，如果有發行無記名股票時，並應將該決議公告（公§240 V）。董事會應在發行新股結束後十五日內，向主管機關辦理新股登記（公司之登記及認許辦法§11 I）。

公開發行股票的公司，如果已在章程中訂明股息紅利的分派定額或比率，並授權董事會決議辦理者，董事會可以決議（董事會三分之二以上的出席，出席董事過半數的同意），將應分派的股息紅利的全部或一部，以發行新股的方式為之，並報告股東會（公§240 VI）。董事會的決議，經證券主管機關核准後生效。

(三)無盈餘時股息紅利的分派

公司沒有盈餘，或雖有盈餘但彌補損失及提存法定公積後，已無剩餘金額時，原本是不可以分派股息紅利的，但公司法設有二個例外規定：

1.公司法定盈餘公積已超過實收資本額百分之五十，可以就超過部分的金額，分派股息紅利（公§232 II）。

公司股票的價格往往隨股息紅利的有無及多寡而漲落，如果因為不分派股息紅利以致公司股票跌價，對公司前途有不良影響，所以在公司財務健全、不影響公司債權人權益的狀況下，公司法例外允許公司動用公積，以分派股息紅利。

2.建設股息（又稱「建業股息」）的分派：某些股份有限公司因為營業性質特殊，需要較長的時間準備，如礦業、水力事業，為了獎勵大眾投資此種事業，使公司能順利設立，所以公司法第二百三十四條第一項特別規定：公司依其業務的性質，自設立登記後，如果需要二年以上的

準備，才能開始營業者，經主管事業機關的許可，可以在章程中明文訂定在開始營業前分派股息給股東。應注意的是，依公司法的規定，只能預付股息不可以預先分派紅利。

關於建業股息之預付，由於公司並無盈餘，分派股息無異是返還股東的部分出資，所以公司在會計上可以採預付股息的方式處理，將預定分派的股息，列入資產負債表中股東權益項下的「預付股息」科目，在公司開始營業後，每週分派股息或紅利超過實收資本額百分之六時，以超過的金額扣抵沖銷（公§234 II）。

㈣違法分派股息紅利的效果

若公司負責人違法使用盈餘，不撥補虧損、不提存法定盈餘公積；或無盈餘卻分派股息紅利時，各處一年以下有期徒刑，拘役或科或併科新臺幣六萬元以下罰金（公§232 III）。同時公司債權人可以請求股東或員工退還其領取的股息紅利，還可以請求公司負責人賠償其所受的損害（公§233）。

三、譚孝竹等人可不可以在股東常會上，提出簡單的計算表格代替會計報表？

由於股份有限公司採取企業所有與經營分離的原則，股東平時並沒有機會參與公司業務的執行，為防止董事及經理人侵害股東權益，所以公司法、商業會計法及其他相關法令特別就公司會計表冊的記載、請求股東會承認等事項，設立規定。另一方面，股份有限公司純屬資合公司，債權人僅能就公司財產受償，公司財產狀況，關係債權人權益及社會經濟秩序至深，所以公司法規定公司應將財務報表公開，以維護公司債權人的權益及社會公益。

(一)會計表冊的意義

依公司法第二百二十八條第一項的規定，公司會計表冊的編造負責人是董事會，負責人應在每會計年度終了時編造，且應該切實編造，如果所列表冊有虛偽記載，將依刑法有關規定處罰。實際上經辦會計事務的人員，若有違反刑法相關規定的情形，亦將受刑事追訴處罰。

所謂會計年度，依照商業會計法第六條規定，除法律另有規定，或因營業上有特殊季節，經主管機關核准者外，以每年一月一日至十二月三十一日止，為會計年度。

(二)會計表冊的種類

董事會所應編造的會計表冊包括（公§228 I）：

(1)營業報告書

報告公司該會計年度營業概況的說明書。

(2)財務報表

分為下列各種（商業會計法§28）

①資產負債表。

②損益表。

③現金流量表。

④業主權益變動表或累積盈虧變動表或盈虧撥補表。

⑤其他財務報表。

(3)盈餘分派或虧損撥補的議案

董事會對公司如何分派盈餘或撥補虧損，應作成議案，請求股東常會承認。

(三)會計表冊的編製方式

公司編造會計表冊，應該依照中央主管機關頒發的法規命令辦理（公§228 II）。

(四)會計表冊的承認與公示

董事會編製完成上述表冊後，應在股東常會開會三十日前，先交由監察人查核（公§228 I）。監察人收到董事會所造具的各項表冊後，應核對單據、調查實況，並在股東會中報告意見（公§219 I）。監察人辦理上述事務時，可以委託會計師審核各項表冊（公§219 II）。董事會應將其所編製的各項表冊連同監察人的報告書，在股東常會開會十日前，備置在本公司，以便股東隨時查閱，股東查閱時，可以偕同其所委託的律師或會計師一起查閱（公§229）。

會計表冊在股東常會開會前，雖然可以任由股東隨時查閱，但在開會當天，董事會仍應將各項表冊，提出於股東常會請求承認（公§230 I前段），此項承認權專屬於股東常會。各項表冊經承認後，視為公司已解除董事造具表冊及監察人查核表冊的責任，但董事及監察人有不法行為時，不在此限（公§231）。

由於公司財務狀況對公司股東、公司債權人及社會投資大眾影響甚鉅，會計表冊經股東常會承認後，董事會應將財務報表及盈餘分派或虧損撥補的決議，分發給各股東（公§230 I後段）。代表公司的董事，違反前述規定不為分發時，處新臺幣一萬元以上五萬元以下的罰鍰（公§230 IV）。上述各種表冊及股東會的承認紀錄，公司債權人可以要求公司給予或抄錄（公§230 III）。

依證券交易法第三十六條之規定，凡依證券交易法發行有價證券之公司，應於每營業年度終了後四個月內公告，並向證券主管機關申報，

經會計師查核簽證、董事會通過及監察人承認之年度財務報告。除經證券主管機關核准者外，並應辦理下列事項：

(1)於每半營業年度終了後二個月內，公告並申報經會計師查核簽證、董事會通過及監察人承認之財務報告。

(2)於每營業年度第一季及第三季終了後一個月內，公告並申報經會計師核閱承認之財務報告。

(3)於每月十日以前，公告並申報上月份營運狀況。

(4)遇有股東常會承認之財務報告、公告、及向證券主管機關申報之年度財務報告不一致之情事，或發生對股東權益、或證券價格有重大影響之事項者，應於事實發生之日起二日內公告並向證券主管機關申報。

(5)編製年報，於股東常會分送股東。

四、蔡欣黑對公司的財產狀況及業務帳目有所懷疑，應如何保障自己的權益？

在股東會集會外的其他時間，股東對公司業務帳目及財產情形，也有瞭解的需要，本應給予股東親自查核公司業務及財務的權利，但為防止股東濫用查核權利，所以公司法僅規定股東有聲請檢查權。

依公司法第二百四十五條第一項規定：繼續一年以上持有已發行股份總數百分之三以上的股東，可以聲請法院選派檢查人，檢查公司業務帳目及財產情形。檢查人的檢查結果，應該以書面向法院報告（非訟事件法§173 I），法院對於檢查人的報告，認為必要時，可以命令公司監察人召集股東會（公§245 II），以便股東會採取必要的措施。公司負責人妨礙、拒絕或規避檢查人檢查，或監察人不遵守法院命令不召集股東會，各科新臺幣二萬元以上十萬元以下罰鍰（公§245 III）。

股東依公司法第二百四十五條聲請法院選派檢查人時，應向本公司

所在地的法院聲請，由法院以裁定為之（非訟事件法§171）。聲請人對於法院選派及解任檢查人之裁定，不得聲明不服。前述各項程序之費用，除駁回聲請應由聲請人負擔外，由公司負擔(非訟事件法§175 I，III)。

參考答案

就無明堂股份有限公司二百萬的盈餘，薛迪等人須先扣除應繳納的稅捐額數，再提撥百分之十作為法定盈餘公積，然後才可分派股息和紅利。

無明堂股份有限公司如果以發行新股的方式，分派股息紅利，自然可以一併以分派新股的方式讓員工分紅入股。如果薛迪等人決議以現金分派股息，解釋上對員工也應該以現金分紅。至於員工分紅的成數，應在公司章程中明文規定，以保障員工權益。

譚孝竹等人雖然可以用簡單的計算表格在股東會上作報告，以便股東瞭解，但仍應該依公司法的規定，在股東常會三十日前，將正式的會計報表送交公司監察人李夢天查核，並在股東常會中提出該會計報表，請求股東承認，才能解除薛迪及李夢天等人的責任。

習　題

◎選擇題

（　）1.公司應編造的會計表冊是　(1)營業報告書　(2)財產目錄　(3)現金流量表　(4)股東權益變動表　(5)以上皆是。

（　）2.公司會計表冊的編製負責人是　(1)董事長　(2)董事會　(3)總經理　(4)監察人。

（　）3.公司編製後的會計表冊，應該提交給　(1)董事長　(2)董事會　(3)股東常會　(4)監察人　請求承認。

（　）4.垂涎三尺股份有限公司在分派盈餘之前，應該先　(1)提存法定盈餘公積　(2)完納稅捐　(3)彌補虧損　(4)以上皆是。

（　）5.以公積彌補虧損時，應該先使用　(1)意定公積　(2)法定盈餘公積　(3)資本公積。

◎問答題

1.什麼叫做公積？公積的用途是什麼？

2.公司沒有盈餘可以分派股息嗎？

第七節　股份有限公司的公司債

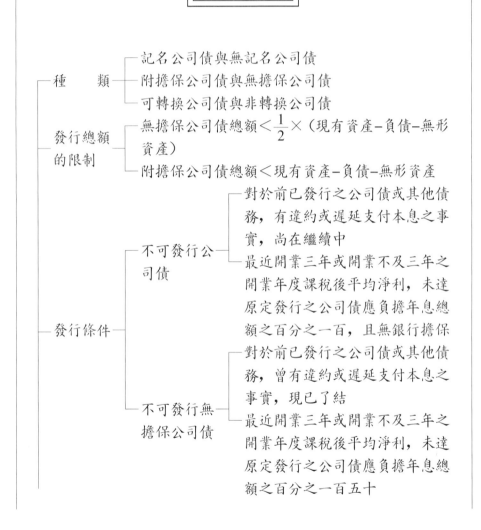

本節重點

種　　類 ┬ 記名公司債與無記名公司債
　　　　├ 附擔保公司債與無擔保公司債
　　　　└ 可轉換公司債與非轉換公司債

發行總額 ┬ 無擔保公司債總額＜$\frac{1}{2}$×（現有資產－負債－無形資產）
的限制　└ 附擔保公司債總額＜現有資產－負債－無形資產

發行條件 ┬ 不可發行公司債 ┬ 對於前已發行之公司債或其他債務，有違約或遲延支付本息之事實，尚在繼續中
　　　　　│　　　　　　　└ 最近開業三年或開業不及三年之開業年度課稅後平均淨利，未達原定發行之公司債應負擔年息總額之百分之一百，且無銀行擔保
　　　　　└ 不可發行無擔保公司債 ┬ 對於前已發行之公司債或其他債務，曾有違約或遲延支付本息之事實，現已了結
　　　　　　　　　　　　　　　　└ 最近開業三年或開業不及三年之開業年度課稅後平均淨利，未達原定發行之公司債應負擔年息總額之百分之一百五十

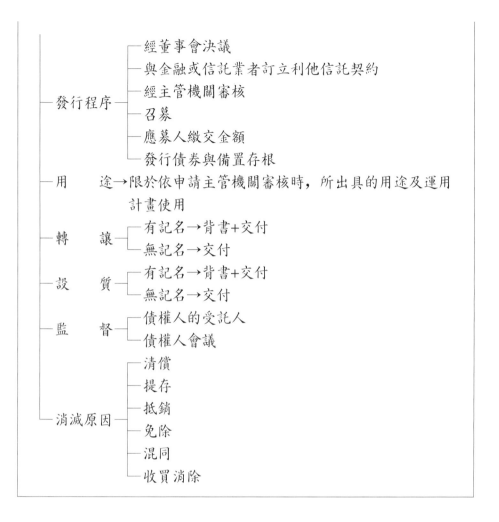

```
            ┌─ 經董事會決議
            ├─ 與金融或信託業者訂立利他信託契約
  發行程序 ──┼─ 經主管機關審核
            ├─ 召募
            ├─ 應募人繳交金額
            └─ 發行債券與備置存根

  用    途 →限於依申請主管機關審核時，所出具的用途及運用
            計畫使用

  轉    讓 ──┬─ 有記名→背書+交付
            └─ 無記名→交付

  設    質 ──┬─ 有記名→背書+交付
            └─ 無記名→交付

  監    督 ──┬─ 債權人的受託人
            └─ 債權人會議

            ┌─ 清償
            ├─ 提存
  消滅原因 ──┼─ 抵銷
            ├─ 免除
            ├─ 混同
            └─ 收買消除
```

本節目標

　　本節旨在簡單介紹公司債之意義、種類與發行程序，重點置於發行公司債之限制與公司債之監督——債權人會議與受託人。

人力資源開發的觀念日益盛行，於是薛迪重金禮聘素有「市場諸葛守」之稱的左佑守，擔任發展部經理，開辦潛能開發訓練課程，左佑守預估需五百萬元，薛迪決定以發行公司債的方式籌集資金。

經董事會決議，主管機關審核通過後，無明堂公司即公告發行公司債事宜，並決定在八月五日上午十點公開召募。辛恬亦於當天到場填寫應募書，高高興興地買下十萬元公司債。辛恬填完應募書後走出會場，心想：「我現在就可以取得無明堂公司的債券了！」於是便飛往夏威夷度假去了。

潛能開發訓練課程開辦後，佳評如潮，辛恬也報名參加。訓練費共十五萬元，但是辛恬只交了五萬元，剩下十萬元，她希望用無明堂公司的公司債來抵銷。

案　例

人力資源開發的觀念日益盛行，個人潛能的開發儼然成為大眾所關心的焦點之一。薛迪預估這種觀念將成為風潮，為搶占市場先機，因此重金禮聘素有「市場諸葛守」之稱的左佑守先生，擔任公司的發展部經理，專職籌辦潛能開發訓練課程。

左佑守經市場調查及公司內外環境分析後，向董事會提出「潛能開發訓練課程企畫書」，企畫書中預估需要五百萬元的經費。公司營運雖好，但無法立即拿出五百萬元現金，在巫虔的建議下，薛迪決定以發行公司債的方式募集新臺幣五百萬元以擴展業務。

經董事會決議、主管機關審核通過後，無明堂公司決定在八月五日上午十點公開召募。辛恬亦於當天到場填寫應募書，買下十萬元公司債。辛恬填完應募書後，心想：「我現在就可以取得無明堂公司的債券了！」於是飛往夏威夷度假。

無明堂公司因成長快速，信譽卓著，很快就募集到五百萬元的公司債。然而此時無明堂公司也正為更新電腦籌措經費，財務經理譚孝竹見潛能課程的開辦還要一段時間，打算先從公司債中挪用三百萬元來更新電腦，等到潛能課程正式開辦時再補回去。

「潛能開發訓練」課程開辦後，佳評如潮，許多中小企業的老闆都搶著報名參加，辛恬也是其中一位。訓練費為十五萬元，但是她只繳了五萬元的定金，另外十萬元，她希望用無明堂公司的公司債券來抵銷，不料遭到無明堂公司的拒絕。

◀ 問 題

一、什麼叫做公司債？無明堂股份有限公司可以發行那一種公司債，以吸引社會大眾的投資意願？

二、辛恬填好應募書，就取得公司債的債權了嗎？

三、譚孝竹可不可以把發行公司債所得的金錢，挪用來更新公司的電腦設備？

四、公司債應該如何轉讓？轉讓公司債是不是必須向公司登記才發生效力？又，公司債可不可以作為權利質權的標的？

五、公司法有沒有特別設計一些制度，保障公司債債權人的權益？

六、辛恬可以主張用公司債抵銷潛能開發訓練課程的學費嗎？又，無明堂股份有限公司可不可以用公司自己的資金買回其所發行的公司債？

■ 說 明

一、什麼叫做公司債？無明堂股份有限公司可以發行那一種公司債，以吸引社會大眾的投資意願？

㈠公司債的意義

公司債有二種，第一是股份有限公司為募集資金，以發行債券的方式，和特定或不特定人，大量的、集體的訂立金錢借貸契約，第二是少數特定人私募的公司債。由於此種應募人僅限於少數的特定人，不若公開承銷涉及層面廣大，在參酌歐、美、日等先進國家行之有年的經驗後，民國九十年修正公司法時，將原先我國禁止的規定鬆綁，使公司得開始以私募的方式籌措資金。此外，由於此次公司法修正時，將股票是否公開發行劃歸為公司自治事項，故相同地，私募公司債的發行與否，也不限於上市、上櫃或公開發行公司始得為之，而可由公司自行決定。除由金融機構應募外，公司債私募時的人數不得超過三十五人（公§248Ⅱ、Ⅲ）。

公司依法籌措資金的方式有三種：一是增加股份，一是借貸，另一則是發行公司債。發行新股雖然可以使公司資本增加，但有時公司只是短期（如一、二年）需要大筆現金，將來如果不再需要資金時，則又須經複雜的減資程序；至於公司債，只要公司具備一定的財務基礎就可以發行，而且公司債的流通方便、迅速，不失為大眾投資的良好工具，所以公司債制度有其存在的必要性。

㈡公司債券之法律性質

公司債券形式的公司債有下列性質：

1.不完全有價證券

公司債債權因債款之繳納而成立，並非因公司債券之作成而成立，也就是說其權利之發生，並非證券作成之時。

2.證權證券

公司債債券，是債權人對公司享有一定債券的證明文件。

3.債權證券

公司債券與票據同為表彰一定金額債權之證券，而與表彰股東權利之股票不同。

4.要式證券

公司債券須記載公司法第二百五十七條第一項所定事項。

㈢公司債的種類

1.依債券上有無記載特定債權人的姓名，可以分為「記名公司債」和「無記名公司債」。其區別實益在於二者的轉讓與設定質權方式不同。

2.依債券有無附擔保，可以分為「附擔保公司債」和「無擔保公司債」。其區別實益在於二者的發行條件及效力不同。附擔保公司債的債權人，在公司無法如期清償債務時，可以請求法院拍賣抵押品或請求保證人清償，無擔保公司債的債權人則沒有此種權利。

3.依債權人可否請求公司將公司債轉換為公司股份，區分為「可轉換公司債」和「非轉換公司債」。其區別實益在於二者受到證券管理機關不同項目的審核。

二、辛恬填好應募書，就取得公司債的債權了嗎?

㈠公司債的發行總額

為保障公司債債權人，避免公司浮濫發行公司債，屆時卻無力清償債務，以致侵害公司債債權人的權益，危害社會經濟秩序，所以公司法對股份有限公司發行公司債總額設有限制（公§247）：

1.有擔保公司債的發行總額，不可以超過公司現有全部資產減去全部負債及無形財產（如商標專利權）後的餘額（亦即公司債發行總額＜現有資產－負債－無形財產）。

2.無擔保公司債之發行總額，不可以超過前述數額的二分之一，因為無擔保公司債對公司債債權人保障較薄弱，所以發行總額也相對降低。

(二)公司債的發行條件

1.公司有下列情事,表示公司的財務狀況不佳,可能無法如期清償,公司法特別禁止此等公司發行公司債(公§250):

(1)對於已經發行的公司債或其他債務,有違約或遲延支付本金利息的情事,且此等情事仍在繼續中。

(2)最近三年或開業不及三年的開業年度課稅後平均淨利,未達原定發行公司債所應負擔年息總額的百分之一百。但經銀行保證而發行的公司債不受此一限制。

2.公司有下列情形時,不可以發行無擔保公司債(公§249):

(1)對於已經發行的公司債或其他債務,曾有違約或遲延支付本金利息的紀錄,但此一情形已經終結。

(2)最近三年或開業不及三年的開業年度課稅後平均淨利,未達原定發行公司債所應負擔年息總額的百分之一百五十。

(三)公司債的發行程序

1.經董事會決議

為簡化公司債的發行程序,由董事會三分之二以上董事的出席,及出席董事過半數的同意,即可募集公司債而不必經由股東會決議,但董事會應將募集公司債的原因及相關事項,向股東會報告(公§246)。

2.與金融或信託業者成立利他性信託契約

由受託人(金融或信託業者)代表公司債債權人,監督、查核公司履行公司債的事項;受託人的報酬,由發行公司負擔(公§248)。

3.經主管機關審核

公司募集公司債時,應將公司法第二百四十八條第一項所規定之事項,申請證券管理機關審核。

公司發行公司債經核准後，如果發現其申請事項，有違反法令或虛偽情形，證券管理機關可以撤銷核准。一旦撤銷核准，公司尚未發行公司債者，立刻停止召募；已發行者，應立刻清償。因申請事項違法或虛偽，以致公司或應募人受有損害時，公司負責人應負連帶賠償責任。又公司負責人就申請事項有違反法令、虛偽或經命限期補正而未補正等情事時，除虛偽部分依刑法有關規定處罰外，將受證券管理機關處以新臺幣二萬元以上十萬元以下罰鍰（公§251 III、§135 II）。

經董事會特別決議，並向股東會報告（公§246 II）

↓

締結信託契約（公§248）

↓

申請證券管理機關核准

↓

應募書之備置及募集公告（公§252 I）

↓

募集及應募（公§253 I、II）

↓

董事會將全體應募人清冊送公司債權人之受託人（公§255 I）

↓

董事會催收債款（公§254）

↓

申請登記

公司債募集程序流程圖

4.公告、召募與應募

公司發行公司債的申請經核准後，董事會應備妥公司債應募書（即向公司申請購買公司債的申請書），應募書上應記載前述申請主管機關核准事項，並自主管機關核准通知到達之日起三十日內，加記核准的證券管理機關與年、月、日、文號後，對外公告。超過三十日尚未開始募集

而仍想募集時，應重行申請。董事違反上述規定，不備置應募書時，各處新臺幣一萬元以上五萬元以下罰鍰（公§252），其所備置的應募書有虛偽記載時，依刑法有關規定處罰。

公司在備妥公司債應募書及辦妥公告後，就可以開始募集，但募集時應交付公開說明書給應募人（即申請購買公司債的人，證交§31、§32）。應募人在應募時，應該在應募書上填寫所認金額及其住所或居所，並簽名或蓋章，如果應募人是以現金當場購買無記名公司債時，不必填寫應募書（公§253 II）。需注意的是，應募人填寫應募書後，還沒有取得公司債的債權，必須繳清款項取得債券後，才取得公司債的債權。

應募人在認購後，有義務按照其在應募書上填寫的金額，繳交款項給代收機構（公§253 I）。代收機構在收款後，應交付繳款人經過公司簽章的繳納憑證，以便應募人持該憑證交換債券（證交§33、§34）。除以現金當場購買無記名公司債的應募人外，董事會應向未繳款的各應募人，請求繳清其所認購的金額（公§254）。董事會為此請求前，應將全體記名債券應募人的姓名、住所或居所、各應募人所認購的金額，及已發行的無記名債券張數、號碼與金額，開列清冊，連同公司法第二百四十八條第一項各款所定的文件，送交公司債債權人的受託人（公§255 I）。

5.債券的發行與公司債存根的備置

公司債券應編號，並記載發行的年月日及公司法第二百四十八條第一項第一至四款及第十八、十九款的事項，附擔保公司債或可轉換或認購股份公司債的債券上，應記載擔保、可轉換或認購字樣，由三位以上董事簽名或蓋章，並經證券管理機關或其核定的發行登記機構簽證後發行（公§257）。公司負責人在公司債的債券內，為虛偽記載時，依刑法有關規定處罰。此外，公司債券發行時，應備置存根簿，將所有債券依次編號，並載明公司債債權人的姓名或名稱及住所或居所、公司法第二百四十八條第一項第二款至第四款的事項、第十二款受託人的名稱、第

十五款、第十六款的發行擔保及保證、第十八款的轉換事項、第十九款的可認購事項、公司債發行的年月日、及各債券持有人取得債券的年月日、無記名債券則應載明無記名字樣，代替公司債債權人的記載（公§258）。公司負責人如果在公司債存根簿內為虛偽記載時，依刑法有關規定處罰。

三、譚孝竹可不可以把發行公司債所得的金錢，挪用來更新公司的電腦設備？

為預防公司負責人濫用職權，擅自決議募集公司債，並在募集後變更用途，所以公司法第二百五十九條規定：公司募集公司債款後，未經申請核准變更，而用於規定事項以外者，處公司負責人一年以下有期徒刑、拘役或科或併科新臺幣六萬元以下罰金，如公司因此受有損害時，對於公司並負賠償責任。

四、公司債應該如何轉讓？轉讓公司債是不是必須向公司登記才發生效力？又，公司債可不可以作為權利質權的標的？

㈠公司債的轉讓

公司債的轉讓方式，視公司債有無記名，而有不同：

1.記名式公司債的轉讓，須由持有人以背書方式為轉讓（公§260）。持有人將公司債背書並交付給受讓人，即發生轉讓效力，惟須將受讓人姓名或名稱及住所或居所記載在公司債存根簿，才可以對抗公司

（公§260但書）。至於背書方法如何？公司法未作規定，解釋上應類推適用票據法關於背書的規定。

　　2.無記名公司債的轉讓方法，公司法並未規定，解釋上只要交付即生轉讓效力。

(二)公司債的設質

　　公司債是有價證券的一種，可以作為質權的標的，其設定質權的方式，依公司債是否記名，而有不同：

　　1.以無記名式債券設定質權，將債券交付給質權人，就發生設定質權的效力。

　　2.以記名式之債券設定質權，除交付債券外，並應在債券上背書（民§908），非將設質情形登記於公司債存根簿，不發生對抗公司的效力。

　　此外，公司債債券既屬於有價證券，如果遺失，可以依民事訴訟法有關公示催告的程序處理。

(三)公司債的無實體發行／交易

　　公司債券是有價證券的一種，基於與股票無實體發行／交易的相同理由，民國九十年修正公司法時，亦增訂公司債無實體發行／交易的明文（公§257之1、§257之2）。無實體發行的公司債券不適用原有背書轉讓交付的規定，而以存簿的紀錄為憑。

五、公司法有沒有特別設計一些制度，保障公司債債權人的權益？

　　向社會大眾公開招募的公司債，公司能否如期償還，對社會的經濟秩序影響很大，公司法對公司債設有一套監督管理制度，說明如下：

(一)公司債債權人的受託人

1.受託人的意義

受託人是代表公司債債權人的利益，對公司債加以監督管理，只有金融或信託事業才可以擔任受託人（公§248 VI）。

2.受託人的產生

受託人雖然稱為「公司債債權人之受託人」，但卻是受發行公司債的公司的委託（公§248 I⑫）。

3.受託人的職權

①查核及監督公司債的相關事項。

②取得、實施擔保權及保管擔保物。

③召集債權人會議。

④債權人會議決議之決議事項，由受託人執行（公§264後段）。

(二)公司債債權人會議

1.債權人會議的意義

是指由同次公司債債權人所組成的臨時會議機構。公司可能發行好幾次公司債，每發行一次公司債，就由該次的債權人組成一個債權人會議，所以一個公司發行幾次公司債，就有幾個債權人會議。

2.債權人會議的召集

(1)召集權人：債權人會議的召集權人有三：發行公司債的公司、債權人的受託人、握有同次公司債發行總數百分之五以上公司債的債權人（公§263 I）。

(2)召集時期及程序：債權人會議是一種臨時性的會議，而不是定期召開的常會，故只有在必要時才可以召集。召集的程序解釋上應類推適

用股東臨時會的規定。

3.債權人會議的決議

公司債債權人會議的決議，應有代表該次公司債債權總額四分之三以上的債權人出席，出席債權人表決權三分之二以上的同意。每一公司債券最低票面金額有一個表決權（公§263 II）。無記名公司債的債權人出席會議時，必須在債權人會議開會前五日，將其所持有的公司債債券交存公司，才可以出席（公§263 III準用§176）。

4.決議的認可、效力及執行

債權人會議的決議，應製作成議事錄，由主席簽名或蓋章，向公司所在地的法院申報，經法院認可並公告後，對全體同次公司債債權人發生效力，由公司債債權人的受託人執行決議，但債權人會議可以另外指定執行人（公§264）。

債權人會議的決議，有下列情形時，法院可以拒絕認可（公§265）：

①召集債權人會議的程序或決議方法，違反法令或應募書的記載。

②決議非依正當方法達成。

③決議顯失公平。

④決議違反債權人的一般利益。

六、辛恬可以主張用公司債抵銷潛能開發訓練課程的學費嗎？又，無明堂股份有限公司可不可以用公司自己的資金買回其所發行的公司債？

公司債的消滅原因，有下列幾種：

㈠清　償

公司付清公司債的利息及本金（公司債債券上記載的金額）後，對債權人所負的債務即告消滅，債權人應將債券交還公司。

㈡抵　銷

公司債債權人對公司負有債務時，不論是債權人或公司都可以主張以公司債抵銷。但必須公司對債權人的債權已到期，且公司債也已到期。

㈢收買銷除

公司債到期前，公司可以用自己的資金買回債券，再將債券賣出，也可以將債券直接銷除。公司直接銷除債券時，公司債歸於消滅（此點與股份禁止收買、收回不同）。

公司法對於公司債的消滅時效並無明文規定，故應適用民法規定，即公司債本金債權的消滅時效為十五年（民§125），而利息債權之消滅時效為五年（民§126）。

◆ 參考答案

　　無明堂股份有限公司如果想要提高社會大眾的投資意願，最好選擇發行無記名、附擔保、可轉換的公司債。因為無記名公司債的轉讓手續簡便、流通迅速；而附擔保公司債，對債權人的保障較周延，比較具有「安全性」；而可轉換公司債，在公司股票漲價時，公司債債權人可以請求轉換為股份以作投資，對投資大眾來說，頗具吸引力。

　　辛恬在填完公司債的應募書後，還沒有取得公司債的債權，必須等到辛恬繳清款項，取得債券後，才取得公司債的債權。

　　無明堂股份有限公司募集公司債的目的，是為了開辦「潛能開發訓練」課程，而不是用來更新公司的電腦設備，所以在無明堂公司申請變更公司債用途，並經主管機關核准前，譚孝竹不可以將部分公司債的款項挪用來更新公司的電腦設備。

　　原則上在公司債到期時，公司債的債權人可以用其所持有的公司債，抵銷其所積欠公司的債務。辛恬可否主張用公司債抵銷其所積欠的訓練費用，須視無明堂公司的公司債是否已經到期，如果清償期尚未屆至，則辛恬不能主張抵銷。另外，無明堂股份有限公司，可以用公司的資金買回其所發行的公司債，特別是遇到公司債市價滑落時，利用此種方式消滅公司債，比公司債到期時再為清償所花的錢要少。

◆ 參考法條

證券交易法§31：

　　「募集有價證券，應先向認股人或應募人交付公開說明書(第一項)。違反前項之規定者，對於善意之相對人因而所受之損害，應負賠償責任(第二項)。」

證券交易法§32：

「前條之公開說明書，其應記載之主要內容有虛偽或隱匿之情事者，左列各款之人，對於善意之相對人，因而所受之損害，應就其所應負責部分與公司負連帶賠償責任：

一　發行人及其負責人。

二　發行人之職員，曾在公開說明書上簽章，以證實其所載內容之全部或一部者。

三　該有價證券之證券承銷商。

四　會計師、律師、工程師或其他專門職業或技術人員，曾在公開說明書上簽章，以證實其所載內容之全部或一部，或陳述意見（以上四款為第一項）。前項第一款至第三款之人，除發行人外，對於未經前項第四款之人簽證部分，如能證明已盡相當之注意，並有正當理由確信其主要內容無虛偽、隱匿情事或對於簽證之意見有正當理由確信其為真實者，免負賠償責任；前項第四款之人，如能證明已經合理調查，並有正當理由確信其簽證或意見為真實者，亦同（第二項）。」

證券交易法§33：

「認股人或應募人繳納股款或債款，應將款項連同認股書或應募書向代收款項之機構繳納之；代收機構收款後，應向各該繳款人交付經由發行人簽章之股款或債款之繳納憑證（第一項）。前項繳納憑證及其存根，應由代收機構簽章，並將存根交還發行人（第二項）。已依本法發行有價證券之公司發行新股時，如依公司法第二百七十三條公告之股款繳納期限在一個月以上者，認股人逾期不繳納股款，即喪失其權利，不適用公司法第二百六十六條第三項準用同法第一百四十二條之規定（第三項）。」

證券交易法§34：

「發行人應於依公司法得發行股票或公司債券之日起三十日內，對認

股人或應募人憑前條之繳納憑證，交付股票或公司債券，並應於交付前公告之（第一項）。公司股款、債款繳納憑證之轉讓，應於前項規定之限期內為之（第二項）。」

民法§908：

「質權以未記載權利人之有價證券為標的物者，因交付其證券於質權人，而生設定質權之效力。以其他之有價證券為標的物者，並應依背書方法為之（第一項）。前項背書，得記載設定質權之意旨（第二項）。」

習　題

◎選擇題

（　）1.垂涎三尺股份有限公司如果想要發行公司債，必須經過　⑴董事長的同意　⑵董事會的決議　⑶股東會的決議　⑷監察人的同意。

（　）2.垂涎三尺食品股份有限公司，已發行股份總數六百萬股，每股十元，公司目前有現金五百萬元，原料加成品共一千萬元，廠房加生產設備共三千萬元，價值五百萬元的債券，價值一千萬元的專利權，公司負債二千萬元，如果垂涎三尺想發行無擔保公司債，最多可以發行　⑴三千萬元　⑵二千萬元　⑶一千五百萬元　⑷一千萬元。

（　）3.承上題，在下列何種情形，垂涎三尺食品股份有限公司不可以發行公司債？　⑴最近三年課稅後的平均淨利，未達原定發行公司債應負擔年息的百分之一百　⑵對於以前發行的公司債，曾有違約的事實，現已了結　⑶最近三年課稅後的平均淨利，未達原定發行公司債應負擔年息的百分之一百五十　⑷以上皆是。

（　）　4.我國公司法設計用來監督公司債的制度有　(1)公司債債權人的受託人　(2)公司債的債權人會議　(3)檢查人　(4)僅第三選項不正確。

（　）　5.訂立受託契約的當事人是　(1)公司與債權人　(2)公司與受託人　(3)受託人與債權人　(4)受託人與公司監察人。

（　）　6.公司債債權人會議的召集權人是　(1)發行公司債的公司　(2)債權人的受託人　(3)握有同次公司債發行總數百分之五以上公司債的債權人　(4)以上皆是。

（　）　7.垂涎三尺公司可以用下列何種方式銷除公司債？　(1)清償　(2)以公司自己的資金買回　(3)公司債債權人積欠公司債務時，垂涎三尺公司可以主張抵銷　(4)以上皆可。

◎解釋名詞

1.有擔保公司債

2.可轉換公司債

3.公司債債權人的受託人

第八節 股份有限公司的增減資、變更章程及發行新股

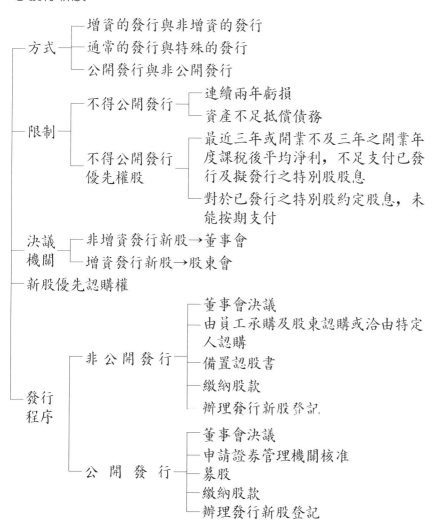

```
本節重點

◎發行新股

┌方式─┬增資的發行與非增資的發行
│      ├通常的發行與特殊的發行
│      └公開發行與非公開發行
│
├限制─┬不得公開發行─┬連續兩年虧損
│      │              └資產不足抵償債務
│      │
│      └不得公開發行─┬最近三年或開業不及三年之開業年
│        優先權股      │度課稅後平均淨利，不足支付已發
│                      │行及擬發行之特別股股息
│                      └對於已發行之特別股約定股息，未
│                        能按期支付
│
├決議─┬非增資發行新股→董事會
│ 機關 └增資發行新股→股東會
│
├新股優先認購權
│
│
└發行─┬非公開發行─┬董事會決議
  程序 │            ├由員工承購及股東認購或洽由特定
       │            │人認購
       │            ├備置認股書
       │            ├繳納股款
       │            └辦理發行新股登記
       │
       └公開發行─┬董事會決議
                  ├申請證券管理機關核准
                  ├募股
                  ├繳納股款
                  └辦理發行新股登記
```

◎增　資

方法 ─┬─ 增加股份金額
　　　├─ 增加股份總數
　　　└─ 增加股份金額及總數

限制 → 公司非將已規定的股份總數，全數發行後，不得增加資本

程序 ─┬─ 由董事會提出增資方案，經股東會特別決議
　　　├─ 由董事會發行新股並催繳所增加的股款
　　　├─ 申請公司章程變更登記
　　　└─ 以增加股份金額增資時，須換發新股

◎減　資

原因 ─┬─ 實質減資：將多餘資本返還給股東
　　　└─ 形式減資：僅在計算上減少公司資本使其與公司的純
　　　　　　　　　　財產一致

方法 ─┬─ 減少股份金額
　　　├─ 減少股份數額
　　　└─ 減少股份金額與數額

程序 ─┬─ 由董事會提出減資方案，經股東會特別決議
　　　├─ 踐行保護公司債權人程序
　　　├─ 實行減資
　　　├─ 申請為減資登記，如章程有變動應一併為變更登記
　　　└─ 換發新股票

◎變更章程

限制 → 變更內容不得違反強行法規及公序良俗

程序 ─┬─ 經股東會特別決議
　　　└─ 辦理變更登記

效力 → 經股東會決議即生效

本節目標

1. 介紹發行新股之意義與程序，重點置於發行新股之限制，與員工優先承購權。

2. 介紹減資之意義、方法，重點置於減資程序中對債務人之保障手續。

3. 介紹增資之意義、方法與程序，重點置於增資之限制——「非將全部資本股份總數發行完畢，不得增資」。

4. 介紹變更章程之程序，重點置於變更章程之生效時點。

無明堂公司的潛能開發訓練課程廣受好評，公司計畫擴大營業，但需要大筆資金。董事會中，譚孝竹提出二個方案，其一是將每股金額改為十五元，其二是直接發行二白萬股。經討論後，決定採第二方案，將股份總數改為三百五十萬股。

左佑守為成為公司股東，建議公司採「非公開發行」的方式，發行新股。惟公司發行新股完畢後，發現營業狀況不佳，用不到這麼多資金，董事會又開始煩惱如何減少資金了。

案　例

無明堂公司的「潛能開發訓練課程」一推出就受到熱烈迴響，左佑守為因應中南部顧客的需求，計畫在臺中、臺南、高雄等地開設「潛能學園」；並與傳播公司合作，錄製「潛能空中講堂」。

為開設「潛能學園」、「潛能空中講堂」，原先發行的公司債已告用罄，公司只好將尚未發行的一百五十萬股一次發行完畢，籌措經費，但仍不足所需。在董事會中，譚孝竹提了兩個方案供大家選擇：其一是將每股金額改為十五元，其二是直接發行二百萬股。經大家討論後，一致決定採用第二種方案。

左佑守得知公司又將發行新股，為了使自己能成為股東之一，他建議薛迪採用「非公開發行」的方式發行新股，由原股東及員工自行認股。薛迪也覺得公司前景看好，肥水不落外人田，採用了左佑守的建議。

雖然籌措到足夠的資金了，但臺南的生意狀況並不如預期的熱烈，

左佑守為節省成本,遂將臺南生意移往高雄而結束掉臺南的「潛能學園」。因為臺南的「潛能學園」結束營業,所以無明堂公司也不必用到那麼多的資金。此時董事會又將煩惱如何減少資金了!

◀ 問　題

一、什麼叫做「非公開發行」?其發行程序如何?無明堂股份有限公司所發行的新股,可以全部由股東自行認購嗎?

二、無明堂股份有限公司可以一次直接發行兩百萬股嗎?

三、無明堂公司可以減少資本,以減少多餘的資金嗎?

四、股份總數是股份有限公司章程的絕對必要記載事項,現在無明堂股份有限公司的股份總數有所變動,薛迪等人應該如何變更公司章程呢?

■ 說　明

一、什麼叫做「非公開發行」?其發行程序如何?無明堂股份有限公司所發行的新股,可以全部由股東自行認購嗎?

㈠發行新股的意義

凡是公司在成立後再度發行股份者(不論是發行章程所定剩餘的章定股份總數,或因增資而發行股份),公司法皆稱為發行新股。

㈡發行新股的方式

1.依公司發行新股時是否增加公司章程所定的股份總數,可區分為

「增資的發行」和「非增資的發行」。前者是指公司章程所定的股份總數已全部發行完畢，為增加資本而發行新股；後者則是指公司成立時，僅發行部分的股份，在成立後就剩餘的股份數額再為發行。區別此二者的目的，是因為決定發行新股的機關不同。

2.依公司是否為籌措資金而發行新股，可區分為「通常的發行」和「特殊的發行」。前者是以調度資金為目的所作的發行；後者則是為其他特別目的所作的發行。

3.依公司是否向公眾募集，可區分為「公開發行」和「不公開發行」。

(三)發行新股的決定機關

非增資的發行，應由董事會以三分之二以上董事的出席，出席董事過半數的同意（公§266 I），此項決定權專屬於董事會，公司不可以在章程中改由股東會決定。在增資發行新股時，因公司章程所定的股份總數有改變，須先變更章程，所以應由股東會以特別決議決定（公§277）。

(四)員工優先承購權

1.員工優先承購的意義

為讓員工有機會參與公司經營、增加員工對公司向心力的目標，公司法第二百六十七條第一、二項特別規定：公司發行新股，除經目的事業中央主管機關專案核定者外，應保留原發行新股總額百分之十至十五的股份，由公司員工承購。公營事業經主管機關專案核定，可以保留部分新股由員工承購，但保留的股份不可以超過發行新股總額的百分之十。此種優先承購權，只限於具備員工身分的人才能享有，故員工不可以獨立轉讓給其他人（公§267 IV）。公司負責人違反規定，未讓員工優先承購或承購比例未達法定標準時，各處新臺幣二萬元以上十萬元以下罰鍰（公§267 VIII）。公司對於員工依法優先承購的股份，可以限制員工在一

定期間內不可以轉讓給他人，但該期間最長不可以超過二年(公§267 VI)。

員工優先認購新股權的規定，只有在公司因調度資金而為「通常的發行」時，才有適用，在公司因合併他公司、分割或以轉換公司債轉換為股份而增發新股時，不適用 (公§267 VII)；至於公司以公積或資產增值抵充，核發新股給原有股東時，因為此種新股是專門為了股東而發行，所以員工亦不能享有優先認購權 (公§267 V)。此外，發給特定員工的員工認股權憑證、公司債得轉換股份或附認股權及公司發行認股權憑證或附認股權特別股時，員工亦無法優先認購。

2.類似名詞之釐清

員工優先承購新股權須與下列概念釐清：

(1)員工分紅

依公司法第二百三十五條第二項之規定，公司之章程應訂明員工分配紅利之成數，此乃員工分紅之法律依據。

(2)員工分紅入股

依公司法第二百四十條第四項規定，公司以紅利轉作資本時，員工依章程應分配之紅利，公司得發給新股或以現金支付之，若公司決定發給員工股票，即稱為員工分紅入股。但員工分紅入股之規定，並不適用於經政府核定之公營事業及經目的事業主管機關專案核定之公司。

(3)員工入股

即員工優先承購新股權，依公司法第二百六十七條第一項之規定，公司發行新股時，除經目的事業中央主管機關專案核定者外，應保留原發行新股總額百分之十至十五之股份由員工優先承購。

(五)原有股東優先認購權

公司發行新股經員工優先承購後，應公告並通知原有股東，由原股東按原來持有股份比例優先認購 (以符合股東平等原則)，並聲明逾期不

認購的股東，喪失認購權利；原有股東持有股份比例有不足認購新股一股時，可以與其他股東合併共同認購或合併由一位股東認購（公§267 III）。只要是公司的原有股東，都可以享有股東優先認購權，此項權利可以獨立轉讓給他人，但受讓該權利的人，必須在公司所定期限內認購，否則喪失認購權利。

以公積或資產增值抵充，核發新股予原有股東時，由於股東不必認購就當然取得股份，所以沒有認購期限的問題，也沒有喪失權利的問題。至於公司因合併他公司、分割、重整或以轉換公司債轉換為股份而增發新股及發給特定員工的員工認股權憑證、公司發行認股權憑證或附認股權特別股時，也沒有股東優先認購規定的適用（公§267 VII）。

(六)發行新股的限制

股份有限公司為保護公司的債權人，對於新股的發行，設有嚴格的限制：

1.公司有下列情形之一時，不可以公開發行新股（公§270）

①連續虧損兩年，但依公司的事業性質，須有較長的準備期間；或公司有健全的營業計畫，確實能改善營利能力時，不在此限。

②資產不足抵償債務。

2.公司有下列情形之一時，不可以公開發行具有優先權利的特別股（公§269）

①最近三年或開業不及三年的開業年度課稅後平均淨利，不足支付已發行及擬發行的特別股股息者。

②對於已發行的特別股約定股息，未能按期支付者。

(七)發行新股的程序

公司發行新股時，以是否向公眾發行而區分為下列兩種：

1.不公開發行新股的程序

公司不對外公開發行新股時，其辦理程序依序如下：

①董事會決議：公司發行新股，應有董事會三分之二以上董事的出席，及出席董事過半數的同意。

②由員工承購、股東認購及由特定人認購：如果在員工承購及股東認購後，仍有剩餘股份，應由特定人認購。所謂特定人，沒有身分或人數的限制，也不限於自然人或法人。

③備置認股書。

④繳納股款：原則上應以現金繳交股款，但由原有股東認購或特定人協議認購時，得以公司事業所需的財產作為出資（公§272），此時應在認股書中加載下列事項：股東的姓名或名稱、財產的種類、數量價格或估價標準及公司核給的股數。並在認購人實際繳納財產後，由董事會送請監察人查核加具意見，報請主管機關核定（公§274）。股款的催繳及認股人延欠股款的效果，均與股份有限公司發起設立時，繳交股款的規定相同。

⑤辦理發行新股的登記：公司發行新股，在每次發行新股結束後十五日內，應向主管機關申請登記（公司之登記及認許辦法§11 I）。

2.公開發行新股的程序

公司公開發行新股時，其辦理程序依序如下：

⑴董事會決議：與不公開發行相同。

⑵申請證券管理機關核准：公司應將下列事項申請證券管理機關核准。

①公司名稱。

②原定股份總數、已發行數額及金額。

③發行新股總數、每股金額及其他發行條件。

④證券管理機關規定的財務報表。

⑤增資計畫。

　　⑥若有發行特別股時，其種類、股數、每股金額及第一百五十七條各款事項。

　　⑦若有發行認股權憑證或附認股權特別股時，其可認購股份數額及其認股辦法。

　　⑧代收股款的銀行或郵局名稱及地址。

　　⑨有承銷或代銷機構者，其名稱及約定事項。

　　⑩發行新股決議的議事錄。

　　⑪證券管理機關規定的其他事項。

　　公司就上述事項有變更時，應立即向證券管理機關申請更正，公司負責人不申請更正時，由證券管理機關各處新臺幣一萬元以上五萬元以下罰鍰（公§268 II）。

　　⑶募股：公司發行新股時，其募股程序與公司募集設立的募股相似。

　　①備置認股書：由認股人填寫所認股數、種類、金額及其住所或居所，並簽名或蓋章。（公§273 I、IV）。

　　②公告與發行：公司應將認股書中所記載的各事項，在證券管理機關核准通知到達後三十日內，加記核准文號及年月日，公告並發行新股。如果公司超過三十日未公告，仍欲公開發行時，應重新申請（公§273 II、III）

　　⑷繳納股款（與不公開發行同）。

　　⑸辦理發行新股的登記（與不公開發行同）。

㈧參與政府專案核定的紓困方案而發行新股給政府

　　民國九十七年美國因經濟衰退，導致許多次級房貸之貸款人無力償還貸款，連帶使得美國第四大投資銀行「雷曼兄弟控股公司」（Lehman Brothers Holdings Inc.)所發行的連動債券大幅貶值。由於美國政府拒絕援助「雷曼兄弟控股公司」，「雷曼兄弟控股公司」宣告破產，進而引爆全球金融風暴，連帶造成臺灣經濟大幅衰退。所謂【連動債券是利用財務

工程所衍生出的金融商品；所謂「連動」是指此債券連結到股價或者利率等等的表現，其基本架構為固定收益商品（例如零息債券）加上衍生性金融商品。】

　　經濟部針對受國內外景氣波及之特定產業及中小企業提供紓困方案。而立法院也於民國九十八年一月參考美國政府紓困方案的監管理念，讓公司參與政府專案核定的紓困方案時，允許政府得受讓參與紓困公司所發行的新股股權，以使全國納稅人在日後可分享企業紓困成功後的獲利。

　　公司發行新股原本歸屬於企業自治事項，惟當公司參與政府專案核定的紓困方案時，既已有公權力介入，此時對於企業自治行為應予適度緩和。所以民國九十八年公司法特別增訂第一百五十六條第七項：「公司設立後，為改善財務結構或回復正常營運，而參與政府專案核定之紓困方案時，得發行新股轉讓於政府，作為接受政府財務上協助之對價；其發行程序不受本法有關發行新股規定之限制，其相關辦法由中央主管機關定之。」及第八項：「前項紓困方案達新臺幣十億元以上者，應由專案核定之主管機關會同受紓困之公司，向立法院報告其自救計畫。」

二、無明堂股份有限公司可以一次直接發行兩百萬股嗎？

(一)增資的意義

　　公司法所稱的增資，是指增加章程中所定的資本總額而言。如果資本總額（股份總數）不變，僅是發行剩餘部分的股份，則因發行後資本數額未超過公司章程所定的資本總額，不屬於公司法所稱的增資。

(二)增資的方法

1.增加股份金額

例如公司章程原定資本總額為一百萬股，每股十元，共計一千萬元，現在將每股金額改為三十元，資本總額增加為三千萬元。採用增加股份金額的方式增資，必須經過全體股東的同意，還必須換發新股票，不僅手續複雜，實行起來也有困難。

2.增加股份總數

如上例中每股金額不變，股份總數改為二百萬股，則資本總額增為二千萬元。

3.同時增加股份總數及金額

㈢增資的限制

公司法第二百七十八條第一項規定：公司非將章程所定的股份總數，全數發行後，不可以增加資本。因為原有股份總數還未全部發行完畢時，應先發行剩餘部分，沒有增資的必要。增加資本後的股份總數，可以分次發行。

㈣增資的程序

1.由董事會提出增資方案，經股東會決議

董事會認為必要時，應擬妥增資方案，召集股東會，請求股東會以特別決議通過。在股東會的開會通知與公告中，應該以「因增資而變更章程」作為召集事由，不可以以臨時動議的方式提出（公§172 V但書）。

2.由董事會發行新股或催繳股款

如果採取增加股份數額的方式增資，在股東會通過增資決議後，應由董事會發行新股；如果採取增加股份金額的方式增資，董事會應立即向全體股東催繳所增加的股款，股東應在指定的繳納期日繳交現金。

3.申請變更登記

公司增資後，公司章程的內容已有變更，應辦理變更登記，否則不得對抗第三人。

三、無明堂公司可以減少資本，以減少多餘的資金嗎?

股份有限公司的資本是公司的信用基礎，也是公司債權人的唯一保障，依照資本不變原則，公司本來不可以任意減少資本，但公司確實有需要時，公司法例外允許公司減資，惟須嚴格遵守法定程序，以保護公司的債權人。

(一)減資的原因

減少資本的原因，可以分為「實質減資」與「形式上減資」。實質減資乃是公司縮小營業規模，將多餘的資本返還給股東，此方式會造成公司財產減少；而形式減資乃是公司有虧損，用減少資本的方式，使公司的資本額與公司財產額一致，以彌補虧損，此方式不會使公司財產減少，又稱為「名義上減資」或「計算上減資」。

(二)減少資本的方法

1.減少股份金額

減少的金額，公司可以發還給股東（即實質上減資）；也可以將減少的金額割棄或註銷（即形式上減資）。

2.減少股份數額

公司可以採用銷除股份的方式減資，使該股份所表彰的股東權絕對消滅，並使股票失其效力，採用此種方式時，不可以違反股東平等原則，即應按股東所持股份比例銷除股份，不可以隨意銷除；或採用合併已發

行股份的方式減資，例如三股併成二股，此種方法，多用於形式上減資。

公司若採股份銷除或股份合併之方式減資，原已發行股份總數即因此而減少。其所減少之股份得否還原為未發行之股份數，重新發行？從授權資本之立法意旨來看，授權資本制可使股東預期如公司發行全部股份總數，自己對公司所得享有權利（如盈餘分配請求權、剩餘財產分配請求權）之比例將如何。從而，只要再發行之行為係合法且公正者，因減資而減少之股份數額，還原為未發行股份而再予發行，並不違背股東之預期，故解釋上應認為可再發行（經濟部76年經商字第45589號函）。

3.減少股份金額與數額

(三)公司減資的程序

1.由董事會提出減資方案，經股東會特別決議

董事會認為公司有減資的必要時，應擬妥減資的原因及方法，召集股東會，請求股東會以特別決議通過。董事會在股東會開會通知及公告中，應該以「因減資而變更章程」作為召集事由，不可以以臨時動議的方式提出（公§172 IV、V）。

2.踐行保護公司債權人程序

公司一旦減少資本，將導致公司債權人的保障減少，所以公司法特別訂定保護公司債權人的規定，詳細說明如下：

①公司決議減資時，應立即編造資產負債表及財產目錄（公§281準用§73 I）。公司負責人違反規定不編造時，依具體情形及相關法律對公司債權人負賠償責任。若在資產負債表或財產目錄為虛偽記載，依刑法有關規定處罰。

②公司通過減資的決議後，應立即分別通知各債權人並對外公告，同時指定三十日以上的期限，聲明債權人可以在該期限內提出異議（公§281準用§73 II）。

公司不為上述通知及公告，或對依法提出異議的債權人不為清償或不提供相當擔保時，不可以以其減資對抗債權人（公§281準用§74）。

3.實行減資

①以減少股份金額並發還金額給股東的方式減資時，公司應將此一決議通知各股東，如有發行無記名股票，應公告該決議，並應現實返還資金給各股東。

②以減少股份金額而割棄的方式減資時，公司只須將此一決議通知各股東，如有發行無記名股票，應公告該決議。

③以減少股份、銷除股份的方式減資時，公司應將此一決議通知各股東，如有發行無記名股票，應公告該決議，並由公司取得股票後銷除之。

④以減少股份總數、合併股份的方式減資時，公司應將此一決議通知各股東，如有發行無記名股票，應公告該決議，並應在減資登記後，訂定六個月以上的期限，通知各股東換取股票，同時聲明逾期不換取股票者，喪失股東權利，公司可以將該股份拍賣，以賣得的價金支付該股東（公§279 I、II）。如果股東所持有的股份，無法合併（例如三股併為二股，合併後剩下一股無法合併），公司可以將該股份拍賣，以賣得的金額支付該股東（公§280準用§279 II）。

4.申請減資登記，如章程有變動應一併為變更登記

公司減資時，公司原有的登記事項會有變更，所以應該申請變更登記，否則不可以以其減資對抗第三人。

5.換發新股票

如果有換發新股票的需要（例如採用合併股份方式減資），公司應在減資登記後，訂定六個月以上的期限，通知各股東換取股票，並聲明逾期不換取者，喪失股東權利，如有發行無記名股票，應對外公告。公司負責人違反上述通知或公告期限規定時，各處新臺幣三千元以上一萬五

千元以下罰鍰（公§279）。

四、股份總數是股份有限公司章程的絕對必要記載事項，現在無明堂股份有限公司的股份總數有所變動，薛迪等人應該如何變更公司章程呢？

所謂的變更章程，是指公司對章程內容加以修改。變更章程的範圍，公司法並沒有限制，但不可以違反強行法規及公序良俗。公司變更章程時，應經下列順序辦理：

㈠經股東會特別決議

章程是公司的基本規範，依公司法第二百七十七條規定，應經過股東會的輕度特別決議。

㈡辦理變更登記

自股東會作出變更章程的決議時起，就發生變更章程的效力，但公司負責人仍應申請變更登記，否則不得以其變更對抗第三人。

◆ 參考答案

由於公司法設有員工優先認購新股權的規定，所以無明堂股份有限公司發行新股，必須先由員工認購後，再由股東認購，不可以全部由股東自行認購。

無明堂股份有限公司原本章程規定的股份總額，是三百萬股，現在無明堂股份有限公司只發行一百五十萬股，還有一百五十萬股沒有發行，也就是說，章程規定的股份總數還沒有發行完畢，所以無明堂股份有限

公司不可以直接增資。必須先採取發行新股的方式，將尚未發行的一百五十萬股發行完畢後，再依公司法規定的增資程序，發行剩餘的五十萬股。

習　題

◎問答題

1.何謂增資？公司可以用那些方法增資？

2.何謂減資？公司減資應該踐行何種程序以保護公司的債權人？

3.請詳細說明員工優先承購權。

4.公開發行新股與不公開發行新股最大的區別何在？並請簡述其發行程序。

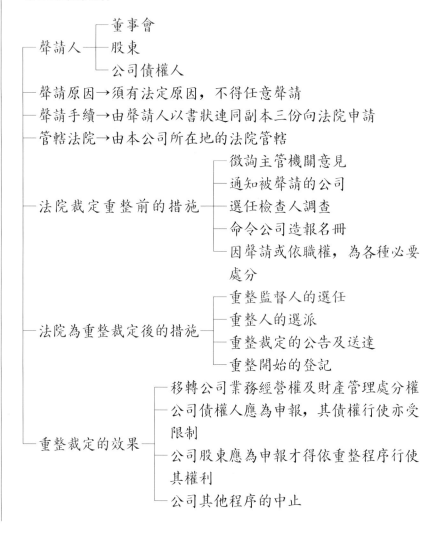

第九節 股份有限公司的重整

本節重點

◎重整的開始

- 聲請人
  - 董事會
  - 股東
  - 公司債權人
- 聲請原因→須有法定原因，不得任意聲請
- 聲請手續→由聲請人以書狀連同副本三份向法院申請
- 管轄法院→由本公司所在地的法院管轄
- 法院裁定重整前的措施
  - 徵詢主管機關意見
  - 通知被聲請的公司
  - 選任檢查人調查
  - 命令公司造報名冊
  - 因聲請或依職權，為各種必要處分
- 法院為重整裁定後的措施
  - 重整監督人的選任
  - 重整人的選派
  - 重整裁定的公告及送達
  - 重整開始的登記
- 重整裁定的效果
  - 移轉公司業務經營權及財產管理處分權
  - 公司債權人應為申報，其債權行使亦受限制
  - 公司股東應為申報才得依重整程序行使其權利
  - 公司其他程序的中止

◎重整的進行

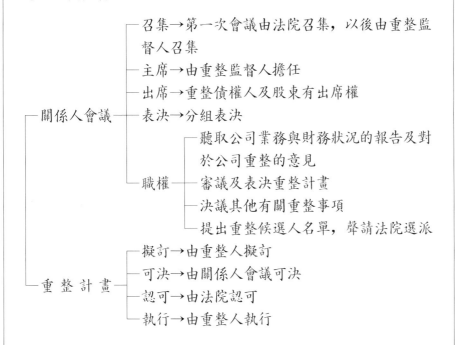

◎重整的終了

完成→重整人在重整計畫所定期間完成重整工作

終止→公司重整無法完成，由法院裁定終止

本節目標

　　實務上公司進行重整之案件並不多見，本節之目的在於介紹重整之意義、目的、債權人會議、與重整計畫。

由於無明堂公司採用「先服務，後付款」的方式，必須先墊付大筆資金；加上各經理揮霍無度，公司發生跳票事件，資金周轉困難。

為解決公司的財務危機，主要股東齊聚一堂，看著車水馬龍的街道，想到外強中乾的公司，不禁悵然淚下，幾經商議，大家決定採用巫虔的建議，以重整公司的方式，解決目前的困境。

案　例

　　無明堂公司在臺北、臺中、高雄三地都成立了營業處,而「潛能學園」也由原本的四家擴展成八家,一時之間成為商業界注目的新寵。惟因無明堂公司採用「先服務,後付款」的收費方式,公司必須墊付大量的費用;且各專業經理揮霍無度,在大家不知節制的情況下,無明堂公司發生跳票事件,資金周轉發生困難。

　　為解決公司的財務危機,無明堂公司的主要股東集於總公司大樓,陳子揚首先發言說:「公司的負債已快超過資產了,再撐下去只會害苦大家,不如趁現在資產負債勉強平衡的時候,結束公司營業吧!」林荷謙認為公司不只是股東的,也是全體員工的,如果現在結束營業,股東雖然沒有虧損,但員工怎麼辦? 公司只是一時資金周轉不靈,再撐幾個月,等幾個訓練計畫結束後,就可以恢復正常了。巫虔也贊成林荷謙的說法,建議大家以公司重整的方式來解決現在的問題,只要債權人與其他股東願意支持,公司還是可以繼續經營。

問　題

一、無明堂股份有限公司可以聲請公司重整嗎? 公司重整的聲請須要經過誰的同意?

二、公司債權人可以透過何種方式參與公司重整?

三、萬一無明堂股份有限公司重整不成功,會發生那些後果?

說　明

一、 無明堂股份有限公司可以聲請公司重整嗎?公司重整的聲請須要經過誰的同意?

(一)公司重整的意義

　　股份有限公司結束營業,不光是股東出資付諸流水無法回收、債權人無法獲得清償、員工面臨失業,甚至會造成公司企業連鎖性倒閉,影響整個社會經濟。所以公司法特別仿照外國的立法例,設置「公司重整」制度,以期挽救即將解體的公司,讓公司有調養生息的機會,以免為社會帶來負面影響。公司重整的直接目的,在於避免公司破產,使公司再生,間接目的則在保護投資大眾及公司債權人的利益,以維護社會經濟秩序的安定。

　　依現行公司法的規定,只有公開發行股票或公司債的公司,才可以聲請重整 (公§282 I本文)。因為公開發行股票或公司債的公司,牽連層面最廣,任由此種公司倒閉,對社會經濟秩序的影響最深,而且此種公司資本較雄厚,較有重整成功的可能性;反之,非公開發行股票或公司債的公司,其經營規模比較小,債權債務關係也比較單純,較無重整的必要與重整成功的可能性。

(二)公司重整的原因

　　聲請公司重整僅限於下列法定原因,不可以任意聲請 (公§282 I):

　1.公司因財務困難而暫停營業。

　2.公司因財務困難有停止營業之虞。

　3.公司有重建更生的可能。

(三)公司重整的聲請

1.公司重整的聲請權人

公司重整必須聲請法院裁定許可後才可進行，依公司法的規定，有權聲請的人包括：

(1)公司本身。公司聲請時，由業務執行機關——董事會辦理。此時應經三分之二以上董事出席，出席董事過半數的同意（公§282 II），董事會只是公司的內部機關，並非具有權利能力的主體，故董事會不得以自己名義獨立向法院聲請。

(2)繼續六個月以上持有已發行股份總數百分之十以上的股東（公§282 I①）。

(3)相當於公司已發行股份總數金額百分之十以上的公司債權人（公§282 I②）。

2.公司重整的聲請狀

聲請人應該填寫書狀，連同副本五份向法院聲請。書狀應載明下列事項（公§283 I、IV）：

(1)聲請人的姓名、住所或居所。聲請人是法人、其他團體或機關時，則應載明其名稱及公務所、事務所或營業所。有代理人、法定代理人時，其姓名、住、居所及與聲請人的關係等資料。

(2)公司名稱、所在地、事務所或營業所及負責人姓名、住所或居所。

(3)聲請的原因及事實。

(4)公司所營事業及業務狀況，如果聲請人是股東或債權人，可以不必記載。

(5)公司最近一年度應編製的各項報表，如果聲請人是股東或債權人，可以不必記載。

(6)對於公司重整的具體意見。

㈣公司重整的裁定

由於公司重整涉及社會整體經濟秩序,所以應由法院介入公司重整,透過法院的指揮監督,以保障公司債權人及投資大眾的權益。公司重整事件由本公司所在地的法院管轄（公§314準用民訴§2 II）。管轄法院接到公司的重整聲請,在決定是否同意公司重整前,可以採取下列措施:

1.徵詢主管機關意見

法院受理重整聲請時,應該將聲請狀副本,檢送主管機關、目的事業中央主管機關、中央金融主管機關及證券管理機關,並徵詢這些機關的意見（公§284 I）,這些機關應立即查明該公司有無重整的價值,並擬妥意見於三十日內答覆法院。除上述機關外,法院亦得徵詢本公司所在地的稅捐稽徵機關及其他有關機關、團體的意見。

2.通知被聲請的公司

聲請人為股東或債權人時,法院應檢同聲請書狀副本,通知被聲請的公司（公§284 IV）。

3.選任檢查人調查

法院除了向主管機關徵詢意見外,可以選任一位或數位,對股份有限公司的業務,具有專門學識、經營經驗而且不是利害關係人的人,擔任檢查人調查下列事項,檢查人應於選任後三十日內向法院報告調查結果。

①公司業務、財務狀況及資產估價。

②依公司業務、財務、資產及生產設備之分析,是否尚有重建更生的可能。

③公司以往業務經營的得失及公司負責人執行業務有無怠忽或不當情形。

④聲請書狀所記載事項有無虛偽不實情形。

⑤聲請人為公司時,其所提重整方案的可行性。

⑥其他有關重整的方案。

4.命令公司編造名冊

法院可以命令公司負責人在七日內，將公司債權人及股東，依其權利的性質，分別編造名冊，並註明住所或居所及債權或股份總額（公§286）。

5.可以因利害關係人的聲請或依職權，為下列各種處分（公§287I）

⑴保全處分公司財產：法院可以限制公司移轉財產、限制公司設定抵押權等，將公司財產保持在一定的狀態。

⑵限制公司業務。

⑶限制公司履行債務及對於公司行使債權。

⑷停止公司破產、和解或強制執行等程序：法院認為有必要時，可以裁定命令停止這些程序。

⑸禁止公司記名式股票轉讓。

⑹查定公司負責人對公司的損害賠償責任及保全處分公司負責人的財產：檢查人經過調查，如果認為公司負責人執行職務有懈怠、疏忽或不當，及其他應負的責任時，在報告法院後，法院可以查定公司負責人對於公司的損害賠償責任，並對公司負責的財產為必要的保全處分，以利將來執行。

上述各種處分，除法院准許公司重整外，處分期間不可以超過九十日，必要時，法院可以因公司或利害關係人的聲請或依職權延長期間，但延長期間不可以超過九十日（公§287II）。

法院為上述種種措施後，應立即決定裁定聲請（即同意公司重整）或駁回聲請（不同意公司重整）。重整聲請被駁回時，聲請人如果不服，可以準用民事訴訟法的規定，向法院提起抗告（公§314）。

6.法院駁回重整聲請的原因

如果沒有下列情事，法院應該裁定准許公司重整（公§283之1）：

(1)聲請程序不合規定，但可以補正時，應限期命補正。

(2)公司未依公司法的規定，公開發行股票或公司債。

(3)公司經宣告破產已經確定。

(4)公司依破產法所為的和解決議已經確定。

(5)公司已經解散。

(6)公司被勒令停業限期清理。

(五)裁定重整後的措施

法院裁定准許公司重整後，應即公告下列事項：

(1)重整裁定的主文及裁定的年、月、日。

(2)重整監督人之姓名或名稱、住址或處所。

(3)第二百八十九條所定之期間與場所。

(4)公司債權人及持有無記名股票之股東怠於行使權利時，其法律效果。

法院應將上述裁定及前述事項，以書面送達重整監督人、重整人、公司、已知的公司債權人及股東。法院於上述裁定送達公司時，應派書記官於公司帳簿記明截止使用之意旨，簽名或蓋章，並作成節略，載明帳簿狀況（公司法第二百九十一條）。法院（及其他主管機關）依法應送達於公司之公文書，若有任何原因致無從送達時，改向代表公司之負責人送達；仍無從送達時，得公告之（公司法第二十八條之一）。

接著，法院應採取下列措施：

1.選任重整監督人

法院作出重整裁定後，應該選任對股份有限公司具有專門學識、經營經驗的自然人或金融機構，擔任重整監督人，以監督公司的重整情形，法院並應決定下列事項：

(1)債權及股東權的申報期間及場所，申報期間自裁定之日起算，不

可以少於十日，也不可以多於三十日。

(2)提出申報的債權及股東權的審查期日及場所，審查期日應該在申報期間屆滿後十日以內。

(3)第一次關係人會議期日及場所，會議期日應該在申報期間屆滿後三十日以內。

重整監督人受法院的監督，法院並且可以隨時改選重整監督人（公§289）。重整監督人執行職務時，應盡善良管理人的注意義務。其報酬由法院依重整監督人職務的繁重程度決定。重整監督人有數人時，關於重整事務之監督執行，以過半數同意的方式行之（公§289 III）。重整監督人對於職務上的行為有虛偽陳述時，處一年以下有期徒刑、拘役或科或併科新臺幣六萬元以下罰金（公§313），對於職務上的文書有虛偽記載時，依刑法有關規定處罰。

2.選派重整人

公司法第二百九十條第一項規定：公司重整時，由法院就債權人、股東、董事、目的事業中央主管機關或證券管理機關推薦的專家中選派。此外，關係人會議也可以提出重整候選人名單，聲請法院從名單中選派（公§290 II）。由於重整人關乎公司重整的成敗，所以其人格操守應具備一定水準，如果有公司法第三十條所列各款情事，不得擔任重整人（公§290 II）。

重整人執行職務時，應盡善良管理人的注意義務。重整人的報酬由法院依其職務的繁重程度決定。重整人執行職務，違反法令，以致公司受有損害時，對公司應負損害賠償責任；對於職務上的行為有虛偽陳述時，各處一年以下有期徒刑、拘役或科或併科新臺幣六萬元以下罰金（公§313），對於職務上的文書為虛偽記載時，依刑法有關規定處罰。

3.公告及送達重整裁定

法院作出重整裁定後，應立即公告下列事項（公§291 I）：

⑴重整裁定的主文及裁定的年月日。

⑵重整監督人、重整人的姓名或名稱、住址或處所。

⑶公司法第二百八十九條第一項所定的期間、期日與場所。

⑷公司債權人及持有無記名股票的股東，怠於行使權利時，其法律效果。

法院應該將重整裁定及上述公告事項，以書面送達重整監督人、重整人、（被）聲請重整的公司、法院已知的公司債權人及股東（公§291 II）。法院在重整裁定送達（被）聲請重整的公司時，應該派書記官在公司帳簿上，記載「截止使用」的字樣，由書記官在帳簿上簽名或蓋章，並將帳簿狀況作成簡單的摘要（公§291 III）。

4.登記重整開始

法院作出重整裁定後，應連同裁定書，通知主管機關，登記重整開始，並由公司將裁定書影本黏貼於該公司所在地公告處（公§292），讓社會大眾或利害關係人，知道該公司已進入重整程序。

㈥裁定重整的效果

法院作出重整裁定後，會發生下列的效果：

1.公司業務經營權及財產管理處分權的移轉（公§293）

重整裁定送達（被）聲請重整的公司後，公司業務的經營權及財產管理、處分權，均移轉給重整人，公司股東會、董事及監察人的職務應立即停止。交接職務時，公司董事及經理人，應該將公司業務及財務的一切帳冊、文件及公司的全部財產，移交重整人，此項交接由重整監督人監督，並聲報法院。公司的董事、監察人、經理人或其他職員，對於重整監督人或重整人所提出有關業務或財務的詢問，有義務答覆。公司董事、監察人、經理人或其他職員，有下列行為時，各處一年以下有期徒刑、拘役或科或併科新臺幣六萬元以下罰金：

(1)拒絕移交。

(2)隱匿、毀損有關公司業務、財務狀況的帳冊文件。

(3)隱匿、毀棄公司財產，或為其他不利於債權人的處分。

(4)無正當理由拒絕答覆重整人或重整監督人的詢問。

(5)捏造公司債務或承認不真實的債務。

2.公司債權人的債權必須申報，而且債權的行使受到限制

債權人如果是在法院裁定重整前，就對公司享有債權，此種債權稱為「重整債權」，此種債權人稱為公司的重整債權人。只有重整債權人才可以依照重整程序，行使權利，請求清償債務。

(1)重整債權的種類

重整債權依照其權利內容的不同，又可分為不同種類：

①依法律規定享有優先受償權的債權（債務人必須優先清償給享有優先受償權的債權人，等優先受償權的債權人都獲得清償後，如果還有剩餘財產，再清償一般債權人），稱為「優先重整債權」，例如稅捐機關就公司重整前積欠的稅款有優先受償權。

②享有抵押權、質權或留置權的債權人，稱為「有擔保重整債權」；反之，則稱為「無擔保重整債權」。

③下列債權不屬於重整債權範圍內：

A.重整裁定後之利息。

B.參加重整程序所支出之費用。

C.重整程序開始後，因債務不履行所生之損害賠償及違約金。

D.罰金、罰鍰及追徵金。

重整債權人應該在法院所定的申報期限內（公§289Ⅰ①），提出證明文件，向重整監督人申報，債權經申報後，其消滅時效中斷；未在期限內申報的債權人，喪失依重整程序行使權利的機會（公§297Ⅰ）。應該辦理申報的債權人，因不可歸責於自己的事由（如天災），以致未能依期限申報，可以在事由終止後十五日內補申報；但重整計畫已經取得關係

人會議的同意時，不可以再補申報（公§297 III）。

至於在公司重整裁定後才成立的債權，如果是進行重整程序所發生的費用（如檢查人的報酬），或維持公司繼續營業所必需的，為了使重整能夠順利進行，公司法第三百十二條第一項規定，應該比重整債權優先受清償。且此種債權，不會因法院裁定終止重整，而喪失優先權。

(2)重整程序中之取回權、解除權與抵銷權

①取回權：非屬重整公司之財產，例如公司因寄託、運送等情事而占有第三人所有之財產時，該第三人得不依重整程序而逕向重整人取回，以維護其權益。惟重整人對於他人行使取回權事件之處理，應得重整監督人之事前許可。

②解除權：假設出賣人已經將買賣標的物發送，買受人（重整公司）尚未收到，亦未付清全部價金而受重整裁定者，出賣人得向重整人為解除契約之表示，並取回標的物，此稱為出賣人之解除權或特殊取回權。惟重整人得清償全部價金，而請求標的物之交付。重整人對於他人行使解除權事件之處理，應得重整監督人之事前許可。

③抵銷權：重整債權人於法院裁定重整時，對公司負有債務者，無論給付種類是否相同，或其債權是否附期限或附解除條件，均得不按重整程序而主張抵銷，但有下列情形之一者，不得抵銷：

A.重整債權人，在重整裁定後，始對重整公司負債務者。

B.重整公司之債務人，在重整裁定後，始對公司取得債權，或取得他人之重整債權者。

C.重整公司之債務人，已知重整公司有重整原因或在聲請重整後而取得債權者，但其取得係基於法定原因或基於其知悉以前所生之原因者，不在此限。重整人對於他人行使抵銷權事件之處理，亦應得重整監督人之事前許可。

3.公司股東必須依重整程序行使其權利，無記名股東必須申報權利

公司重整裁定後，記名股東的權利內容（所持有的股份種類、數額等），按照股東名簿上的記載，無記名股東的權利，則須準用公司重整債權人申報債權的規定申報權利，無記名股東未在法定期限內申報時，喪失依重整程序行使權利的機會（公§297 II）。無記名股東因不可歸責於自己的事由，以致未依限申報時，其處理方式與前述公司債權人的處理方式相同（公§297 III）。重整監督人在申報期間屆滿後，應製作股東清冊，依公司法第二百九十八條的規定，聲報法院，並對外公告。法院審查股東權的程序，與審查重整債權的程序相同。

4.公司其他程序的停止

裁定重整後，公司破產、和解、強制執行及因財產關係而發生的訴訟等程序，當然停止（公§294）。

二、公司債權人可以透過何種方式參與公司重整?

(一)關係人會議的意義

為使公司債權人與股東能共同合作，共謀公司的再生，並間接維護各自的權益，公司法特別設置關係人會議，由重整債權人及股東共同組成，以多數決的方式，決定公司重整的重整計畫及其他重整的相關事項，是公司重整時的意思決定機關。

(二)關係人會議的任務

1.聽取關於公司業務與財務狀況的報告及對於公司重整的意見（公§301 ①）。

2.審議及表決重整計畫（公§301 ②）。

3.決議其他有關重整事項（公§301 ③）。

4.依公司法第三百零二條規定進行分組表決，如果表決後，有二組以上主張另行選定重整人時，可以提出候選人名單，聲請法院另外選派重整人（公§290 II）。

(三)關係人會議的召集

第一次關係人會議，應該由法院在裁定重整時，指定召集的期日及場所；第二次以後的關係人會議，則由重整監督人在必要時召集（公§300 II）。重整監督人召集關係人會議時，應該在會議開會五日前，載明會議事由，通知各債權人與股東，並刊登公告。如果會議不能在預定的時間結束，經重整監督人當場宣告會議將連續或延期舉行時，可以不必再通知及公告。關係人會議開會時，不論是否為第一次會議，均由重整監督人擔任主席（公§300 II、III）。

(四)關係人會議的出席

重整債權人及股東，統稱為公司的「重整關係人」，有出席關係人會議的權利，如果因故不能出席時，可以委託他人代理出席（公§300 I）。關係人會議開會時，重整人及公司負責人應列席備詢；公司負責人沒有正當理由拒絕答覆詢問、或為虛偽的答覆時，各處一年以下有期徒刑、拘役或科或併科新臺幣六萬元以下罰金（公§300 IV、V）。

(五)關係人會議的表決

關係人會議的表決，是採取分組表決的方式，關係人應分別按公司法第二百九十八條第一項規定的權利種類，分組行使表決權（公§302 I前段）。也就是說，債權人分為優先債權組、有擔保債權組、無擔保債權組；股東分為普通股股東組、特別股股東組。關係人會議的表決，必須得到各組表決權總額二分之一以上的同意（公§302 I後段）。

重整債權人的表決權，以其債權的金額比例決定；股東的表決權，則依公司章程的規定（公§298 II），但公司沒有資本淨值時（只有負債沒有財產），股東組不可以行使表決權（公§302 II）。

(六)重整計畫的意義

公司的重整工作，包括如何清理公司債務、如何繼續經營公司業務、如何讓公司東山再起等，內容繁瑣，必須先有一定的計畫，才能順利進行。所以重整人應該擬訂重整計畫，連同公司業務及財務報表，提請第一次關係人會議審查；如果重整人是依公司法第二百九十條的規定另行選派時，應該由新任的重整人，在當選後一個月內提出重整計畫（公§303）。

(七)重整計畫的內容

重整計畫的內容，原則上由重整人自由擬訂，但下列事項應該在公司重整計畫中明白記載（公§304）：

1.變更全部或一部重整債權人或股東的權益。

2.變更全部或一部營業。

3.處分公司財產。

4.債務清償的方法及其資金來源。

5.公司資產的估價標準及方法。

6.章程的變更。

7.員工的調整或裁減。

8.新股或公司債的發行。

重整計畫的執行期限，自法院裁定認可確定之日起算，不得超過一年。但有正當理由，無法於一年完成時，得經重整監督人的許可，聲請法院延展期限。期限屆滿仍無法完成時，法院得依職權或關係人的聲請裁定終止重整。

㈧重整計畫的表決

關係人會議審查重整計畫後，應該以特別決議的方式，表決是否同意該重整計畫。重整計畫能得到關係人會議的同意時，重整監督人應立即報告法院，法院可以秉持公正合理的原則，指示重整人關於變更重整計畫的重大方針，命令關係人會議在一個月內再予審查（公§306 I、§307 I）。關係人再予審查後，如果認為沒有問題，則再次以特別決議的方式，表決是否同意該重整計畫。

㈨重整計畫的認可

重整計畫應該經過法院的認可。所謂認可，包括下列幾種情形：

1.重整計畫得關係人會議同意時，重整人應該聲請法院裁定認可後執行，並報請主管機關備查（公§305 I）。經法院認可的重整計畫，對公司及關係人有拘束力，在重整計畫中所記載的給付義務（即在重整計畫中記載，公司應該清償各重整債權人債務的義務），可以作為強制執行的標的，並且可以直接予以強制執行（也就是說，如果公司沒有正當原因拒絕履行重整計畫中所記載的支付義務時，債權人可以持重整計畫直接聲請法院強制執行公司的財產，公§305 II）。

2.重整計畫未獲得關係人會議的通過，經法院指示變更重整計畫，並命令關係人會議「再行」審查時，如果關係人會議表決後同意該變更後的計畫，應該依照前述的程序處理。但如果該重整計畫，經法院指示變更、關係人會議審查後，關係人會議的表決結果仍然不同意該計畫，法院應裁定重整，但如果該公司確實有重整價值時，法院在徵詢主管機關、目的事業中央主管機關及證券管理機關的意見後，可以針對關係人會議中不同意見重整計畫的組別，以下列的方法，修正重整計畫，直接裁定認可（公§306 II）：

⑴公司提供給有擔保重整債權人的擔保財產，在重整完成後，連同債權移轉給重整後的公司，使重整債權人的權利不因重整而受影響。

⑵有擔保重整債權人，對於公司提供擔保的財產；無擔保重整債權人，對於公司可以清償債權的財產；股東對於公司可以分派的賸餘財產，皆可以分別依公正的交易價額，按其應得的比例，處分清償或分派承受或提存。

⑶其他有利於公司業務維持及債權人權利保障的公正合理方法。

3.上述兩種重整計畫，因情事變遷或有正當理由，以致不能執行或沒有執行的必要時，重整監督人、重整人或關係人可以聲請法院，裁定命令關係人會議「重行」審查重整計畫（公§306 III）。

㈩重整計畫的執行

重整計畫由重整人執行，執行方法如下：

1.意思的決定

重整人有數人時，應以重整人過半數的同意，執行重整事務（公§290 III）。

2.受重整監督人的監督

重整人有違法或不當的情事時，重整監督人可以聲請法院解除職務，另行選派重整人（公§290 IV）。重整人為下列行為時，應事先取得重整監督人的許可（公§290 V）：

⑴非出於營業上需要，處分公司財產。

⑵變更公司業務或經營方法。

⑶借款。

⑷訂定或解除重要、長期性契約，何種契約屬於重要、長期性契約，由重整監督人決定。

⑸進行訴訟或仲裁。

(6)拋棄或讓與公司權利。

(7)他人行使取回權、解除權或抵銷權的處理。

(8)公司重要人事的任免。

(9)其他經法院限制的行為。

3.法律規定的變通

為使重整計畫能迅速發揮功效，對於可能會造成重整計畫無法實行的法律規定，重整人可以聲請法院，裁定另作適當的處理（公§309）。這些規定，包含變更章程（公§277）、增資（公§278）、減資的通知公告期間及限制（公§279、§281）、發行新股（公§268～§270、§276）、發行公司債（公§248～§250）、設立公司（公§128、§133、§148～§150、§155）、出資種類（公§272）。

三、萬一無明堂股份有限公司重整不成功,會發生那些後果?

㈠重整完成

1.重整完成的情形

公司重整的終了（結束），有兩種情形，一種是完成重整，一種是終止重整。前者指公司重整人在重整計畫所預定的期限內，完成重整工作，重整完成時，應聲請法院為重整完成的裁定，並召集重整後的股東會。重整後的公司董事、監察人，在就任後應立即向主管機關申請登記或變更登記（公§310）。

2.重整完成的效力

公司重整完成後，會發生下列效力（公§311）：

(1)已申報的債權，未獲得清償的部分，除重整計畫中明白記載將移

轉給重整後的公司承受外，其對公司的請求權消滅，未申報的債權亦同。

(2)股東股權經重整而變更或減除的部分，其權利消滅，未申報的無記名股票股東的權利亦同。

(3)重整裁定前，公司的破產、和解、強制執行及因財產關係而發生的訴訟等程序，亦失其效力。

(4)公司債權人對保證人及其他共同債務人的權利，不因公司重整而受影響。

(5)重整監督人及重整人當然解職。

(二)重整終止

1.重整終止的原因

重整計畫的終止（即重整計畫不成功），有下列幾種原因：

(1)重整計畫未獲得法院認可。

(2)重整計畫未取得關係人會議同意時，法院可以裁定終止。

(3)重整計畫不能執行或沒有執行的必要時，法院可以裁定終止。

(4)關係人會議，未能於重整裁定送達公司後一年內同意重整計畫；或重整計畫因情事變更或有正當理由致不能或無須執行時，法院因重整監督人、重整人或關係人的聲請，以裁定命關係人會議重行審查，而關係人會議未能在裁定送達後一年內同意重整計畫者，於此二種情形，法院可以依聲請或依職權裁定終止重整。

2.重整終止的效果

法院裁定終止重整時，應檢同裁定書，通知主管機關，辦理終止重整的登記，如果公司的財務情形符合破產的規定，法院可以依職權直接宣告破產（公§307 II）。法院裁定重整終止後，除依職權宣告公司破產者，會發生下列效果：

(1)依公司法第二百八十七條、二百九十四條、二百九十五條或二百

九十六條所為的處分或所生的效力，全部失效。

　　(2)因怠於申報權利，而不能行使權利的債權人或股東，恢復其權利。

　　(3)因裁定重整而停止的股東會、董事及監察人的職權，應立即恢復。

　　至於在重整期間，重整人對外所為的法律行為，仍然是有效的行為；而重整債務的優先受償權效力（即為進行重整程序所不可缺、或為維持公司繼續營業所必須的費用），不會因裁定終止而受影響（公司仍然必須優先清償重整債務，公§312 II）。

(三)公司重整與破產之不同處

1.就目的言

　　公司重整之目的在於挽救陷於財務窘境之公司，使其免於破產之厄運，以達企業之再生；而破產之目的，在於清算陷於財務困境之公司、結束公司業務、處分公司財產，使債權人能平均獲得清償。

2.就對象言

　　公司重整以公開發行股票或公司債之股份有限公司為限；而公司破產，不論何種公司，凡具有破產原因，均有其適用。

3.就聲請人言

　　公司重整，得由公司、債權人及股東為之；至於破產之聲請，則以公司負責人及債權人為限，公司股東無聲請權。

4.就聲請原因言

　　公司重整，以公司因財務困難、暫停營業，或有停業之虞為原因；而公司破產，以公司不能清償債務為原因，是否暫時停業或有無停業之虞，在所不問。

5.就程序之開始言

　　公司破產程序，得因聲請或法院職權宣告而開始；但公司重整程序

僅限於因聲請而開始，法院不得依職權宣告開始重整程序。

6.就債權種類言

在破產程序中，享有質權、抵押權或留置權之債權人（此種債權，破產法稱為別除權），得不依破產程序行使其權利（破產法§108 II）；然在公司重整程序中，其債權之種類，雖有優先債權、有擔保債權、無擔保債權之分，但所有債權均須依重整程序行使權利。

7.就意思機關言

在公司破產之場合，其意思機關為債權人會議，此一債權人會議之成員，僅限於債權人，不包括公司股東；至於在公司重整之場合，其意思機關為關係人會議，其成員除債權人外，並包含股東，除公司已無資產淨值者外，股東並享有表決權。

8.就效力言

公司裁定重整後，公司之破產、和解、強制執行及因財產關係所生之訴訟程序當然停止，足見公司重整裁定之效力，優先於破產宣告之效力。

參考答案

無明堂股份有限公司雖然不是公開發行股票的公司，但卻是公開發行公司債的公司，現遭遇財務困難，有停業之虞，所以林荷謙等人可以經由董事會決議，向法院聲請重整，或由繼續六個月以上持有已發行股份總數百分之十以上股份的股東、相當於公司已發行股份總數金額百分之十以上公司債權人提出聲請。

公司重整中，公司的債權人可以透過參加關係人會議的方式，審查重整計畫的內容，對重整計畫中關於其權益的部分，提出討論，並透過重整計畫的表決，進一步維護自身的權益。

習　題

◎選擇題

（　）1.誰可以聲請公司的重整？　(1)公司　(2)監察人　(3)董事會　(4)以上皆可。

（　）2.公司重整應該取得那一機關的許可？　(1)法院　(2)中央主管機關　(3)目的事業中央主管機關　(4)證券管理機關。

（　）3.下列那一程序，會因為法院裁定重整而當然停止？　(1)破產程序　(2)強制執行程序　(3)和解程序　(4)以上皆是。

（　）4.重整程序中，公司的負責人是　(1)董事長　(2)重整人　(3)監察人　(4)重整監督人。

（　）5.公司重整完成後，凡是未依法申報的債權　(1)請求權消滅　(2)只能等公司清算時再向公司請求　(3)只能等公司破產時再向公司請求　(4)只能向公司請求原債權額的十分之一。

◎解釋名詞

1.重整債權人

2.關係人會議

3.重整計畫

第十節　股份有限公司的合併、分割、解散與清算

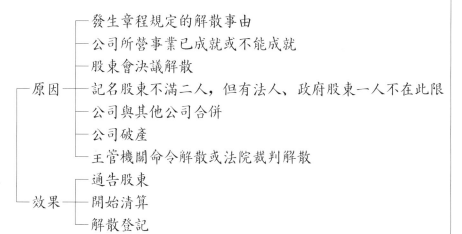

本節重點

◎合併、分割

合併、分割程序┬訂定合併契約、分割計畫
　　　　　　　├經股東會為合併或分割決議
　　　　　　　├編造表冊
　　　　　　　└通告債權人

合併後應進行的程序┬存續公司應召集合併後的股東會
　　　　　　　　　└新設公司應召開發起人會議

效果┬公司的解散
　　├公司的變更或設立
　　└權利義務的承受

◎解　散

原因┬發生章程規定的解散事由
　　├公司所營事業已成就或不能成就
　　├股東會決議解散
　　├記名股東不滿二人，但有法人、政府股東一人不在此限
　　├公司與其他公司合併
　　├公司破產
　　└主管機關命令解散或法院裁判解散

效果┬通告股東
　　├開始清算
　　└解散登記

◎清　算

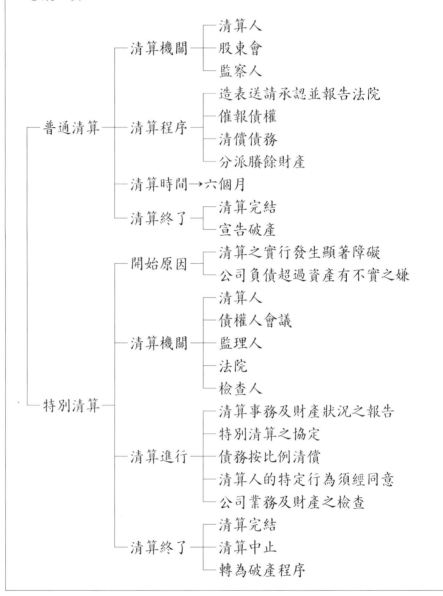

普通清算
├─ 清算機關 ─┬─ 清算人
│　　　　　　├─ 股東會
│　　　　　　└─ 監察人
├─ 清算程序 ─┬─ 造表送請承認並報告法院
│　　　　　　├─ 催報債權
│　　　　　　├─ 清償債務
│　　　　　　└─ 分派賸餘財產
├─ 清算時間 → 六個月
└─ 清算終了 ─┬─ 清算完結
　　　　　　　└─ 宣告破產

特別清算
├─ 開始原因 ─┬─ 清算之實行發生顯著障礙
│　　　　　　└─ 公司負債超過資產有不實之嫌
├─ 清算機關 ─┬─ 清算人
│　　　　　　├─ 債權人會議
│　　　　　　├─ 監理人
│　　　　　　├─ 法院
│　　　　　　└─ 檢查人
├─ 清算進行 ─┬─ 清算事務及財產狀況之報告
│　　　　　　├─ 特別清算之協定
│　　　　　　├─ 債務按比例清償
│　　　　　　├─ 清算人的特定行為須經同意
│　　　　　　└─ 公司業務及財產之檢查
└─ 清算終了 ─┬─ 清算完結
　　　　　　　├─ 清算中止
　　　　　　　└─ 轉為破產程序

1. 關於合併與解散，在總則章已詳細說明過，在此僅就股份有限公司之特別處（例如合併後應進行之程序）說明。

2. 股份有限公司之清算是本節重點之一，尤其是特別清算程序之開始原因與清算機關。

3. 股份有限公司的分別是本次修法新增的制度，值得注意。

雖以重整方式度過困境，然而各經理人仍不改奢華作風，加上新成立的「藍領貴族人力開發股份有限公司」以多角化方式，逐步蠶食無明堂公司的原有客戶群，其市場占有率甚至高達百分之四十五，因此業界對無明堂公司一致不表樂觀。

大夥兒見公司營運每況愈下，決定派左佑守至藍領貴族公司洽談合併事宜。左佑守不負眾望，與藍領貴族公司談妥合併條件，由藍領貴族公司接手無明堂公司的業務，並清償無明堂公司的所有債務。

案 例

　　無明堂公司經重整後，決定縮減「潛能學園」為兩所，並裁撤掉所有的營業處。在董事會方面，大家認為薛迪必須為公司的經營危機負責，遂改由林荷謙擔任董事長，並將薛迪降調為總務主任以示懲戒。

　　無明堂公司營運漸漸好轉後，各專業經理人又恢復之前的奢華作風，公司不必要的支出再度呈等比級數上升。另一方面，「藍領貴族人力開發股份有限公司」以多角化的經營方式，漸漸蠶食無明堂公司的原有客戶群。當無明堂公司警覺到客戶大量流失時，藍領貴族的市場占有率已達百分之四十五。因此業界對無明堂能否起死回生都不表樂觀，一致認為無明堂的解散只是遲早的事。

　　在大家聚會時，陳子揚仍希望公司趁還沒有虧損太多時，趕緊結束。左佑守則認為，公司的狀況沒有想像的那麼糟，至少「潛能學園」所開的課程都有專利權，如果以這些專利權為條件，要求與藍領貴族公司合

併，可能會成功。隔天，左佑守在大家殷切期待下，出發到藍領貴族洽談合併事宜。左佑守果然不負眾望，與藍領貴族公司談妥合併條件，由藍領貴族公司接手無明堂公司的業務，並清償無明堂公司所有的債務。

◀ 問　題

一、無明堂公司要如何與藍領貴族公司合併？
二、如果林荷謙等人採用陳子揚的建議，決議解散無明堂公司，則無明堂公司的債權、債務關係應該如何處理？

■ 說　明

一、無明堂公司要如何與藍領貴族公司合併？

(一)股份有限公司的合併、分割程序

　　關於公司合併的概念及一般規定，已在第一章第九節中介紹過。股份有限公司的分割，則是公司為了調整其業務經營與組織規模，故使特定部門分離獨立，以求企業經營的專業化及效率化。公司分割的作法為將公司經濟上成為一整體的營業部門之財產（含資產及負債），以對「既存公司」（即吸收分割）或「新設公司」（即新設分割）為現物出資的方式，而由該公司股東取得他公司新設發行或發行新股的股份，並由他公司概括承受該營業部門的資產與負債。現將公司法對股份有限公司合併的特別規定，說明如下：

1.訂定合併契約、分割計畫

　　股份有限公司與他股份有限公司合併或為將公司規模縮減而將公司某部門分割時，董事會應就公司合併或分割的相關事項作成合併契約或

分割計畫，在股東會中提出，交由股東會決議（公§317 I前段）。合併契約、分割計畫應製作成書面，在發送承認合併決議的股東會開會通知時，一併發送給股東。

(1)合併契約書應記載下列事項（公§317之1）：

①合併的公司名稱、合併後存續公司的名稱或新設公司的名稱。

②存續公司或新設公司，因合併所發行的股份總數、種類及數量。

③存續公司或新設公司，因合併而配發給合併後消滅公司股東的新股總數、種類、數量、配發方法及其他有關事項。

④對於合併後消滅公司的股東，配發的股份不滿一股而應支付現金時，其相關規定。

⑤存續公司變更後的章程，或新設公司依公司法第一百二十九條訂立的章程。

(2)分割計畫應以書面記載下列事項（公§317之2）：

①承受營業之既存公司章程需變更事項或新設公司章程。

②被分割公司讓與既存公司或新設公司之營業價值、資產、負債、換股比例及計算依據。

③承受營業之既存公司發行新股或新設公司發行股份之總數、種類及數量。

④被分割公司或其股東所取得股份之總數、種類及數量。

⑤對被分割公司或其股東配發之股份不滿一股應支付現金者，其有關規定。

⑥既存公司或新設公司承受被分割公司權利義務及其相關事項。

⑦被分割公司之資本減少時，其資本減少有關事項。

⑧被分割公司之股份銷除所需辦理事項。

⑨與他公司共同為公司分割者，分割決議應記載其共同為公司分割有關事項。

2.股東會決議

股東會對於公司合併、分割的決議，應該經過股東會特別決議的同意。反對公司合併、分割的股東，對公司享有「股份收買請求權」（公§317 I後段）。

3.編造表冊

股東會通過合併、分割的決議後，公司負責人應立即編造資產負債表及財產目錄（公§319準用§73 I）。

4.通告債權人

股東會通過合併、分割的決議後，公司負責人應即通知並公告各債權人，同時指定三十日以上的期限，聲明債權人可以在期限內對公司的合併、分割提出異議（公§319準用§73 II）。公司不為上述通告、或對合法提出異議的債權人不為清償、或不提供相當的擔保時，不得以其合併對抗債權人（公§319準用§74）。

(二)合併後應進行的程序

公司合併後，存續公司的董事會（或新設公司的發起人），在完成催告公司債權人的程序後，凡是因合併公司而合併股份者，應在股份合併生效後，進行下列程序（如果股份不適合合併時，應在處分股份後進行下列程序，公§318 I）：

1.存續公司應立即召集合併後的股東會，報告合併的相關事項，並應依變更章程的程序辦理。

2.新設公司，應立即召開發起人會議，訂立章程。

不論是存續公司變更章程，或新設公司訂立章程，章程內容均不可以違反合併契約中的規定（公§318 II），以免影響公司或股東的權益。

(三)股份有限公司合併、分割的登記

1.因合併而消滅的公司，必須辦理解散登記。

2.以吸收合併的方式合併公司時，存續的公司應辦理變更登記；以創設合併的方式合併公司時，新成立的公司應該辦理設立登記。

3.因合併而消滅的公司，其權利義務由合併後存續或新設的公司承受（公§319準用§75），如果承受的內容包括公司債，則公司辦理變更或設立登記時，應一併辦理公司債的登記。

4.公司為分割時，應於實行後十五日內，向主管機關申請為變更、解散、設立的登記（公司之登記及認許辦法§6）。

二、如果林荷謙等人採用陳子揚的建議，決議解散無明堂公司，則無明堂公司的債權、債務關係應該如何處理？

(一)股份有限公司的解散

1.解散的原因

依公司法第三百十五條的規定，股份有限公司有下列情形之一時，應該解散公司：

(1)發生章程規定的解散事由。但股東會可以決議變更章程，繼續經營公司。

(2)公司所欲經營的事業已經完成，或客觀上不能完成。

(3)股東會決議解散公司。

(4)有記名股票的股東不滿二人。但有政府或法人股東一人時，不在

此限。

　　⑸公司與其他公司合併。

　　⑹分割。

　　⑺破產。

　　⑻主管機關命令解散或法院裁判解散。

2.解散後的效果

⑴通告解散

　　公司解散時，除了因破產而解散外，董事會應立刻將解散公司的要旨，通知各股東，如果公司有發行無記名股票時，並應對外公告（公§316 IV）。

⑵開始清算

　　公司解散時，除了因合併、分割或破產而解散外，應該進入清算程序（公§24）。

⑶解散登記

　　公司解散時，向主管機關申請辦理解散登記（公司之登記及認許辦法§4）。辦理解散登記時，如果公司是由股東會決議解散，應附送決議解散的股東會議事錄；如果是因合併而解散，應該附送公司對債權人的通知及公告，以及公司已對合法異議的債權人提出清償或提供擔保的證明文件。

(二)清　算

　　公司法將股份有限公司的清算分成「普通清算」與「特別清算」。前者是依公司法的規定，由公司自行清算。股份有限公司解散後，應該先進行普通清算程序，如果發生法定事由時，再由法院命令進行特別清算程序。不論是普通清算或特別清算，為保障公司債權人及股東的權益，都必須接受法院的監督，只不過在特別清算程序中，法院的涉入監督比

較深，而且多了債權人會議監督清算的進行。

1.普通清算

(1)普通清算的清算機關

清算程序由清算人執行，清算期間董事會的職權，由清算人取代，換句話說，公司清算時期的當然負責人是清算人，而不是董事，但股東會與監察人，仍然可以在清算的範圍內行使職權。清算人的產生方式，依公司法第三百二十二條的規定，有下列幾種：

1.法定清算人：公司原則上由董事擔任清算人。

2.章定清算人：公司可以在章程中指定清算人。章程有規定時，則遵照章程的規定。

3.選任清算人：如果公司章程沒有規定清算人，股東會可以另外選任清算人。

4.選派清算人：董事因故不能擔任清算人，而公司章程未規定清算人，股東會又未另外選任清算人時，法院可以因利害關係人的聲請（如公司債權人），選派清算人。清算程序完成後，如果發現還有可以分派的財產，法院也可以因利害關係人的聲請，選派清算人重行分派財產。利害關係人聲請法院選派清算人時，應該遵循非訟事件法的規定。

除了法院所選派的清算人外，股東會可以決議解任清算人；此外，監察人或繼續一年以上持有已發行股份總數百分之三以上的股東，可以聲請法院解任清算人（公§323）。

清算人的報酬由股東會決定，但法院選派的清算人，其報酬由法院決定。清算人的報酬，由公司現存財產中優先給付（公§325），也就是說，清算人對公司的財產有優先受償權。清算人就任後的聲報義務，請參見第一章第九節中的說明。

(2)普通清算程序中清算人的權限

清算人在執行清算事務的範圍內，除公司法另有規定外，其權利義

務與董事相同（公§324），在執行清算職務時，有代表公司進行訴訟或為訴訟外一切行為的權利，但清算人將公司營業、資產或負債轉讓給他人時，應徵得股東會同意（公§334準用§84 II）。清算人的職務，就是公司的清算事務，包括：

1. 編造表冊：清算人就任後，應該立即檢查公司的財產情形，編製財務報表及財產目錄，提交股東會請求承認，並立即報送法院。在股東會開會十日前，應先送請監察人審查。凡是妨礙、拒絕或規避清算人檢查財產者，各科新臺幣二萬元以上十萬元以下的罰鍰（公§326）；清算人對表冊有虛偽記載時，依刑法有關規定處罰。

2. 了結現務：公司解散時，如果還有未結束的事務，由清算人了結。

3. 收取債權、清償債務：清算人就任後，應該對外公告三次以上，催告公司債權人在三個月內申報債權，並在公告中聲明：「逾期不申報者，不列入清算債權中」，但清算人已經知道的債權人，不在此限。清算人應該分別發送通知給其所知悉的債權人（公§327）。

依照公司法第三百四十條的規定，除了依法可以行使優先受償權或別除權的債權以外，公司應該按照各債權人的債權比例（債權人的債權金額÷公司全部的負債金額×100%）清償，為了避免清算人把錢先還給某些債權人，影響其他債權人的權益，清算人必須在申報期間經過後，才能對申報的債權一併提出清償，不可以在申報期間內清償。若公司財產顯然足夠清償債務，對於申報期間前到期的債務，公司可以聲請法院裁定，准許公司提前清償。雖然公司法規定必須在申報期間經過後，才可以清償債務，但是對於申報期間前已到期的債務，公司仍然必須負遲延給付的責任（公§328）。

未經申報的債權，依公司法的規定，不列入清算中，債權人只能對公司未分派的賸餘財產（如果公司負債等於或大於公司財產，則沒有賸餘財產）請求清償，但賸餘財產已經分派給公司股東，而股東已經一部

或全部領取時，即喪失求償權（公§329）。

4.分派賸餘財產：清算人清償公司債務後，如果有賸餘財產，應該依股東的持股比例，分派給各股東；公司發行特別股，且章程另有規定時，應該依照章程的規定分派（公§330）。如果清算人還沒清償債務就先分派財產給股東，各處一年以下有期徒刑、拘役或科或併科新臺幣六萬元以下的罰金（公§334準用§90）。

5.聲請宣告破產：清算人在清算期間，發現公司財產不足清償公司的債務時，清算人應立刻聲請法院宣告破產，否則各科新臺幣二萬元以上十萬元以下的罰鍰（公§334準用§89）。

清算人有數人時，可推派一人或數人對外代表公司，如果沒有推派，則各個清算人對外均可代表公司，至於清算事務的執行，應取得清算人過半數的同意。

(3)清算終了

清算程序因下列情事而終了：

1.清算完結：公司的債權債務關係，應該盡速了結，避免長期糾纏不清，所以公司法第三百三十四條準用第八十七條第三、四項的規定，清算人必須在六個月內完成清算，如果不能完成，清算人可以敘明理由，聲請法院延長期限。清算人未在期限內完成清算時，各處新臺幣一萬元以上五萬元以下的罰鍰。

清算人應該在清算完成後十五日內，編製清算期間內的收支表、損益表，並連同各項表冊送請監察人審查後，提請股東會承認，在股東會承認後十五日內，應向法院聲報。股東會可以另外選任檢查人，檢查上述表冊是否正確無誤。表冊經股東會承認後，視為公司已經解除清算人的責任，但清算人有違法行為時，不在此限。清算人違反聲報期限的規定時，各處新臺幣一萬元以上五萬元以下的罰鍰；清算人妨礙、拒絕或規避監察人（或檢查人）的檢查行為時，各科新臺幣二萬元以上十萬元

以下的罰鍰（公§331）。公司自清算完結後聲報法院之日起，應該將各項表冊及文件，保存十年，以便將來有需要或有紛爭時，方便調查。表冊文件的保存人，由清算人及利害關係人聲請法院指定（公§332）。

2.宣告破產：清算人發現公司的財產不足清償債務，應該聲請法院宣告破產，法院作出破產宣告後，清算程序應立即中止，清算人應該將職務移交給破產管理人。

2.特別清算

(1)特別清算的意義

股份有限公司在實行普通清算後，如果實行上發生顯著障礙，或公司負債超過資產有不實的嫌疑時，依公司法第三百三十五條第一項的規定，公司債權人或股東可以聲請法院，命令公司開始特別清算程序，法院也可以依職權下達特別清算的命令。但以「公司負債超過資產有不實的嫌疑」，提出聲請時，聲請人只限於清算人。法院命令公司開始特別清算後，公司的破產、和解、強制執行及因財產關係而發生的訴訟等程序，當然停止（公§335 II準用§294）。

(2)特別清算的機關

特別清算的機關有五個：清算人、債權人會議、監理人、法院及檢查人。特別清算程序與普通清算程序最大的不同，在於特別清算是由法院與公司債權人一起積極參與公司清算事務的進行，而普通清算則由公司自行清算，法院僅為消極的監督。

(3)特別清算人

①特別清算人的產生

原則上由普通清算的清算人繼續擔任，但有重要事由時（例如清算人有貪瀆情事），法院可以解任原清算人，另行指派。如果清算人有缺額、或有增加人數的必要，由法院選派（公§337）。

②特別清算人的責任

特別清算程序受到法院及債權人會議的嚴格監督，所以清算人對下列事情應該特別注意：

A.清算事務及財產狀況的報告：特別清算人必須將公司的清算事務及財產狀況等，分別作下列報告：

a.向法院報告：依公司法的規定，法院可以隨時命令清算人報告清算事務及財產狀況，以及調查其他監督清算所必要的事項（公§338）。

b.向債權人會議報告：特別清算人在清算中，認為有必要時，可以召集債權人會議（公§341 I）。此外，清算人應編製公司業務、財務狀況的調查書、資產負債表及財產目錄，提交債權人會議，並就清算的實行方針及預定事項，陳述意見（公§344）。

B.特定行為須經同意：特別清算人為下列行為時，應事先取得監理人的同意，監理人不同意時，應召集債權人會議決議，但如果該行為的標的在資產總值千分之一以下時，因為對債權人的權益影響不大，所以例外地不受限制（公§346 I）：

a.處分公司財產。

b.借款。

c.提起訴訟。

d.成立和解或仲裁契約。

e.拋棄權利。

以上行為除了標的在公司資產總值千分之一以下者外，均應取得監理人的同意，或經債權人會議的決議。但應由債權人會議決議的事項，如果時間急迫時，特別清算人可以聲請法院許可為該行為（公§346 II）。特別清算人未取得監理人同意、未經債權人會議決議，也未獲得法院的許可，而為上列行為時，清算人對善意第三人應與公司負連帶責任（公§346 III）。特別清算人為公司法第三百四十六條第一項所列行為時，應先取得監理人同意，或召集債權人會議決議，其原因說明如下：

就處分公司財產而言，公司財產之處分，可能損及公司股東或債權人之利益，應謹慎為之。就借款而言，由於貸款將增加公司負債，為保護公司債權人的權益，須先取得監理人之同意。就提起訴訟而言，公司提起訴訟，無論勝、敗，均影響公司之財產狀態，故須取得監理人之同意。就成立和解或仲裁契約而言，成立和解契約，必須和解之雙方當事人互相讓步，各自拋棄部分權利；而成立仲裁契約，指雙方當事人約定由仲裁人仲裁爭議，此二種契約均可能危及公司之利益，故亦須先取得監理人同意。就拋棄權利而言，拋棄權利，例如免除公司債務人的債務、或放棄公司享有的擔保權等，會降低公司的資力，所以應該取得監理人的同意。

(4)特別清算與重整之不同處

①原因不同：特別清算，以實行普通清算後發生顯著障礙，或公司負債超過資本有不實之嫌疑為原因；公司重整，則以公司財務困難、暫停營業或有停業之虞為原因。

②目的不同：特別清算，以消滅公司人格為目的；至於公司重整，則以協助企業再生為目的。

③程序開始不同：特別清算，法院得基於聲請或依職權命令其開始；公司重整之開始，則限於聲請，法院不得依職權為裁定。

④機關不同：特別清算程序中，公司機關有清算人、監理人、債權人會議、法院及檢查人；公司重整則有重整人、重整監督人、關係人會議，二者機關之職務與成員皆有不同。

⑤保護對象不同：特別清算著重於保護公司之債權人；公司重整兼顧股東、公司與債權人之利益。

⑥適用範圍不同：特別清算程序，以股份有限公司發生法定原因即得為之；而公司重整則限於公開發行股票或公司債之股份有限公司。

⑦準用規定不同：特別清算可準用公司重整之規定，但公司重整不

得準用特別清算之規定。

(5)債權人會議

①債權人會議的職權

A.查閱清算人所編製的各項表冊，並聽取清算人對於清算方針及預定事項的意見（公§344）。

B.選任、解任監理人（公§345）。

C.對清算人的特定行為進行決議（公§346）。

D.對「協定」進行決議（公§350）。

E.變更協定條件（公§351）。

F.聽取有優先權、別除權的債權人的意見（公§342）。

②債權人會議的召集

債權人會議的召集程序，解釋上類推適用股東臨時會的召集程序。債權人會議的召集權人有二：

A.清算人：清算人在清算中，認為必要時，可以召集債權人會議（公§341 I）。

B.債權人：占有公司已知債權總額（不包括優先受償權或別除權的債權，公§341 IV）百分之十以上的債權人，可以書面載明事由，請求清算人召集債權人會議（公§341 II）。自債權人提出請求後十五日內，清算人不發送召集會議的通知時，債權人可以報請法院許可，自行召集（公§341 III準用§173 II）。

③債權人會議的出席

除了有優先權或別除權的債權人外，其餘債權人都可以出席，但無記名公司債或其他有價證券的債權人，必須在債權人會議開會五日前，將債券或其他證券交給公司，才可以出席（公§343準用§176）。債權人會議的召集人，可以通知有優先權或別除權的債權人出席債權人會議，徵詢意見，但此種債權人沒有表決權（公§342）。

④債權人會議的表決

債權人會議的表決權，以各債權人的債權金額比例決定（公§343準用§298 II）。一般事項的決議，應由出席債權人過半數，及所代表債權額超過總債權額半數的同意（公§343準用破產法§123）；但表決協定時，應有可以行使表決權的債權人過半數的出席，及可以行使表決權的債權總額四分之三以上債權額的同意（公§350）。

⑤債權人會議的議事錄

債權人會議的決議事項，應該作成議事錄，由主席簽名或蓋章，並在會議結束後十日內，將議事錄分發給各債權人。議事錄應與出席債權人的簽名簿及代理出席的委託書一併保存。公司負責人違反規定不保存時，各處新臺幣一萬元以上五萬元以下罰鍰（公§343準用§183），公司負責人有虛偽記載時，依刑法有關規定處罰。

⑹監理人

依公司法第三百四十五條的規定：債權人會議可以決議選任監理人，並且可以隨時解任監理人，但此項決議應取得法院的許可。監理人的職務包括：

①同意清算人為特定行為（公§346）。

②對清算人的協定建議及變更協定建議提出意見（公§347、§351）。

③聲請檢查公司的財產狀況（公§352）。

⑺法院

①法院對公司清算程序的監督包括：

A.清算人的解任及增加或補選（公§337）。

B.隨時命令清算人報告清算事務及財產狀況，及調查其他監督清算所必要的事項（公§338）。

C.應由債權人會議決議的事項，如果債權人會議來不及決議，法院可以允許清算人進行（公§346 II）。

D.命令檢查公司的業務和財產,並由檢查人將下列事項的檢查結果,報告法院(公§353):

a.發起人、董事、監察人、經理人或清算人依公司法第三十四條、一百四十八條、一百五十五條、一百九十三條及二百二十四條的規定,應不應該負賠償責任的事實。

b.有沒有保全處分公司財產的必要。

c.為行使公司的損害賠償請求權,對發起人、董事、監察人、經理人或清算人的財產,有沒有行使保全處分的必要。

②法院依據上述檢查人的報告,可以實行下列處分(公§354):

A.公司財產的保全處分。

B.禁止記名式股票的轉讓。

C.禁止解除發起人、董事、監察人、經理人或清算人的責任。

D.撤銷解除發起人、董事、監察人、經理人或清算人的責任;但這些人的責任如果已經在特別清算程序開始的一年前解除,而且不是出於不法目的時,不在此限。

E.基於發起人、董事、監察人、經理人或清算人所生的損害賠償請求權的查定。

F.因前款損害賠償請求權,對發起人、董事、監察人、經理人或清算人的財產實施保全處分。

③另外,為保障公司債權人的權益及公司股東的利益,法院在命令公司開始特別清算前,可以因聲請或依職權,提前實行下列處分(公§336):

A.公司財產的保全處分。

B.禁止記名式股票的轉讓。

C.清算中如果發現發起人、董事、監察人、經理人或清算人對公司應負損害賠償責任時,可以對這些人的財產實行保全處分。

(8)檢查人

特別清算程序中的檢查人，多半準用重整程序中檢查人的規定。檢查人的職權，就是檢查公司業務及財產狀況，並向法院報告，詳見前述。

(9)協定

所謂協定，是公司與債權人團體所成立的一種和解契約，讓公司清算的清算工作能圓滿解決。

①成立協定的建議

特別清算人可以徵詢監理人的意見，在債權人會議中提出協定（公§347）。協定的內容，由特別清算人自行擬訂，但不可以違反債權人平等原則，除法律有特別規定外，不可以使部分債權人得較多的清償（公§348）。

②協定的表決

協定一事，關係公司債權人的權益甚鉅，所以協定必須經過債權人會議較高程度的決議，即必須有可以行使表決權的債權人過半數的出席，及可以行使表決權的債權總額四分之三以上的同意（公§350 I）。

③協定的效力

協定經法院認可後，組成債權人會議的全體債權人，均受該協定的拘束（公§350準用破產法§136）。

④協定的變更

協定在實行時，如果有必要，可以變更原先的協定條件，變更協定仍然必須經過清算人的建議、債權人會議的同意及法院的許可。

(10)特別清算程序的終了

特別清算程序因為下列事情的發生而終了：

①特別清算順利完結

此時公司的法人資格歸於消滅。

②特別清算的中止

特別清算程序進行中，如果發現沒有進行特別清算的必要時，應中止特別清算程序。

③**轉為破產程序**

特別清算程序開始後，不能達成協定或協定不能實現時，法院應該依職權宣告該公司破產，特別清算程序即因轉為破產程序而終了（公§355）。

◆ **參考答案**

　　無明堂公司應該先與藍領貴族公司訂立合併契約，訂立契約後，召開股東會，將合併契約提請股東會決議，股東會決議通過公司合併後，林荷謙等人應該編造資產負債表及財產目錄，供公司債權人查閱，並分別通知及公告各債權人，同時指定三十日以上的期限，讓債權人提出異議，對於在期限內異議的債權人，林荷謙等人應立即清償債務或提供相當的擔保。藍領貴族公司完成催告公司債權人程序，在股份合併生效後，應立刻召開合併後的股東會，報告公司合併事宜，如果有變更章程的必要，並應舉行變更章程的決議。完成這些程序後，林荷謙等人應該辦理無明堂公司的解散登記，而藍領貴族公司則應該辦理變更登記，由於無明堂公司有發行公司債，所以藍領貴族公司在辦理變更登記時，應一併辦理公司債的登記。

　　如果林荷謙等人決定解散公司，則股東會通過解散的決議後，無明堂公司立刻進入清算程序，由清算人（原則上由林荷謙擔任）負責了結現務，計算公司財產，收取債權、清償債務，以解決公司的財務關係，並將賸餘財產分派給各股東。在無明堂公司進行普通清算時，如果發現有顯著的實行困難，或公司負債超過資產有不實之虞時，法院可以因聲請或依職權，命令無明堂公司進入特別清算程序，透過債權人會議及法院的強力監督，完成無明堂公司的清算程序。

習　題

◎問答題

1. 股東如果不同意公司合併時，有什麼權利可以行使？

2. 請簡單說明股份有限公司的解散事由，並請說明解散後公司是否應該進入清算程序。

3. 請簡單說明普通清算程序與特別清算程序。

4. 特別清算程序的清算機關有那些？其功能為何？

第三章

關係企業

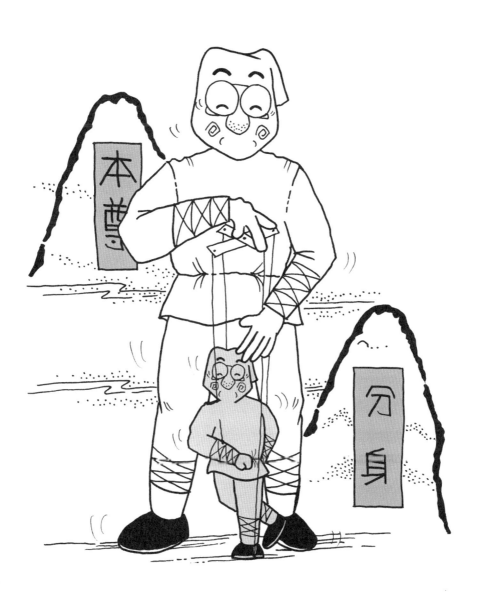

┌─────────────────────┐
│   **本章重點**   │
└─────────────────────┘

◎關係企業 ─┬─ 控制公司與從屬公司
　　　　　　└─ 相互投資公司

◎控制與從屬公司之規範 ─┬─ 通知與公告義務
　　　　　　　　　　　　├─ 從屬公司不合營業常規或不利益經營
　　　　　　　　　　　　│　所受損失之賠償
　　　　　　　　　　　　└─ 從屬公司少數股東與債權人之請求權

◎相互投資公司之表決權限制

┌─────────────────────┐
│   **本章目標**   │
└─────────────────────┘

1. 關係企業之形成乃一國經濟發展至相當程度及規模後，所必然
   產生之新形態企業組織模式。此種新形態企業組織體的出現，
   對公司經濟活動乃至對關係企業之公司股東、債權人、交易相
   對人，均產生有別於單一企業之重大變革，故立法院民國八十
   六年修改公司法時，特別增列關係企業章，顯示關係企業在我
   國發展迅速，已至非以法律規範不可之程度。

2. 本章旨在使讀者瞭解關係企業之定義、種類，重點則置於公司
   法對從屬公司及債權人之保護規定，亦即控制公司對從屬公司
   之損害賠償責任之規定。

自無明堂公司解散後，藍領貴族股份有限公司的聲勢如日中天，業績蒸蒸日上應接不暇。公司高層為解決日益繁忙的出版業務，決定將出版部獨立出來，指派蕭珠籌組一家新的「瑟瑟出版股份有限公司」，並出任總經理。

藍領貴族公司對蕭珠的經營策略頗有微詞。母公司希望「瑟瑟出版股份有限公司」能將藍領貴族公司的訂單擺在第一順位，無論如何都要完成母公司所交代的任務。然而蕭珠卻為母公司要求「瑟瑟出版股份有限公司」以五折的價格承接母公司的訂單，致該出版社毫無利潤，營運恐生困難。

自無明堂公司解散後，藍領貴族股份有限公司的聲勢如日中天，業績蒸蒸日上應接不暇。公司高層為解決日益繁忙的出版業務，決定將出版部獨立出來，指派蕭珠籌組一家新的「瑟瑟出版股份有限公司」，並出任總經理。

蕭珠在發展會議中提出她的經營方針：一、為維持「瑟瑟出版股份有限公司」的財務自主性，其股份中的百分之三十必須開放認購。二、「瑟瑟出版股份有限公司」第一年的營業目標將訂為營業額五千萬，其中新客戶的營業額須占百分之四十。在蕭珠的帶領之下，「瑟瑟出版股份有限公司」的員工努力開發新客源，業務量激增，因此對母公司的訂單，有時會因應接不暇而不得不拒絕。

藍領貴族公司對蕭珠的經營策略頗有微詞。母公司希望「瑟瑟出版股份有限公司」能將藍領貴族公司的訂單擺在第一順位，無論如何都要完成母公司所交代的任務。然而蕭珠卻認為母公司要求「瑟瑟出版股份有限公司」以五折的價格承接母公司的訂單，致該出版社毫無利潤，營運恐生困難。

藍領貴族公司為解決爭端，遂將蕭珠解任，改派張瑯擔任總經理。張瑯上任後立刻改變「瑟瑟出版股份有限公司」的經營策略，以「在外的出版部」自居，僅以完成母公司的訂單為營業目標，並應母公司之要求將價格降為三折，以增強母公司的市場競爭力。然在此種經營策略下，瑟瑟出版股份有限公司已連續虧損三年，負債高達一千萬。

![問題]

一、瑟瑟出版股份有限公司與藍領貴族公司的關係為何?

二、藍領貴族公司可否要求瑟瑟出版股份有限公司放棄其他訂單,並給予較高的折扣?瑟瑟出版股份有限公司的債權人可否請求藍領貴族公司清償瑟瑟出版股份有限公司之債務?

![說明]

一、瑟瑟出版股份有限公司與藍領貴族公司的關係為何?

(一)關係企業之形成原因

關係企業之形成,大致有下列幾項原因:

1.企業為求生產原料來源無虞匱乏(例如製糖公司為掌握原料而成立甘蔗農產運銷公司)及對現有資源之有效運用(例如石油煉油公司為充分利用製造過程之副產品,另成立保麗龍、尼龍製造公司;又如電子公司為充分利用新生產技術與專利,另成立電腦晶片製造公司),與產品銷售網之便捷而成立新企業,藉由大規模生產及擴大企業體之方式,達成鞏固原料及市場之目的。

2.關係企業間之交易,在價格訂定及調整上有其便利性,藉由此種方式,可達成企業分擔成本之效果,進而可以規避稅賦或避免累進課稅。

3.利用關係企業相互投資及相互保證之方式,可將同一筆資金反覆投資於各關係企業間,再利用相互投資而成立之公司向銀行借款,達到擴張信用之效果。

4.便於企業之多角化經營：企業若選擇在原企業體之固有組織內從事多角化經營，可能會遭遇不同層面之問題。在企業管理方面，若企業一味擴充其組織體系，可能因組織過於龐大而引發部門間嚴重衝突或協調失衡，導致企業之競爭力降低。

㈡關係企業章立法理由

公司為求取生存、賺取更多利潤，使公司不斷成長，無不盡可能地掌握產品市場與原料來源、提高公司資金運用之靈活度，與保持公司之競爭力。而拓展市場、掌握原料來源以及靈活運用資金之最佳方式，莫過於自己再籌組一家公司，負責產品之行銷、或原料之加工、或相互融通資金，以發揮「團結就是力量」及「肥水不落外人田」的精神。

籌組一家新公司的方式有二：自己再開一家，或是購買別人的公司，於前者情形，由於數家公司都是自家人，可能相互以壓低成本等方式，將利益全部歸於其中一家公司，而使其他自家公司蒙受虧損，此將損及虧損公司股東及債權人之權益；於後者情形，可能造成資力龐大的公司，不斷併購他家公司，致市場為少數公司所控制，該少數公司可任意決定價格，影響整體經濟發展及消費者的權益。為防止此等弊端，立法院特別於民國八十六年五月三十一日增訂公司法關係企業章，以規範關係企業。

㈢關係企業之意義

依公司法第三百六十九條之一的規定，關係企業係指獨立存在（亦即獨立具備公司法人資格）而相互間具有下列關係之企業：

1.有控制與從屬關係之公司

所謂有控制與從屬關係之公司，其情形可分為：

⑴公司持有他公司有表決權之股份或出資額，超過他公司已發行有表決權之股份總數或資本總額半數者為控制公司，該他公司為從屬公司

（公§369之2 I）。

　　例如「打瞌睡也會成功」室內設計有限公司的總資本額為新臺幣五百萬元，而其中四百萬元乃「不睡覺不會成功」寢具有限公司所投資，因「不睡覺不會成功」寢具有限公司所持有之出資額，超過「打瞌睡也會成功」室內設計有限公司出資總額的半數，故「不睡覺不會成功」寢具有限公司為控制公司，而「打瞌睡也會成功」室內設計有限公司為從屬公司。

　　關於持有他公司之股份或出資額，其計算方式，依公司法第三百六十九條之十一規定，應連同下列各款之股份或出資額一併計入：

　　①公司之從屬公司所持有他公司之股份或出資額：例如甲股份有限公司為乙股份有限公司之控制公司，甲、乙公司均持有丙股份有限公司之股份（甲公司實際持有丙公司股份之五十萬股，乙公司實際持有丙公司股份之五十萬股），於計算甲公司所持有之丙公司股份總數額，應連同乙公司所實際持有之股份數額一併計入（即甲公司持有丙公司股份之一百萬股）。

　　②第三人為該公司而持有之股份或出資額：例如黃田是「戀戀風城」餐飲股份有限公司董事長——蔡示的好友，蔡示欲確保其葡萄酒來源，蒐購「大酒桶」釀酒股份有限公司之股份，為避免「大酒桶」趁機拉抬股價，遂暗中委託黃田幫忙蒐購，「戀戀風城」實際持有之「大酒桶」公司股份為一百二十萬股，黃田為「戀戀風城」公司所持有之「大酒桶」公司股份為五十萬股，則計算「戀戀風城」公司所持有之「大酒桶」公司股份時，應加計黃田所持有之五十萬股，總持有股份數額為一百七十萬股。

　　③第三人為該公司之從屬公司而持有之股份或出資額：例如，「淒淒雨港」海鮮有限公司為「戀戀風城」公司之從屬公司，何希波為「淒淒雨港」公司持有三十萬股之「大酒桶」公司股份，則計算「戀戀風城」公司所持有之「大酒桶」公司股份總數，必須加計何希波所持有之三十萬股。

(2)公司直接或間接控制他公司之人事、財務或業務經營者亦為控制公司，該他公司為從屬公司（公§369之2 II）。

例如「天長」食品有限公司董事長——吳圓是「地久」婚紗攝影有限公司董事長——吳固的哥哥，「地久」有限公司上自總經理下至公司泊車小弟皆為吳圓所任命，於此種情況下，「天長」食品有限公司為控制公司，「地久」婚紗攝影有限公司為從屬公司。

倘一企業所擁有之專利權、商標權等，為他企業之重要事業內容，經由此類智慧財產權授權使用之方式，亦可達成對他企業之支配。公司法對於此種支配關係並無明文規定，惟可能涉及第三百六十九條之二第二項「直接或間接控制他公司之人事、財務或業務經營」。

(3)依公司法第三百六十九條之三規定，有下列二種情形，推定為有控制與從屬關係，惟當事人可舉反證推翻：

①公司與他公司之執行業務股東或董事有半數以上相同者。

②公司與他公司已發行有表決權之股份總數或資本總額有半數以上為相同之股東持有或出資者。

(4)關於「控制與從屬關係」之定義：

①所謂控制與從屬關係，學理上分為「實質之控制與從屬關係」（即公司法第三百六十九條之二第二項所規定者）、「形式之控制與從屬關係」（即公司法第三百六十九條之二第一項所規定者）與「擬制之控制與從屬關係」（即公司法第三百六十九條之三所規定者）。

②關於實質控制關係中之「直接與間接」、「人事」、「財務」、「業務經營」等概念，並未於公司法中特別予以定義，在其他私法領域中亦未有定義性規定，因此在適用此類規定時，僅能依客觀交易內容或依他國之立法例或學說見解為法理之參考依據。

所謂「直接或間接」控制之觀念，乃依據其控制方式係由控制公司以母公司地位直接為控制，或經由迂迴方式，或因其他事實上需要或法

律上關係而經第三人以達其指揮支配之目的，作為判斷係直接或間接控制之依據。

所謂「人事」，日本學者通說之見解係指公司之董事、監察人及經理人而言。此處之經理人除公司法所稱之經理人外，公司依民法規定所委任之經理人亦應包括在內。

③形式控制關係應注意公司法第三百六十九條之二，計算控制公司所持有之股份種類，僅限於有表決權之股份，因此無表決權之特別股不應列入計算。本條之立法理由，係認為控制關係之形成通常係藉由表決權之行使而達成，因而僅將有表決權之股份列入計算。

為防止公司以迂迴之方式持有股份（例如利用人頭持股），規避公司法上認定形式控制關係之標準，故本次立法仿照德國之立法例，訂定第三百六十九條之十一，使公司無法利用分散持股或出資額之方式，規避關係企業章之適用。

2.相互投資之公司

所謂相互投資之公司，依公司法第三百六十九條之九第一項規定，係指公司與他公司相互投資各達對方有表決權之股份總數或資本總額三分之一以上者。例如「野薑花」製鞋股份有限公司之有表決權股份為一千萬股，「小牛皮」皮革股份有限公司之有表決權股份為五百萬股，「野薑花」公司於股市購買「小牛皮」公司二百萬股之有表決權股份，而「小牛皮」公司於股市購買「野薑花」公司四百萬股，此時「野薑花」公司與「小牛皮」公司為相互投資公司。

同條第二項並規定，相互投資公司各持有對方已發行有表決權之股份總數或資本總額超過半數者，或互可直接或間接控制對方之人事、財務或業務經營者，互為控制公司與從屬公司。上例中，倘「野薑花」公司所購買之「小牛皮」公司有表決權股份超過二百五十萬股，而「小牛皮」公司所購買之「野薑花」公司有表決權股份超過五百萬股，則「野

「薑花」公司與「小牛皮」公司互為對方公司之控制公司與從屬公司。公司法之所以於相互投資公司中，另行區分控制公司與從屬公司，乃因控制公司與從屬公司所受之規範，有別於相互投資公司，故須另作規範。

二、藍領貴族公司可否要求瑟瑟出版股份有限公司放棄其他訂單，並給予較高的折扣？瑟瑟出版股份有限公司的債權人可否請求藍領貴族公司清償瑟瑟出版股份有限公司之債務？

控制公司與從屬公司雖為相互獨立之公司，但因具備控制與從屬關係，故控制公司常要求從屬公司與控制公司或其他公司進行不合一般商業常理之交易，甚或進行不利於從屬公司利益之交易。此種行為將導致從屬公司營業利潤降低甚或虧損，損及從屬公司少數股東及債權人之權益，亦導致市場競爭之不公平或壟斷。公司法為避免此等情事之發生，增設如下規定：

㈠控制公司之義務

1.通知義務（公§369之8 I、II）

公司持有他公司有表決權之股份或出資額，超過該他公司已發行有表決權之股份總數或資本總額三分之一者，應於事實發生之日起一個月內以書面通知該他公司，以便使該他公司知悉其已成為控制公司之從屬公司。控制公司為前項通知後，若持有之股份或出資額發生下列變動時，應於事實發生之日起五日內以書面再為通知：

⑴有表決權之股份或出資額低於他公司已發行有表決權之股份總數或資本總額三分之一時。

　　⑵有表決權之股份或出資額超過他公司已發行有表決權之股份總數或資本總額二分之一時。

　　⑶前款之有表決權之股份或出資額再低於他公司已發行有表決權之股份總數或資本總額二分之一時。

　　公司負責人違反前述通知規定者，各處新臺幣六千元以上三萬元以下罰鍰。主管機關並應責令限期辦理；期滿仍未辦理者，得責令限期辦理，並按次連續各處新臺幣九千元以上六萬元以下罰鍰至辦理為止（公§369之8 IV）。

2.賠償責任

　　控制公司直接或間接使從屬公司為不合營業常規或其他不利益之經營，而未於會計年度終了時為適當補償，致從屬公司受有損害者，應負賠償責任（公§369之4 I）。所謂不合營業常規或其他不利益之經營，我國公司法並未有定義性規定。在我國過去立法例上，曾於所得稅法第四十三條之一使用「常規、非常規交易」之不確定法律概念名詞。該條規定：「營利事業與國內外其他營利事業具有從屬關係，或直接間接為另一事業所有或控制，其相互間有關收益、成本、費用與損益之攤計，如有以不合營業常規之安排，規避或減少納稅義務者，稽徵機關為正確計算該事業之所得額，得報經財政部核准按營業常規予以調整。」該條之規定，乃是賦與財政部權力，於多國籍公司藉由不合常規交易方式達成規避稅賦之目的時，得按常規價格重新計價。所謂常規價格，係指不具關係之企業，於相同交易環境下所收取或支付之價格。因此，於判斷控制公司要求從屬公司進行之交易，是否為不合營業常規時，得以不相關企業，於相同交易環境下，是否會為同等內容之交易，作為參考之判斷標準。一般而言，非常規之交易包括以高於正常價格買進貨物（或以低於正常價格賣出貨物）、以高於正常價格承租財產（或以低於正常價格出租財產）、對無體財產的低價或高價讓與，故意收取過高或過低之貸款利息等。

例如要求從屬公司賠本出售控制公司所需之貨品，或訂定契約約定從屬公司之節稅所得應交由控制公司享受。控制公司要求從屬公司為不合營業常規或其他不利益之經營時，應於會計年度終了補償從屬公司因該不利經營所受之損失，倘控制公司未補償或未充分補償，致從屬公司受有損害時，控制公司應負賠償責任。

控制公司直接或間接使從屬公司為不合營業常規或其他不利益之經營者，如控制公司對從屬公司有債權，在控制公司對從屬公司應負擔之損害賠償限度內，不得主張抵銷（公§369之7 I）；且控制公司對從屬公司之債權，不論有無別除權或優先權，於從屬公司依破產法之規定為破產或和解，或依公司法規定為重整或特別清算時，應次於從屬公司之其他債權受清償（公§369之7 II），以避免控制公司以製造債權方式，規避其應盡之賠償責任。

3.編製關係企業會計表冊之義務

公開發行股票公司之控制公司，應於每會計年度終了，編製關係企業合併營業報告書及合併財務報表（公§369之12 II）。

(二)從屬公司之權利與義務

1.賠償請求權

(1)賠償義務人

為加強保護從屬公司少數股東與債權人之權益，控制公司未於會計年度終了補償從屬公司之損失時，從屬公司得請求控制公司負損害賠償責任。

除控制公司負賠償責任外，倘係控制公司負責人要求從屬公司為不合營業常規或其他不利益之經營時，從屬公司亦得要求控制公司負責人與控制公司負連帶賠償責任（公§369之4 II）。若控制公司使從屬公司為不合營業常規或其他不利益之經營，致他從屬公司受有利益時，從屬公司亦得要求受有利益之該他從屬公司於其所受之利益限度內，與控制公

司負連帶賠償責任（公§369之5）。例如「淒淒雨港」海鮮有限公司與「閃閃星市」室內裝潢有限公司為「戀戀風城」餐飲股份有限公司之從屬公司，「戀戀風城」公司要求「閃閃星市」公司以低於市價之方式為「淒淒雨港」之新辦公大樓裝修，倘「戀戀風城」公司未於會計年度終了適當補償「閃閃星市」公司之損失，則「淒淒雨港」須於其所受利益範圍內，與「戀戀風城」公司負連帶賠償責任。

⑵消滅時效

從屬公司之損害賠償請求權，自請求權人知控制公司有賠償責任及知有賠償義務人時起，二年間不行使而消滅。自控制公司賠償責任發生時起，逾五年者亦同（公§369之6）。

2.公告義務（公§369之8 III）

從屬公司自接獲控制公司關於其所持有之有表決權股份數額或出資額通知後，應於收到通知後五日內公告之，公告中應載明通知公司名稱及其持有股份或出資額之額度。公司負責人違反通知或公告規定者，各處新臺幣六千元以上三萬元以下罰鍰。主管機關並應責令限期辦理；期滿仍未辦理者，得責令限期辦理，並按次連續各處新臺幣九千元以上六萬元以下罰鍰至辦理為止（公§369之8 IV）。

3.製作關係報告書之義務（公§369之12 I）

而公開發行股票公司之從屬公司，應於每會計年度終了，造具其與控制公司間之關係報告書，載明相互間之法律行為、資金往來及損益情形。

㈢相互投資公司表決權行使之限制（公§369之10）

有關相互投資之運作，可藉下圖予以說明：

甲公司資本額十億元　————轉投資五億元以供增資————→　乙公司資本額十億元
　　　　　　　　　　　←————轉投資五億元以供增資————

在此種運作模式下可能產生三個問題：

1.資本虛增。就上圖情形，甲、乙公司原本各有資本十億元，經由轉投資方式各增資五億元，此時二家公司在帳面上各有五億元新資本，惟實際上二家公司之資本並未有任何實質增加，此等形式資本增加，會造成公司資本額虛假膨脹，對於公司債權人易生混淆結果。

2.董事、監察人永保其職位，且藉此達成控制公司之目的。在轉投資情形，若二公司各投資持有對方股份達發行股份總數或資本額二分之一時，由於彼此間之董事、監察人可經由彼此協議，藉由選舉時相互換票之行為，達成控制董事、監察人席次之目的。

3.藉相互合作而達成鞏固市場占有率、操縱市場甚至壟斷市場。

因此按公司法第三百六十九條之八規定，於投資達對方有表決權之股份總數或資本總額三分之一，或被投資達公司有表決權之股份總數或資本總額三分之一時，通知對方公司。相互投資公司知有相互投資之事實時，其所得行使之表決權，不得超過被投資公司已發行有表決權股份總數或資本總額之三分之一。再就「小牛皮」與「野薑花」兩家公司為例，若「小牛皮」皮革股份有限公司之有表決權股份為五百萬股，「野薑花」公司於股市購買「小牛皮」公司二百萬股之有表決權股份，此時「野薑花」公司自知悉二家公司相互投資之事實起，其所得行使「小牛皮」公司之表決權，不得超過五百萬股的三分之一。但以盈餘或公積增資配股所得之股份，仍得行使表決權。如上例「小牛皮」公司以配股方式分配公司盈餘，而「野薑花」公司配得五萬股，則「野薑花」公司就該五萬股仍得行使表決權。

惟公司依第三百六十九條之八規定通知他公司後，於未獲他公司相同之通知，亦未知有相互投資之事實者，其股權之行使不受前項限制。若上例中「野薑花」公司通知「小牛皮」公司後，未獲「小牛皮」公司相同之通知時，「野薑花」公司所得行使之表決權，不受公司法第三百六

十九條之十之限制。

㈣從屬公司少數股東與債權人之請求權

除控制公司之賠償責任、控制公司負責人與受利益之他從屬公司連帶賠償責任外，公司法並積極賦與公司債權人及少數股東求償權，以落實賠償責任之規定。依公司法第三百六十九條之四規定，控制公司未盡賠償責任時，從屬公司之債權人或繼續一年以上持有從屬公司已發行有表決權股份總數或資本總額百分之一以上之股東，得以自己名義行使從屬公司之損害賠償請求權，請求控制公司對從屬公司為給付（公§369之4 III）。縱使從屬公司拋棄賠償請求權或就賠償請求權與控制公司達成和解，從屬公司之少數股東與債權人仍得行使此項權利（公§369之4 IV）。

此種權利，自請求權人知控制公司有賠償責任及知有賠償義務人時起，二年間不行使而消滅。自控制公司賠償責任發生時起，逾五年者亦同（公§369之6）。

參考答案

藍領貴族股份有限公司持有「瑟瑟出版股份有限公司」百分之七十的股份，超過「瑟瑟出版股份有限公司」已發行有表決權之股份總數半數，依公司法第三百六十九條之二第一項之規定，藍領貴族公司為「瑟瑟出版股份有限公司」的控制公司，而「瑟瑟股份有限公司」為藍領貴族公司之從屬公司。

倘藍領貴族公司要求瑟瑟出版股份有限公司放棄其他訂單，並給予較高的折扣，無異係直接使瑟瑟出版公司為不合營業常規且不利益之經營，因此藍領貴族公司應於會計年度終了時，對瑟瑟出版公司為適當補償，若不為適當補償，致瑟瑟出版公司受有損害，應負賠償責任。

由於關係企業仍係相互獨立之企業，故瑟瑟出版公司之債權人不得

請求藍領貴族公司為瑟瑟公司清償債務，惟若藍領貴族公司直接或間接使瑟瑟公司為不合營業常規或其他不利益之經營，且未於會計年度終了為適當補償時，得以自己名義請求藍領貴族公司負賠償責任，維護瑟瑟出版公司之資產，間接確保債權人自身之權益。

習　　題

◎問答題

1.關係企業有那些類型?

2.倘控制公司直接或間接使從屬公司為不合營業常規或其他不利益之經營，應否負賠償責任? 賠償義務人為何? 請求權人為何?

第四章

無限公司

第一節　無限公司的概念、設立與內部關係

本節重點

意義 ── 由二位以上股東組成
　　　── 股東對公司的債務負無限責任
　　　── 全體股東負連帶責任

性質 → 人合公司

設立程序 ── 訂定章程
　　　　── 完成出資
　　　　── 辦理設立登記

內部關係 ── 股東出資種類 ── 財產出資
　　　　　　　　　　　　── 勞務出資
　　　　　　　　　　　　── 信用出資

　　　　── 執行業務股東 ── 原則 → 全體股東
　　　　　　　　　　　　── 例外 → 章程規定

　　　　　　　權利 ── 報酬請求權
　　　　　　　　　── 償還墊項請求權
　　　　　　　　　── 債務擔保請求權
　　　　　　　　　── 損害賠償請求權

　　　　　　　義務 ── 遵守法令規章及股東決議的義務
　　　　　　　　　── 交還代收款項的義務
　　　　　　　　　── 報告業務及答覆質詢的義務
　　　　　　　　　── 不得隨意辭職的義務
　　　　　　　　　── 競業禁止的義務

　　　　── 轉讓出資 → 須經全體股東同意

本節目標

　　簡述無限公司之概念，重點置於股東之出資種類與出資轉讓之限制。

　　孫宏由對於無明堂公司被合併一事，頗覺得遺憾，遂與巫虔、左佑守聯絡，成立一家「諸葛管理顧問無限公司」。巫虔、孫宏由分別出資三百萬及一千五百萬，左佑守則以技術出資，並由左佑守單獨管理公司。

在孫宏由大量資金協助及左佑守響亮名聲下，諸葛公司穩定成長，該公司推出的「成功陣線」在文化界、及工商界掀起一陣旋風。然而好景不長，左佑守因操勞過度，送醫急救。

案　例

　　林荷謙等人經過這次的打擊，大家各奔東西，漸漸失去聯繫。孫宏由看著無明堂由盛而衰，心中不勝唏噓，為了證明這個市場仍有相當大的潛力，就與巫虔、左佑守聯絡，希望大家能再度合作。孫宏由建議他與巫虔分別出資一千五百萬元及三百萬元，左佑守以其卓越的開發技術為出資，成立一家無限公司，並取名為「諸葛管理顧問無限公司」。而且提議公司業務由左佑守一人單獨管理。為使左佑守相信他的誠意，還將單獨管理列入公司章程中。左佑守原本不願意加入，但見孫宏由如此看重他，於是下定決心為這家公司奉獻心力，三人合作之勢於焉成形。

　　在孫宏由大力的資金協助及左佑守響亮的名聲下，諸葛公司穩定成長。而左佑守所開發的成功學訓練課程頗受好評，不僅在文化界掀起一陣旋風，工商業界更是以參加「成功陣線」為榮。諸葛公司光靠左佑守的名氣就招來不少顧客，孫宏由見到公司能快速地打下市場，不禁為自

己的「識人能力」感到高興。

然而好景不再，左佑守因操勞過度，大量吐血不止，送醫急救後發現他患有嚴重的胃潰瘍，需要靜養二年。左佑守下定決心要金盆洗手，從此不再過問公司事務，因此將公司的股份轉讓給他的弟弟左佑佼，由他繼續為公司打拼。雖然左佑佼也是學有專精，但顧客一聽到左佑守不再復出，乃紛紛退學解約，諸葛公司又陷入危機。

◀ 問　題

一、設立無限公司有什麼特別需要注意的規定嗎？

二、左佑守可不可以用他的開發技術當作股東出資？

三、諸葛無限公司可以由左佑守單獨管理嗎？

四、左佑守可以把自己的出資直接轉讓給左佑佼嗎？

■ 說　明

一、設立無限公司有什麼特別需要注意的規定嗎？

無限公司的設立程序，大致上與總則編關於公司的設立程序相同，茲將公司法對設立無限公司的特別規定，說明如下：

(一)設立發起

無限公司應由二位以上的股東發起設立，其中半數必須在國內有住所（公§40 I）。

(二)訂定章程

無限公司的章程，應經過全體股東同意，簽名或蓋章，置於本公司，

並且每位股東各保留一份（公§40 II）。代表公司的股東，不將章程備置在本公司時，處新臺幣一萬元以上五萬元以下的罰鍰，公司負責人所備置的章程，有虛偽記載時，依刑法有關規定處罰。公司章程的記載事項包括（公§41 I）：

1.章程的絕對必要記載事項（未記載時，該章程無效）

(1)公司名稱，並應標明無限公司。

(2)所營事業：應該詳細記載公司經營業務的範圍，不可以用工業、商業等概括字樣。

(3)股東姓名、住所或居所。

(4)資本總額及各股東出資額。

(5)盈餘及虧損的分派比例或標準。

(6)本公司所在地。

(7)所訂立章程的年月日。

2.章程的相對必要記載事項（縱使沒有記載，不影響章程的效力）

(1)各股東以現金以外的財產作為出資時，該財產的種類、數量、價格或估價的標準。

(2)有特定代表公司的股東時，該股東的姓名。

(3)有特定執行業務的股東時，該股東的姓名。

(4)定有解散事由時，該事由。

(5)設有分公司時，分公司的所在地。

3.任意記載事項，例如股東的退股事由等

(三)繳納股款（詳見後述）

(四)設立登記

無限公司應該在訂定章程後十五日內，向主管機關申請辦理設立登

記(公司之登記及認許辦法§3 I)。如果在申請設立登記時，為虛偽記載，依刑法有關的規定處罰。

(五)無限公司與合夥之差別

無限公司與民法上合夥最大不同處，在於無限公司具有法人資格，是法律上的權利主體，可以享受權利負擔義務，而合夥沒有法人資格，必須以其合夥人為權利主體。但無限公司實質上合夥組織仍有頗多相似之處：

1.股東或合夥人對債務皆負連帶責任

無限公司之股東，於公司不足清償債務時，由股東負連帶清償之責；合夥人於合夥財產不足清償合夥債務時，對於不足額連帶負責（民§681）。

2.股東或合夥人（民§667 II）均得以信用或勞務出資

3.股東或合夥人（民§683）轉讓出資均應得全體同意

4.加入新股東或新合夥人（民§691 I）均須得全體同意

5.股東或合夥人（民§671）均有業務執行權

6.事業種類之變更均須全體同意

無限公司變更章程應得全體股東之同意；變更合夥契約或其事業之種類，除契約另有規定外，非經合夥人全體之同意，不得變更（民§670）。

7.股東除名或開除合夥人（民§688）均須得全體同意

8.執行業務之股東或合夥人（民§674）均不得無故辭職

9.退股或退夥（民§674）均以現金抵還

10.均須清償後分配

無限公司清算時，清算人非清償公司債務後，不得將公司財產分派於各股東；合夥財產，應先清償合夥債務後，方能將賸餘財產返還各合

夥人（民§697）。

二、左佑守可不可以用他的開發技術當作股東出資？

(一)內部關係的意義

　　無限公司的法律關係,可以分為內部關係與外部關係,所謂內部關係,指公司與股東、股東與股東之間,因為公司而發生的權利義務關係,而外部關係,則是指股東與第三人之間,因為公司而發生的權利義務關係。

　　由於無限公司具有濃厚的人合色彩,不僅公司的業務發展以各股東的信用作為基礎,而且股東對公司負無限清償責任,由此可知公司與股東的關係非常密切,所以公司法規定：無限公司的內部關係,除法律有明文規定外,可以在章程中規定,換句話說,以法律規定為主,章程規定為輔,讓股東們有更大的發揮空間。

(二)股東出資

　　依據公司法第四十三條的規定,無限公司的股東可以用財產、勞務、信用作為出資：

1.財產出資

　　所謂財產出資,指股東將現金、動產、不動產或其他權利（例如商標權、專利權等）作為出資內容,出資方式包括直接將財產移轉給公司,或將財產交給公司使用、收益（例如把不動產借給公司當辦公大樓）。

　　股東以現金以外的財產作為出資時,為了避免公司資本被不實誇大,影響公司債權人的權益,所以股東的出資種類、數量、價格或估價標準,必須記載在章程中,讓主管機關、公司債權人或與公司交易的人,有評估公司資本的依據（公§41Ⅰ⑤）。

股東以債權作為出資，而債權到期無法獲得清償時，該股東必須補繳出資，如果公司因此受有損害，該股東並應負賠償責任，以免股東以假債權濫竽充數（公§44）。

2.勞務出資

由於無限公司講究股東的個人能力與信用，所以公司法特別允許公司股東以勞務或信用作為出資，這也是無限公司的特色之一。所謂勞務出資，指股東以服勞務的形式（包括耗腦力或是耗體力的工作）作為出資。無限公司股東以勞務出資時，章程上應該載明估定的價格及勞務的標準（公§41Ⅰ⑤）。

3.信用出資

所謂信用出資，指股東將其個人的信用，提供給公司使用，讓公司可以吸收顧客、融通資金以獲得利益，例如在買賣時由股東擔任保證人。

三、諸葛無限公司可以由左佑守單獨管理嗎？

㈠執行業務的機關與方法

無限公司的各個股東，均有執行業務的權利，並因此負有義務，但公司章程中可以特別規定由一位或數位股東執行業務，前述執行業務股東，必須半數以上在國內有住所（公§45）。惟若於章程中規定專由經理人執行業務，而排除其他股東之執行業務權，此種規定與無限公司之「人合」本質不符，應視為無效。

股東執行業務，應該遵守法令規定、公司章程及股東的決定（公§52Ⅰ）。執行業務的股東，如果有數人或由全體股東執行業務時，除章程有特別規定外，業務的執行必須取得過半數執行業務股東的同意

（公§45 I）。

對於通常事務，各執行業務股東都可單獨執行，但如果其他執行業務股東有一人提出異議時，應立即停止執行，以免少數執行業務股東一意孤行，影響公司及其他股東的權益。

㈡執行業務股東的權利

1.報酬請求權

執行業務股東，除非有特別約定，不可以向公司請求報酬（公§49）。因為執行業務股東沒有領取報酬，除了違反法令章程或股東的決議外，必須執行業務有重大過失，才對公司負損害賠償責任（公§52 II、民§544）。

2.償還墊款請求權

股東因執行業務所代墊的款項，可以向公司請求償還，並請求公司支付墊款的利息（公§50 I前段）。

3.債務擔保請求權

股東因執行業務而負擔債務，如果債務還沒有到期，可以向公司請求提供相當的擔保（公§50 I後段），以免替公司還錢之後，要不到錢。

4.損害賠償請求權

股東因執行業務受到損害，而且該損害不是因為股東自己的過失所造成，可以向公司請求損害賠償（公§50 II）。

㈢執行業務股東的義務

1.遵守法令、章程及股東決定的義務（公§52）。

2.交還代收款項的義務，不於相當期間照繳，或挪用公司款項，應加算利息，一併償還。若公司因此受有損害時，並應賠償（公§53）。

3.對不執行業務的股東隨時提出的質詢，有報告業務及答覆質詢的

義務（公 § 48）。

　　4.不可以隨意辭職的義務（公 § 51）。

　　5.競業禁止的義務（公 § 54）。

　　執行業務股東不可以為自己或為他人為與公司同類業務的行為。而且非經其他股東全體同意，不可以擔任其他公司的無限責任股東，或合夥事業的合夥人。如果執行業務股東違反此項義務，公司其他股東可以經過過半數的決議，將該股東為自己或他人所為行為的所得，作為公司的所得。但此一請求，須於所得產生一年內請求。

㈣不執行業務股東的監察權

　　無限公司的股東，對公司負連帶無限責任，與公司的利害息息相關，所以不執行業務的股東，可以隨時向執行業務的股東質詢公司的營業情形、查閱財產文件、公司帳簿表冊，如果發現不當或違法時，可以提出糾正（公 § 48）。公司不可以在章程中限制或剝奪不執行業務股東的監察權。

四、左佑守可以把自己的出資直接轉讓給左佑佼嗎？

　　由於無限公司強調股東個人的資格、能力、信用，第三人願意與公司進行交易，往往是因為特別信任某位股東，所以公司法第五十五條規定，股東不可以任意退股，或將自己全部或一部的出資轉讓給他人，以免影響公司的營運，但如果得到全體股東的同意，則不在此限。

　　無限公司股東可否以其出資設定質權，公司法並無明文規定。依公司法第五十五條規定：「股東非經其他股東全體之同意，不得以自己出資之全部或一部，轉讓於他人。」及民法第九百條規定：「稱權利質權者，謂以可讓與之債權或其他權利為標的物之質權。」無限公司股東之出資似可以作為質權之標的。

惟依民法第九百零二條規定：「權利質權之設定，除依本節規定外，並應依關於其權利讓與之規定為之。」而無限公司之股東讓與出資時，應得其他股東全體之同意，復依最高法院二十二年上字第二三五號判例：「合夥人以自己之股份為合夥人以外之人設定質權，依民法第九百零二條、第六百八十三條之規定，須經其他合夥人全體之同意。」而無限公司之出資，類似合夥之出資。因此，無限公司股東之出資，雖得為質權之標的，但應事先取得其他股東全體之同意。

◆ 參考答案

左佑守的開發技術屬於耗腦力的勞務，可以用來作為出資的內容，但必須在諸葛公司的章程上，載明估定的價格以及勞務的標準。無限公司股東以信用出資時，應該在章程上載明估定的價格。

只要全體股東同意，諸葛公司可以在章程中明白規定，由左佑守單獨管理公司，左佑守並因此而負擔執行業務股東的各項義務。

左佑守原則上不可以把出資全部轉讓給左佑佼，但如果取得孫宏由、巫虔的同意，則不受限制。

◆ 參考法條

民法§667：

「稱合夥者，謂二人以上互約出資以經營共同事業之契約（第一項）。前項出資，得為金錢或其他財產權，或以勞務、信用或其他利益代之（第二項）。金錢以外之出資，應估定價額為其出資額。未經估定者，以他合夥人之平均出資額視為其出資額（第三項）。」

民法§668：

「各合夥人之出資，及其他合夥財產，為合夥人全體之公同共有。」

民法§669：

「合夥人除有特別訂定外，無於約定出資之外增加出資之義務。因損
失而致資本減少者，合夥人無補充之義務。」

民法§670：

「合夥之決議，應以合夥人全體之同意為之（第一項）。前項決議，合
夥契約約定得由合夥人全體或一部之過半數決定者，從其約定。但關
於合夥契約或其事業種類之變更，非經合夥人全體三分之二以上之同
意，不得為之（第二項）。」

民法§671：

「合夥之事務，除契約另有訂定或另有決議外，由合夥人全體共同執
行之（第一項）。合夥之事務，如約定或決議由合夥人中數人執行者，
由該數人共同執行之（第二項）。合夥之通常事務，得由有執行權之各
合夥人單獨執行之。但其他有執行權之合夥人中任何一人，對於該合
夥人之行為有異議時，應停止該事務之執行（第三項）。」

民法§672：

「合夥人執行合夥之事務，應與處理自己事務為同一注意。其受有報
酬者，應以善良管理人之注意為之。」

民法§673：

「合夥之決議，其有表決權之合夥人，無論其出資之多寡，推定每人
僅有一表決權。」

民法§674：

「合夥人中之一人或數人，依約定或決議執行合夥事務者，非有正當
事由不得辭任（第一項）。前項執行合夥事務之合夥人，非經其他合夥
人全體之同意，不得將其解任（第二項）。」

民法§675：

「無執行合夥事務權利之合夥人，縱契約有反對之訂定，仍得隨時檢
查合夥之事務及其財產狀況，並得查閱帳簿。」

民法§676：

「合夥之決算及分配利益，除契約另有訂定外，應於每屆事務年度終為之。」

民法§677：

「分配損益之成數，未經約定者，按照各合夥人出資額之比例定之（第一項）。僅就利益或僅就損失所定之分配成數，視為損益共通之分配成數（第二項）。以勞務為出資之合夥人，除契約另有訂定外，不受損失之分配（第三項）。」

民法§678：

「合夥人因合夥事務所支出之費用，得請求償還（第一項）。合夥人執行合夥事務，除契約另有訂定外，不得請求報酬（第二項）。」

民法§679：

「合夥人依約定或決議執行合夥事務者，於執行合夥事務之範圍內，對於第三人，為他合夥人之代表。」

民法§680：

「第五百三十七條至第五百四十六條關於委任之規定，於合夥人之執行合夥事務準用之。」

民法§681：

「合夥財產不足清償合夥之債務時，各合夥人對於不足之額，連帶負其責任。」

民法§682：

「合夥人於合夥清算前，不得請求合夥財產之分析（第一項）。對於合夥負有債務者，不得以其對於任何合夥人之債權與其所負之債務抵銷（第二項）。」

民法§683：

「合夥人非經他合夥人全體之同意，不得將自己之股份轉讓於第三人。

　但轉讓於他合夥人者，不在此限。」

民法§684：

　「合夥人之債權人，於合夥存續期間內，就該合夥人對於合夥之權利，
　不得代位行使。但利益分配請求權，不在此限。」

民法§685：

　「合夥人之債權人，就該合夥人之股份，得聲請扣押（第一項）。前項
　扣押實施後兩個月內，如該合夥人未對於債權人清償或提供相當之擔
　保者，自扣押時起，對該合夥人發生退夥之效力（第二項）。」

民法§686：

　「合夥未定有存續期間，或經訂明以合夥人中一人之終身，為其存續
　期間者，各合夥人得聲明退夥，但應於兩個月前通知他合夥人（第一
　項）。前項退夥，不得於退夥有不利於合夥事務之時期為之（第二項）。
　合夥縱定有存續期間，如合夥人有非可歸責於自己之重大事由，仍得
　聲明退夥，不受前二項規定之限制（第三項）。」

民法§687：

　「合夥人除依前二條規定退夥外，因左列事項之一而退夥：

　一　合夥人死亡者。但契約訂明其繼承人得繼承者，不在此限。

　二　合夥人受破產或禁治產之宣告者。

　三　合夥人經開除者。」

民法§688：

　「合夥人之開除，以有正當理由為限（第一項）。前項開除，應以他合
　夥人全體之同意為之。並應通知被開除之合夥人（第二項）。」

民法§689：

　「退夥人與他合夥人間之結算，應以退夥時合夥財產之狀況為準（第
　一項）。退夥人之股份，不問其出資之種類，得由合夥以金錢抵還之（第
　二項）。合夥事務，於退夥時尚未了結者，於了結後計算，並分配其損

益（第三項）。」

民法§690：

「合夥人退夥後，對於其退夥前合夥所負之債務，仍應負責。」

民法§691：

「合夥成立後，非經合夥人全體之同意，不得允許他人加入為合夥人（第一項）。加入為合夥人者，對於其加入前合夥所負之債務，與他合夥人負同一之責任（第二項）。」

民法§692：

「合夥因左列事項之一而解散：

一　合夥存續期限屆滿者。

二　合夥人全體同意解散者。

三　合夥之目的事業已完成或不能完成者。」

民法§693：

「合夥所定期限屆滿後，合夥人仍繼續其事務者，視為以不定期限繼續合夥契約。」

民法§694：

「合夥解散後，其清算由合夥人全體或由其所選任之清算人為之（第一項）。前項清算人之選任，以合夥人全體之過半數決之（第二項）。」

民法§695：

「數人為清算人時，關於清算之決議，應以過半數行之。」

民法§696：

「以合夥契約，選任合夥人中一人或數人為清算人者，適用第六百七十四條之規定。」

民法§697：

「合夥財產，應先清償合夥之債務。其債務未至清償期，或在訴訟中者，應將其清償所必需之數額，由合夥財產中劃出保留之（第一項）。

依前項清償債務，或劃出必需之數額後，其膡餘財產應返還各合夥人金錢或其他財產權之出資（第二項）。金錢以外財產權之出資，應以出資時之價額返還之（第三項）。為清償債務及返還合夥人之出資，應於必要限度內，將合夥財產變為金錢（第四項）。」

民法§698：

「合夥財產，不足返還各合夥人之出資者，按照各合夥人出資額之比例返還之。」

民法§699：

「合夥財產，於清償合夥債務及返還各合夥人出資後，尚有膡餘者，按各合夥人應受分配利益之成數分配之。」

習　題

◎問答題

1. 請說明無限公司的股東出資種類。

2. 請簡述無限公司執行業務股東的義務。

3. 請簡述無限公司股東轉讓出資的限制。

第二節　無限公司的外部關係

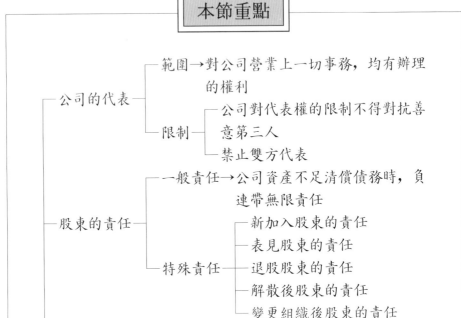

本節重點

公司的代表
├─ 範圍→對公司營業上一切事務，均有辦理的權利
└─ 限制
　　├─ 公司對代表權的限制不得對抗善意第三人
　　└─ 禁止雙方代表

股東的責任
├─ 一般責任→公司資產不足清償債務時，負連帶無限責任
└─ 特殊責任
　　├─ 新加入股東的責任
　　├─ 表見股東的責任
　　├─ 退股股東的責任
　　├─ 解散後股東的責任
　　└─ 變更組織後股東的責任

債務抵銷的限制→公司債務人不得以其債務與其對股東的債權抵銷

本節目標

1. 由於無限公司之外部關係，攸關第三人之權益，因此公司法關於無限公司外部關係的規定，均屬強制規定，不得以章程或股東全體之同意變更，以保障第三人之權益。

2. 無限責任股東之特殊責任與債務抵銷之限制，為外部關係之重點，亦為無限公司股東與其他種類公司股東之最大不同處。

由於左佑守重病在床，於是找來左佑佼接替。在七月時，某顧客嚴重跳票，連帶使得諸葛公司面臨財務危機，青山休閒度假村為確保自己權益，遂登門造訪，希望諸葛公司儘快還錢。

左佑佼向大發汽車購買一輛市價百萬的進口轎車，並不顧公司危機，要求以大發公司積欠諸葛公司的訓練費相抵銷。左佑守聽到這則消息，直嘆所託非人，只好抱著「我不入地獄，誰入地獄」的心情，重出江湖。

案例

　　孫宏由到醫院探望左佑守，並告知公司現正面臨業務大量流失的危機，希望他能打消轉讓股份，退出公司的決定。幾經商議，左佑守終於與孫宏由達成共識：左佑守可以轉讓大部分的股份給左佑佼，並且增列孫宏由、左佑佼二人為執行業務股東，對外代表公司。大家的構想是先培養左佑佼的名聲，等到左佑佼可以獨當一面時，左佑守再退出公司。

　　公司業務穩定後，孫宏由等四名股東預計在十二月份分配盈餘，但在七月時，因某顧客嚴重跳票，連帶使得諸葛公司面臨財務危機，虧損連連。青山休閒度假村見諸葛公司發生財務危機，為確保自己的權益，就登門造訪，希望諸葛公司儘快還錢。

　　左佑佼在公司面臨財務困難時，不僅不為公司解除危機，反而在外四處招搖，他自認身為公司股東，應該擁有一輛轎車代步，遂以自己的名義向大發汽車公司購買一輛市價一百萬元的進口車。恰好大發汽車公司對諸葛公司尚有一百萬元的訓練費未清償，左佑佼就提議兩項債務相互抵銷，以後兩不相欠。

　　左佑佼不顧公司現在處於虧損狀況，在十二月時，仍要求公司分派盈餘。見到左佑佼這種作法，左佑守直嘆所託非人，只好抱著「我不入地獄，誰入地獄」的心情重出江湖。

問題

一、諸葛無限公司的代表可以從一位增加為三位嗎？

二、左佑佼是諸葛公司後來加入的股東，對於加入前的公司債務，是不是也要負無限清償責任？

三、左佑佼可以拿購車費用抵銷大發公司積欠的訓練費嗎？

四、公司虧損時，還可以分派盈餘給左佑佼嗎？

■ 說　明

一、諸葛無限公司的代表可以從一位增加為三位嗎？

　　無限公司的外部關係，是指股東與第三人之間，因公司而發生的權利義務關係，包括公司的代表、股東的責任、債務抵銷的限制。無限公司的內部關係，可以由股東在章程中自由約定，但外部關係涉及第三人的權利，所以公司法關於無限公司外部關係的規定，多半屬於強行法規，不可以任意變更，以保障交易安全。

㈠公司的代表

　　我國仿效德國之立法例，將「執行業務股東」與「代表公司股東」，予以區分。就外部關係言，屬於「公司代表」，就內部關係言，屬於「執行業務」。惟公司業務之執行，若純屬公司內部事務之處理，例如編製財務表冊等，即與「公司代表」無關，故有業務執行權限者，未必有公司代表權。

　　無限公司的各個股東，都有執行公司業務及代表公司的權限，除公司在章程中另有規定(公§56)。公司章程有特別指定代表公司的股東時，其他股東的代表權就因此被剝奪。不過，代表公司的股東，必須半數以上在國內有住所（公§56 II）。

　　假設新活力輪胎無限公司之章程規定，由股東傅興漢一人代表公司，而傅興漢之事務相當繁忙，可否再授權薄晴朗，由薄晴朗代表公司？

　　由於公司章程特定某股東代表該公司，係對該股東之信任，並重視該股東之特性，而第三人並未獲得其他股東同等之信任，故傅興漢不得再授權薄晴朗代表公司。

　　且若薄晴朗非公司股東，由於無限公司股東對公司負無限清償責任，

對公司事務之處理態度與注意程度，與非股東之人大不相同，倘允許非股東之人代表公司，其行為所生之債務，亦由股東負無限清償責任，對其他股東之權益影響甚鉅。

惟傅興漢可以委任薄晴朗辦理其代表事務，此時代表人仍為傅興漢，而薄晴朗僅係傅興漢之輔助機關。

㈡代表權的範圍

依公司法的規定，代表公司的股東，對公司營業上的一切事務，都有辦理的權利（公§57），只要是公司營運相關的事務，不論是法律行為或事實行為、在訴訟上或訴訟外，代表公司的股東都可以辦理。

㈢代表權的限制

公司可以在章程中，或經過全體股東的決議，對股東的代表權加以限制，不過此種限制不可以對抗善意第三人，以免侵害善意第三人的權益（公§58）。

為防止代表公司的股東，為自己或他人的利益而損害公司的利益，所以公司法規定：代表公司的股東，如果為自己或他人與公司為買賣、借貸或其他法律行為時，不可以同時擔任公司的代表，但向公司清償債務時，不受限制（公§59）。

二、左佑佼是諸葛公司後來加入的股東，對於加入前的公司債務，是不是也要負無限清償責任？

㈠無限公司股東的一般責任

無限公司股東的一般責任，是指股東在公司資產不足清償債務時，

負連帶清償責任（公§60）。所謂連帶責任，是指股東相互間負連帶責任，而不是指公司與股東負連帶責任，也就是說，必須是在公司的財產不足清償債務時，股東才必須負清償責任，如果公司的財產足以清償債務，公司債權人不可以請求股東清償公司債務。假設新活力輪胎無限公司因支付員工薪資，而向股東余純純借調現金，嗣後公司因破產而解散，股東余純純可否主張其他股東對公司債務負連帶無限清償責任，而請求其他股東返還該筆借款？關於此問題，我國學者間有不同意見：

有學者認為股東對公司之債權，與一般債權相同，公司股東對公司之一般債權既負連帶無限清償責任，則就股東對公司之債權，亦應負連帶責任。

亦有學者認為應視股東對公司之債務，係基於股東資格而生（如盈餘分派請求權），抑或基於非股東資格而生（如借貸、買賣），若為前者，則其他股東毋須負無限責任，反之，則其他股東應負無限責任。

惟目前多數學者認為，股東之連帶無限清償責任，係為保護股東以外之公司債權人而設，就公司內部關係言，各股東均有分擔損失之義務，如仍令其他股東負連帶無限清償責任，則一般股東清償後，仍可向受領給付之股東行使請求權，如此循環求償，將不勝其擾。因此股東對公司有債權時，其他股東不必對該股東之債權負連帶無限清償責任。

無限公司之股東，於「公司資產不足清償債務」時，負無限清償責任，何謂「公司資產不足清償債務」，學說上有爭議：

有學者主張「債務超過說」，只要公司債權人能證明公司之積極財產不足抵償公司債務時，公司股東即須負無限責任。

亦有學者主張「請求無效說」，倘公司債權人證明其已向公司行使請求權而無效果時，不論公司債務是否超過資產，公司股東即負無限責任。

目前多數學者係採「執行無效說」，必須公司債權人對公司財產為強制執行，仍不能完全受清償時，方得請求公司股東負無限責任。因此公

司債權人依強制執行或破產程序向公司請求清償債務後，仍然不能獲得完全清償時，才可以請求公司股東清償。股東清償公司債務後，股東相互間如何分攤，可以在章程中明文規定，或依民法關於連帶債務人間求償的規定解決。

㈡無限公司股東的特殊責任

無限公司股東的特殊責任，指股東因特殊事由所應負的責任，包括：

1.新加入股東的責任（公§61）

新加入股東，對加入後公司所負的債務，當然必須負責，對還沒有加入前公司已經發生的債務，依公司法的規定，也必須負責。因此在加入無限公司成為新股東前，一定要調查清楚公司的財務狀況，以免發生還沒賺錢就先賠錢的慘況。

2.表見股東的責任（公§62）

公司法規定，不是股東的人，如果故意作出使人誤以為是股東的行為時，對於善意第三人應負與股東相同的責任，以保障善意第三人，並維持公司的信用。惟該表見股東負其表見責任後，可否再對公司或其他真正股東行使求償權？關於此點，公司法並未設明文規定，學者間有不同主張，多數學者認為應分別情形而適用「無權代理」或「無因管理」之規定，說明如下：

⑴無權代理：非股東而擅自代表公司為法律行為時，若經公司承認其無權代表行為，公司即應負責，故表見股東得向公司求償，若未經公司承認，公司不必負責，而由表見股東自負責任，並此時不得向公司求償。

⑵無因管理：若表見股東係以為公司管理之意思而為表見行為，其行為有利於公司且不違背公司之本意，即得依民法第一百七十六條之規定向公司求償。

3.退股股東的責任（公§70）

如果股東退股或轉讓出資就可以免除無限責任，將會造成無限公司一有虧損，股東就紛紛退股或轉讓出資，以逃避責任，嚴重損害公司債權人的權益，所以公司法規定：退股股東對於退股登記或轉讓出資登記前的公司債務，在登記後二年內仍負連帶責任。本條所指之「二年」，多數學者認為性質上屬於消滅時效期間，而有民法關於時效中斷或時效不完成等規定之適用，理由如下：

(1)除斥期間之作用在於維持現存法律秩序，消滅時效之作用則在變更原法律秩序（形成新的法律秩序），無限公司股東本負無限連帶清償責任，因二年經過而免其責任，故應屬消滅時效期間。

(2)除斥期間是形成權之存續期間，消滅時效則是請求權之行使期間，本項規定之二年期間，乃公司債權人對股東行使請求權之期間，故應屬消滅時效期間。

4.解散後股東的責任（公§96）

無限公司股東間的連帶責任，自公司辦理解散登記後，滿五年而消滅。五年期間性質上屬於除斥期間，期間屆滿後，縱然債務還沒有清償完畢，債權人也不可以再對股東請求。

5.變更組織後股東的責任（公§78）

無限公司經過全體股東的同意，可以變更公司的組織形態，將一部分的股東，改成有限責任股東，變成兩合公司。從無限責任變更為有限責任的股東，對於公司變更組織前的債務，在公司變更登記後兩年內，仍然負無限責任。

三、左佑佼可以拿購車費用抵銷大發公司積欠的訓練費嗎？

無限公司有自己獨立的法人人格，公司與股東自身的權利義務是互

相分離的，所以公司法第六十四條規定：公司的債務人，不可以主張以其積欠公司的債務與其對股東的債權相互抵銷。因此左佑佼請求大發公司以訓練費用抵銷個人的購車費用是不合法的。

但是如果公司債權人在公司受破產宣告或強制執行公司財產無效果，而直接向股東請求清償時，股東可以主張以其對該債權人的債權與公司對該債權人的債務相互抵銷。例如大發公司欠孫宏由一百萬，而諸葛公司欠大發公司一百萬，當諸葛公司的財產不足清償債務，而大發公司請求孫宏由負無限責任時，孫宏由可以主張以大發公司積欠自己的債務，抵銷諸葛公司積欠大發公司的債務。

四、公司虧損時，還可以分派盈餘給左佑佼嗎？

由於公司的財產是公司債權人的總擔保，為了保護公司債權人的權益，所以公司法規定，無限公司過去有虧損而本期有盈餘時，在彌補虧損前，不可以分派盈餘。如果公司負責人違反此項規定，各處一年以下有期徒刑、拘役或科或併科新臺幣六萬元以下罰金（公§63），違反此規定所為的盈餘分派，亦屬無效。

參考答案

由於無限公司本來各個股東都有代表公司的權利，只不過可以在章程中規定，由特定的股東代表公司，諸葛公司只要經過變更章程的手續，即可將章程中記載的代表公司股東，從左佑守一人變更為左佑守、左佑佼、孫宏由三人，須注意的是，變更章程後，必須辦理變更登記，否則不可以對抗第三人。

如果發生公司資產不足清償公司債務的情形，雖然左佑佼是後來才加入公司的，但為了鞏固公司的信用，所以左佑佼仍然必須對加入前的

公司債務負無限責任。

　如果左佑守、左佑佼、孫宏由三人，在公司彌補虧損前就分派盈餘給左佑佼，不僅該分派行為無效，這三人還會受到刑事懲罰。

習　題

◎問答題

1. 何謂無限公司的外部關係、內部關係?

2. 請簡述無限公司股東的特殊責任。

3. 公司法對於無限公司債權人及公司股東間債務抵銷,有什麼特別規定?

第三節　無限公司的入股與退股

◎入　股

程序──訂立入股契約
　　　─變更章程
　　　─辦理變更登記

效果──取得股東資格
　　　─對入股前公司的債務也須負責

◎退　股

原因──聲明退股
　　　─法定退股──章程規定退股事由
　　　　　　　　　─死亡
　　　　　　　　　─破產
　　　　　　　　　─受監護宣告
　　　　　　　　　─除名
　　　　　　　　　─股東出資經法院強制執行

效果──停止使用股東姓名
　　　─結算退股
　　　─連帶債務

本節目標

　　無限公司係以股東個人之信用為基礎，而入股、退股會引起股東成員之變動，對公司本身及公司債權人均有重大影響，故法律有加以規範之必要。本節除介紹入股之程序與效力外，重點置於退股之事由及其效力。

　　左佑守重回公司的第一件事就是找好朋友殿佼實入股，以協助處理公司的業務，雖然左佑佼大力反對，但經過三天三夜的唇槍舌戰，左佑佼終於勉強點頭同意殿佼實的入股。

左佑佼一想到大家如此不留情面的待他,心中不禁有氣,於是與藍領貴族公司聯絡,表示願意透露諸葛公司新開發但尚未上市的課程內容,並於九月一日發書面退股通知給公司,表示將於十二月三十一日會計年度終了時退股。

案 例

　　左佑守重回公司的第一件事就是找好朋友殿佼實入股,以協助處理公司的業務,雖然左佑佼大力反對,但經過三天三夜的唇槍舌戰,左佑佼終於勉強點頭同意殿佼實的入股。

　　左佑佼一想到大家如此不留情面的待他,心中不禁有氣,於是一方面與藍領貴族公司聯絡,表示只要有合理的「報酬」,就願意透露諸葛公司新開發但尚未上市的課程內容,另一方面於九月一日發書面退股通知給公司,表示將於十二月三十一日會計年度終了時退股。

　　孫宏由透過管道得知左佑佼已向藍領貴族洩露營業機密,緊急通知左佑守、巫虔兩人。巫虔建議大家將左佑佼除名,並要求賠償公司所受的損失。左佑守不甘自己辛苦的結晶就這麼被盜取,盛怒之下,嘔血不止,再度送醫急救。

◀ 問　題

一、殿佼實應該如何入股?

二、左佑佼的退股通知書是不是具有法律上效力? 孫宏由等人可不可以將左佑佼除名?

■ 說　明

一、殿佼實應該如何入股?

(一)入股程序

所謂入股，是指投資人在公司成立後加入公司，而原始取得股東資格。雖然公司法並沒有明文規定無限公司的入股程序,但應包括下列程序:

1.訂立入股契約

2.變更章程

由於股東的姓名、住所及出資額是無限公司章程的絕對必要記載事項，所以有新股東加入時，必須變更章程。無限公司變更章程，應該經過全體股東的同意（公§47），換言之，欲加入公司成為新股東，必須獲得公司全體股東的同意。

3.辦理變更章程登記

公司登記事項有變更，應辦理變更登記，否則不可以該事項對抗第三人。

(二)入股效果

1.取得股東資格。

2.不僅對入股後公司的債務負無限責任，對入股前公司所負的債務也必須負責（公§61）。

二、左佑佼的退股通知書是不是具有法律上效力？孫宏由等人可不可以將左佑佼除名？

所謂退股，指公司股東在公司存續期間，因股東自己的意願、或法定事由的發生、或其他股東的決議，收回全部的出資，與公司脫離關係，喪失股東資格。

㈠退股原因

1.聲明退股

股東基於個人意願而想退股時，應以書面向公司表達退股的意思，一經表示後，該股東即因此絕對喪失股東資格，但仍必須在一定期間內對公司的債務負連帶清償責任（公§70）。聲明退股又可分為：

⑴年終退股：公司章程沒有規定公司存續期限時，除了章程中另有規定外，股東可以在每會計年度終了時退股（商業會計法§6：商業的會計年度，從每年1月1日起至12月31日止）；但退股股東應該在六個月前，以書面向公司聲明（公§65 I）。

⑵隨時退股：股東因為非可歸責於自己的重大事由而想退股時（如重病），不問公司章程有沒有規定存續期限，都可以隨時退股（公§65 II）。

2.法定退股

依公司法規定，一旦發生下列情況時即生退股的效果（公§66 I）：

⑴發生章程規定的退股事由。

⑵股東死亡。

⑶股東破產。

(4)受監護宣告。

(5)除名：無限公司股東，有下列情形之一時，其他股東可以經過全體的同意，將該位股東除名，合法達成除名的決議後，就發生退股的效力，但非經通知不可以對抗該位被除名的股東（公§67）：

①應繳納的出資不能照繳或屢催不繳。

②未經過其他股東的全體同意，擔任其他公司的無限責任股東，或合夥事業的合夥人。

③以不正當行為妨害公司的利益。

④不履行股東的重要義務。

(6)股東之出資，經法院強制執行者。

須注意的是，無限公司必須有三位以上股東，始得適用公司法關於股東除名之規定，若公司僅有股東二人，則無所謂「除名決議」，否則將形成股東之一得驅逐另一股東退出公司，而導致股東不足法定人數而解散。

㈡退股效果

1.停止使用姓名

無限公司的公司名稱中，如果列有股東的姓、或姓名，該位股東退股時，可以請求公司停止使用其姓名（公§68）。

2.結算退股

股東退股後，公司應該按照退股時公司的財產狀況，進行結算。不論退股股東當初以何種方式出資，公司都可以用現金抵還。股東退股時，公司事務如果還未了結，可以在了結後計算損益，分派盈虧給該位股東（公§69）。

3.連帶債務

退股股東，應該向主管機關申請辦理登記，對於登記前公司的債務，在登記後二年內，仍負連帶無限清償責任（公§70）。

參考答案

在取得諸葛公司全體股東的同意後，殷佼實應該先與諸葛公司訂立入股契約，等諸葛公司完成變更章程的程序後，才取得股東資格。

左佑佼在九月一日發出書面通知，距離其欲退股的十二月三十一日只有四個月，與公司法規定必須在六個月前通知的規定不符合，所以左佑佼的書面通知不發生退股效力。由於左佑佼的行為，嚴重侵害諸葛公司的利益，所以可以經其他股東全體的同意，將左佑佼除名，但必須通知左佑佼該除名決議，否則不可以對抗左佑佼。

習　題

◎問答題

1. 請簡述無限公司股東的入股程序與效果。

2. 請簡述無限公司的法定退股事由，並說明退股的效果。

第四節　無限公司的解散、合併、變更組織與清算

◎解散原因
- 發生章程所定事由
- 公司所營事業已成就或不能成就
- 全體股東同意
- 股東人數不足法定最低人數
- 與他公司合併
- 破產
- 受解散命令或裁判

◎合併程序
- 訂定合併契約
- 決議合併
- 編製資產負債表及財產目錄
- 通知及公告債權人，並對合法異議的債權人提出清償或擔保
- 辦理合併登記

◎變更組織程序
- 決議變更組織
- 編製資產負債表及財產目錄
- 通知及公告債權人，並對合法異議的債權人提出清償或擔保
- 辦理變更登記

◎清算人

選任 ── 法定清算人
        選任清算人
        選派清算人

解任 ── 法院解任
        股東解任
        自行辭職
        發生終止委任事由

職務 ── 了結現務
        收取債權、清償債務
        分派盈餘或虧損
        分派賸餘財產

本節目標

　　公司之解散、合併、變更組織與清算，已於總則章之第九節中說明，本節僅再為簡介。

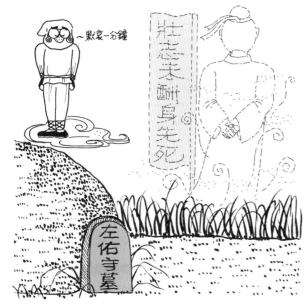

~默哀一分鐘
壯志未酬身先死
左佑守墓

　　左佑守才大病初癒，又立刻氣急攻心，終致「壯志未酬身先死」。左佑守一死，諸葛公司的業務一蹶不振，孫宏由等人為避免公司虧損，決定解散公司，並由巫虔擔任清算人，負責一切清算事宜。

案　例

　　左佑守才大病初癒，又立刻氣急攻心，終致「壯志未酬身先死」。諸葛公司少了左佑守的支撐，業務量大幅滑落，雖然勉強過得去，實質上卻無啥利潤可言，為了避免公司發生虧損，巫虔、孫宏由及殿佼實決定解散公司，並選巫虔擔任清算人，負責公司一切的清算事宜。

問　題

一、無限公司的解散事由有那些？

二、巫虔應該如何進行公司的清算程序？

三、聽聞諸葛公司要解散，全方位食品無限公司想要趁機合併，開拓公司的另一個經營領域，如果諸葛公司同意合併，應該如何進行？

四、如果全方位食品無限公司，想要變更組織成兩合公司，應該如何進行？

一、無限公司的解散事由有那些?

(一)無限公司的解散事由

依公司法第七十一條第一項規定，無限公司發生下列情事時，公司應解散:

1.發生章程規定的解散事由

2.公司所營事業已成就或不能成就

例如白日夢採礦公司以開採金瓜石的金礦作為公司的事業，如果金瓜石的金礦都採完了，稱為公司事業已成就，如果公司成立後，發現金瓜石根本沒有金礦可以採，則是公司事業不能成就。發生此種事由時，如果有全體或一部分股東同意繼續經營，可以變更章程後繼續經營，而不同意的股東視為退股（公§71 II）。

3.股東全體決議

4.股東人數不足法定最低人數

公司法規定無限公司的最低股東人數為兩人，如果股東少於二人，公司當然解散，但可以變更章程加入新股東後繼續營業（公§71 III）。

5.與他公司合併

公司合併後，被合併公司的權利義務由合併後存續或新設的公司承受，該公司當然解散。

6.公司破產

7.主管機關命令解散或法院裁判解散

㈡無限公司解散的效果

無限公司解散後，只有在清算範圍內才有法人人格，原來代表公司的股東與執行業務股東均喪失權限，而由清算人在清算範圍內代表公司並執行公司業務。公司除了因破產而解散外，必須在解散開始後十五日內，申請主管機關辦理解散登記（公司之登記及認許辦法§4），股東的無限連帶責任，自解散登記後滿五年而消滅（公§96），如果公司一直不辦理解散登記，則就無法計算股東的無限連帶責任何時屆止。

二、巫虔應該如何進行公司的清算程序？

公司法關於無限公司的清算規定，說明如下：

㈠清算人的選任及解任

1.清算人的選任

清算人的選任方式，因清算人種類的不同而有不同：

⑴法定清算人（當然清算人）：原則上，無限公司由全體股東擔任清算人（公§79），如果股東死亡，由繼承人執行清算事務，如果繼承人有數人，由繼承人互推一人執行（公§80）。

⑵選任清算人：公司章程可以另外規定清算人，或由股東決議另外選任清算人（公§79但書）。選任清算人不限於公司股東，可以由股東以外的第三人，如律師、會計師擔任。

⑶選派清算人：公司解散，有時因為情況特殊（例如股東全部死亡），當股東無法執行清算事務，也無法選任清算人，為使清算事務順利進行，公司法規定：無限公司無法定清算人又不能選任清算人時，利害關係人可以聲請法院選派清算人（公§81）。

以上三種清算人，應該在就任後十五日內，向法院聲報姓名、住所或居所、就任日期，違反期限不為申報時，各處新臺幣三千元以上一萬五千元以下的罰鍰（公§83 I、IV）。清算人由法院選派時，應對外公告（公§83 III）。

2.清算人的解任

(1)法院解任：無論是以何種方式所產生的清算人，法院因利害關係人的聲請（例如公司債權人），而認為必要時，可以將清算人解任（公§82）。

(2)股東解任：股東所選任的清算人，可以經過股東過半數的同意將其解任。但其他方式產生的清算人，股東無權解任。

(3)清算人自行請辭。

(4)發生委任終止事由：由於清算人與公司的關係，屬於民法上的委任契約關係，所以發生民法上終止委任的事由時，例如清算人死亡、喪失行為能力，委任關係消滅，清算人當然解任。

清算人解任時，股東應在十五日內向法院聲報，違反聲報期限不為聲報時，各處新臺幣三千元以上一萬五千元以下的罰鍰（公§83 II、IV）。清算人由法院解任時，應對外公告（公§83 III）。

㈡清算人的職務

依公司法第八十四條第一項的規定，清算人的職務包括：

1.了結現務。

2.收取債權、清償債務。

3.分派盈餘或虧損。

4.分派賸餘財產。

㈢清算人的權限

1.清算人執行清算事務時，有代表公司為訴訟上或訴訟外一切行為

的權利，但為保護公司全體股東的利益，清算人將公司營業（包括資產負債）轉讓給他人時，應得全體股東的同意（公§84 II）。

2.清算人有數人時，可以推定一人或數人代表公司，如未推定時，各有代表公司的權利（公§85 I前段）。公司定有代表公司的清算人時，應向法院聲報（公§85 II）。

3.清算人對內有執行清算事務權利，關於清算事務的執行，取決於清算人過半數的同意（公§85 I後段）。

㈣清算人職務的執行

1.清算人上任後，應該立刻檢查公司的財產情況，編製資產負債表及財產目錄，送交各股東查閱（公§87 I），清算人對資產負債表或財產目錄為虛偽記載時，依刑法有關規定處罰。凡妨礙、拒絕或規避清算人檢查者，各科新臺幣二萬元以上十萬元以下罰鍰（公§87 II）。

2.清算人遇股東詢問時，應將清算情形隨時答覆，清算人若有違反，各處新臺幣一萬元以上五萬元以下罰鍰（公§87 V、VI）。

3.應以公告方式催告公司債權人申報債權，清算人對其已知悉的公司債權人，應分別通知（公§88）。

4.公司財產不足清償債務時，應立即聲請宣告破產。清算人違反此項規定，不即聲請宣告破產時，各科新臺幣二萬元以上十萬元以下的罰鍰（公§89 I、III）。

㈤清算完結

公司法為保護股東及債權人的利益，督促清算事務早日完結，第八十七條第三項特別規定：清算人應該在六個月內完成清算事務，不能按期完成時，可以申敘理由，聲請法院延展期限，清算人不在規定期限內完成清算時，各處新臺幣一萬元以上五萬元以下的罰鍰（公§87 IV）。

清算人應在清算完結後十五日內，造具結算表冊，送交各股東，請求承認，如果股東不在一個月內提出異議，即視為承認，但清算人有不法行為時，不在此限（公§92）。清算人經送請股東承認後十五日內，應向法院聲報，聲報完結，公司人格即消滅，清算人違反清算聲報期限的規定時，各處新臺幣三千元以上一萬五千元以下的罰鍰（公§93）。

公司的帳簿表冊及關於營業與清算事務的文件，應該自清算完結向法院聲報之日起保存十年，由股東過半數同意決定保存人（公§94）。

三、聽聞諸葛公司要解散，全方位食品無限公司想要趁機合併，開拓公司的另一個經營領域，如果諸葛公司同意合併，應該如何進行？

關於公司合併的概念，已在第一章中提過，所以本題僅簡要敘述無限公司的合併程序：

1. 訂定合併契約
2. 合併決議

無限公司的合併，應經過全體股東的同意（公§72）。

3. 編造資產負債表及財產目錄（公§73 I）
4. 通知及公告公司債權人，並對合法異議的債權人提出清償或擔保（公§73 II）
5. 辦理合併登記（公司之登記及認許辦法§5）

因合併而申請設立登記時，應該附送證明文件，證明公司已經依規定將公司合併之事通知及公告各債權人，並且證明公司已依法對提出異議的債權人為清償、或提供擔保。

四、如果全方位食品無限公司,想要變更組織成兩合公司,應該如何進行?

(一)變更組織的類型

依公司法第七十六條規定,無限公司可以變更為兩合公司,其變更情形有三:

1. 把原來的無限責任股東,一部分改為有限責任股東。
2. 原來的無限責任股東不變,加入新的有限責任股東。
3. 無限責任股東只剩一人時,可以加入有限責任股東繼續經營。

(二)變更組織的程序

關於公司變更組織的概念,已在第一章中提過,所以本題僅簡要敘述無限公司的變更組織程序(公§77):

1. 經全體股東決議變更組織。
2. 編造資產負債表及財產目錄。
3. 通知及公告公司債權人,並對合法異議的債權人提出清償或擔保。
4. 辦理變更登記(公司之登記及認許辦法§15)。

參考答案

巫虔應該在就任後十五日內向法院聲報,並立刻檢查公司財產狀況,造具表冊,送請各股東查閱,一方面了結公司業務,一方面收取債權、清償債務,以便分派盈餘或虧損,如有賸餘財產應該一併分派。巫虔應在上任後六個月內完成清算事務,在清算完結後十五日內,造具結算表冊,送交各股東,請求承認,並在股東承認後十五日內,向法院聲報。

習　題

◎選擇題

（　）1.無限公司的法人人格，自何時消滅？　(1)完成解散登記時
　　　(2)向法院聲報清算完結時　(3)完成分派賸餘財產時　(4)完
　　　成清算登記時。

（　）2.無限公司與其他公司合併時，因合併而消滅的公司，其人
　　　格自何時消滅？　(1)一合併即消滅　(2)完成解散登記時
　　　(3)向法院聲報清算完結時　(4)賸餘財產分派完成時。

（　）3.無限公司解散清算後，股東的連帶責任自何時起滿五年而
　　　消滅？　(1)解散登記　(2)清算登記　(3)向法院聲報完成清
　　　算時　(4)變更登記。

◎問答題

　1.請簡述無限公司的解散原因。

　2.請簡述無限公司清算人的選任及解任。

　3.請簡述無限公司的合併程序。

第五章

有限公司

4. 合併、解散、變更組織、清算

3. 會計

2. 內部關係與外部關係

1. 設立

本章目標

　　有限公司在資本方面趨近於資合公司，故其關於公司會計之規定與股份有限公司較為近似；而在內部關係上則趨近於人合公司，故多準用無限公司之規定。由於股份有限公司與無限公司已於前面述及，故僅須就下列幾點多加瞭解：

1. 股東之出資種類、履行出資及轉讓出資之規定；

2. 意思機關、執行業務機關及監察機關；

3. 增、減資與變更組織；

4. 提撥盈餘公積之規定。

第一節　有限公司的設立

本節重點

◎有限公司的特質

　1. 非公開性

　2. 手續簡便

　3. 資本確定

◎設立程序

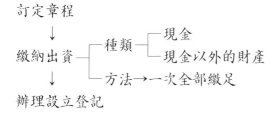

　訂定章程

　　　↓　　　┌──種類──┌──現金
　繳納出資──┤　　　　　└──現金以外的財產
　　　↓　　　└──方法→一次全部繳足
　辦理設立登記

艾妮、冷庫與吳擎三人都在「桃花源旅行社」工作，久而久之便成為非常要好的朋友，在公司人稱「桃源三結義」。原本旅行社還經營得不錯，但上個月一場無名火，使旅行社付之一炬，艾妮等人只好另謀出路了。

冷庫覺得與其再當個職員，不如自己開家旅行社，於是就與艾妮、吳擎聯絡，希望可以共同再創事業高峰。他們三人幾經商議，最後決定在高雄成立一家名為「飛馬旅遊有限公司」。冷庫評估後認為，公司的資本額至少要一千萬元以上才作得起來，但大家積蓄有限，只好再找別人來入股，湊足一千萬元。

冷庫與喬丹對公司的經營方向有所爭執，最後只好以一人一表決權的方式投票方式表決。但表決結果不如喬丹所預想，喬丹要求改以五萬元為一股，每股一個表決權的方式表決。

案 例

艾妮、冷庫與吳擎三人都在「桃花源旅行社」工作，因為工作的關係，三人必須合力完成旅遊案，久而久之便成為非常要好的朋友，在公司人稱「桃源三結義」。原本旅行社還經營得不錯，但一場無名火使旅行社付之一炬，艾妮等人也只好另謀出路。

冷庫覺得與其再當個職員，不如自己開家旅行社，於是就與艾妮、吳擎聯絡，希望可以共同再創事業高峰。他們三人幾經商議，最後決定在高雄成立一家名為「飛馬旅遊有限公司」。冷庫評估後認為，公司的資本額至少要一千萬元以上才做得起來，但大家積蓄有限，只好再找別人來入股，湊足一千萬元。洪玲、喬丹與溫柔答應入股，喬丹以他在大溪的土地出資五百萬元，溫柔出資二百五十萬元，洪玲、艾妮與吳擎分別出資一百萬、五十萬及一百萬元。冷庫認為他在旅遊業待得最久，希望以他的經驗出資二百萬元，其他人也覺得公司剛成立必須借重冷庫的人脈關係，所以也就答應了。至此，「飛馬旅遊有限公司」總資本額共計一

千二百萬元。

資本額確定後，大家開始討論公司的經營方向，冷庫認為公司應設置國內部及國外部，但主攻國外旅遊的市場；但喬丹認為應該設學生部、家庭部、商業公司部、公家機關部，兩人爭執不下，最後以投票的方式表決，冷庫獲得四票，喬丹只得到溫柔的支持。表決結果不如喬丹所預想，他要求改成五萬元為一股，每股一個表決權，照這個標準來算，他可以得到一百五十票，超過冷庫的九十票，大家覺得這種表決方式也無不可。

◀ **問　題**

一、冷庫等人應該如何成立「飛馬旅遊有限公司」？

二、冷庫可不可以用他的經驗作為出資？

三、喬丹要求以五萬元為一股，每股一表決權，是否可以？

■ **說　明**

一、冷庫等人應該如何成立「飛馬旅遊有限公司」？

㈠有限公司的特質

1.非公開性

有限公司由一人以上股東組成，與股份有限公司不同的是，有限公司不准發行股票，其出資的轉讓也設有限制，所以股份有限公司關於公開募股、發行公司債、公司重整的規定，有限公司均不適用，也因此公司財務沒有公開的必要。

2.手續簡便

有限公司的設立，只有發起設立，沒有募股設立，程序相當簡單。

3.資本確定

有限公司的資本總額及各股東的出資額，必須記載在公司章程，且股東必須全部繳足，不可以分期繳納（公§100 I），與股份有限公司在設立時可以只發行部分股份不同。民國九十八年公司法修訂後，有限公司已無最低資本額的限制。但公司辦理設立登記時，資本額仍須經會計師查核簽證，證明該公司的資本額足夠支付公司設立時的各項費用，否則主管機關將不准其登記。

(二)有限公司的設立程序

冷庫等人應該依照下列程序，成立飛馬旅遊有限公司：

1.訂定章程

股份有限公司應該經過全體股東的同意，訂定公司章程，並由全體股東在章程上簽名或蓋章，除了股東每人各持一份章程外，並須將章程放置在總公司（公§98 II）。有限公司章程中的條款，也可分為絕對必要記載事項與相對必要記載事項，其相關規定與無限公司的規定相同。公司負責人不備置章程於公司時，處新臺幣一萬元以上五萬元以下的罰鍰，連續拒不備置，並按次處新臺幣二萬元以上十萬元以下罰鍰（公§101 II）；公司負責人所備置的章程如果有虛偽記載時，依刑法的規定處罰。

2.繳納股款

有限公司為資合公司，有限公司的股東，對公司債務僅就出資額負有限責任（公§99）。

(1)出資類別：有限公司股東的出資，不以現金為限，也可以用現金以外的財產出資，如土地、房屋等，但不可以用信用或勞務出資。

(2)繳納方法：公司的資本總額，應由各股東全部繳足，不可以分期繳納或向外招募（公§100 I）。現物出資人（即以財產抵充股款者）應該

與現金出資人同時履行出資義務。

3.辦理設立登記

　　有限公司應自章程訂立後十五日內，向主管機關申請辦理設立登記（公司之登記及認許辦法§3 I）。

二、冷庫可不可以用他的經驗作為出資？

　　依公司法的規定，有限責任股東雖然可以用現金以外的財產出資，例如土地、房子或是其他權利（例如專利權），但不可以信用或勞務做出資。本案中，冷庫主張以其過去的經驗作為出資，屬於勞務出資，明顯違背公司法的規定，冷庫應該立即以現金或其他財產作為出資。

三、喬丹要求以五萬元為一股，每股一表決權，是否可以？

　　有限公司並未如同股份有限公司一般，設有股東大會，而是由全體股東共同決定公司的意思，因此飛馬旅遊有限公司的經營方向，應由冷庫等人共同決定。依公司法第一百零二條第一項規定：有限公司每一股東不問出資多寡，均有一表決權；但可以在章程中訂定，按出資多寡分配表決權。依照該條規定，如果喬丹想改成按出資比例分配表決權，必須將此一事項明定在公司章程中，也就是說，必須先取得全體股東的同意，變更公司章程（公§113準用§47），在章程中增訂「以五萬元為一股，每股一表決權」的規定，才可以依出資比例行使表決權，否則仍應遵守一位股東一表決權的規定。

習　題

◎問答題

1. 請簡述有限公司的設立程序。

2. 請簡述有限公司股東的出資種類及出資方式。

第二節　有限公司的內部關係與外部關係

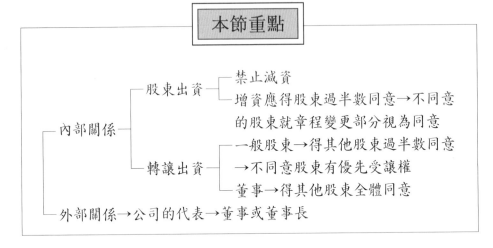

本節重點

```
                      ┌─ 禁止減資
          ┌─ 股東出資 ─┤
          │           └─ 增資應得股東過半數同意→不同意
          │              的股東就章程變更部分視為同意
內部關係 ─┤           ┌─ 一般股東→得其他股東過半數同意
          │           │
          └─ 轉讓出資 ─┤→不同意股東有優先受讓權
          │           │
          │           └─ 董事→得其他股東全體同意
          │
          └─ 外部關係→公司的代表→董事或董事長
```

原本大家希望由資歷最深、人脈最廣、能力最強的冷庫擔任董事長，但冷庫已在另一家旅行社擔任業務副總，加上董事長沒有薪水，所以冷庫拒絕。為使冷庫安心為公司奮鬥，大家表示只要冷庫辭去另一份工作，願意每月發五萬元的薪水。

只不過想借點錢，
你們也不用裝成這樣子！！

對不起！我們手頭都不太方便。

公司為擴展業務，需要增加資金，但大夥兒剛好手頭都不太方便，所以在全體股東的同意下，冷庫召募孟翰、簡單入股，終於湊足所需資金。

案　例

由於公司法禁止冷庫的出資方式，他就以現金補足他的出資。而溫柔出資二百五十萬元後，因購買新屋急需頭期款，所以希望抽回一百萬元出資以應急，大家覺得溫柔的要求有違法之嫌，不願答應。

冷庫在所有股東中算是資歷最深、人脈最廣、能力最強的，所以大家一致推舉冷庫擔任董事長。但冷庫卻婉拒大家的愛戴，原來是他還在另一家旅行社擔任業務副總的職位，而且董事長沒有薪水。為使冷庫可以安心的為公司奮鬥，大家決定只要冷庫辭掉另一份工作來擔任董事長，公司就每個月發給冷庫五萬元的薪水。

公司在冷庫的帶領下，逐步走向穩定成長期，為擴充營業項目，冷庫提議增資，溫柔現在正為房事所累，實在沒有餘錢可以再出資了，所以預先表明她不同意公司所提的增資案，並且想把一部分的出資轉讓給

好朋友宛約。而其他幾人雖然也同意增資案，但剛好手頭都不方便，沒有人願意再出資。冷庫為達增資的目的，在全體股東的同意下，召募孟翰、簡單入股，終於湊足所需資金。

◢ 問 題

一、艾妮等人同意增資，是不是就一定必須按照原出資比例再出資？

二、用什麼方式可以證明冷庫已經以現金出資？

三、溫柔可不可以直接把出資轉讓給好朋友宛約？

四、冷庫是不是一定要辭去另一家旅行社業務副總的職務，才能擔任飛馬旅遊有限公司的董事長？

◢ 說 明

一、艾妮等人同意增資，是不是就一定必須按照原出資比例再出資？

(一)有限公司的減資

由於有限公司的資本是公司債權人的唯一保障，如果允許公司股東隨時收回出資，勢必影響公司償還債務的能力，損害公司債權人的利益。所以民國九十年修正前的公司法規定：有限公司不可以減少資本總額。但公司經營規模的大小，屬於公司自治的範圍，而且債權人可以透過徵信的方式，瞭解公司的財務狀況，故民國九十年修法時已刪除此項限制。

(二)有限公司的增資

有限公司如果有增加資本需要，應該經過半數以上股東的同意，增加資本總額（公§106 I）。股東雖然同意增資，但是沒有按照原來出資比例再出資的義務（公§106 I但書），如果因為股東拒絕按原出資比例出資，而無法增資時，可以經過全體股東的同意，招募新股東加入公司，以達到增資的目的（公§106 III）。

由於資本總額是有限公司的章程絕對必要記載事項，增加資本總額就必須變更公司章程，但變更章程必須得到全體股東的同意，如此一來，只要有一位股東不同意變更章程增加資本額,有限公司就不能增加資本。所以公司法特別規定，當超過半數的股東同意增資而有變更章程的必要時，不同意增資的股東，對於章程因增資而變更的部分，視為同意（公§106 II），以解決此一問題。

二、用什麼方式可以證明冷庫已經以現金出資？

(一)股　單

1.股單的意義及種類

股單是有限公司股東出資的憑證。有限公司在完成設立登記後，應該發股單給各股東。股單與股票不同，股票是有價證券的一種，可以背書轉讓，而股單只是一種證明文件，不可以背書轉讓；股票分為記名式與無記名式二種，而股單一律是記名式。

2.股單的記載

股單應記載下列事項，由全體董事簽名或蓋章（公§104 I、§105）：

(1)公司名稱。

(2)設立登記的年月日。

(3)股東姓名（或名稱）及其出資額。

(4)發給股單的年月日。

3.股單與股票的比較

茲將股單與股票之不同，分述如下：

(1)股票是股份有限公司股東，因其出資而顯示享有股東權之證券，屬於不完全有價證券；股單是有限公司股東之出資憑證，非屬有價證券。

(2)股票在性質上屬於流通證券，記名股票得依背書方式而轉讓，無記名股票得交付轉讓；至於股單則不具流通性，股東出資額之轉讓，須得其他全體股東過半數之同意。

(3)依公司法之規定，股票應載明每股金額多寡，屬於面額股票；股單則無此規定。

(4)股票可分為記名、無記名式；股單則一律用股東本名。

(5)有限公司股東一人僅持有一張股單，而股份有限公司之股東，一股東可持有多張股票，故公司法第一百零四條不必準用第一百六十二條第二項。

㈡股東名簿

股東名簿是記載有關股東及股單事宜的名冊，公司應該在本公司備置股東名簿，公司負責人不備置股東名簿時，處新臺幣一萬元以上五萬元以下罰鍰，連續拒不備置，並按次連續處罰新臺幣二萬元以上十萬元以下罰鍰（公§103 II）。股東名簿上應記載下列事項（公§103 I）：

(1)各股東出資額及其股單號數。

(2)各股東的姓名或名稱、住所或居所。

(3)繳納股款的年月日。

三、溫柔可不可以直接把出資轉讓給好朋友宛約？

㈠轉讓出資概說

公司法第一百十一條第一項規定：有限公司股東轉讓出資，必須獲得其他股東的同意。但有限公司並沒有退股制度，股東在公司存續中如果想要收回出資，只有將出資轉讓給他人，萬一其他股東不同意，則該股東就沒有其他方法可以收回出資，所以公司法又設計出「優先受讓權」，即不同意轉讓出資的股東，可以優先受讓該股東的出資，使有限公司保持非公開的特質，又能保障股東收回出資的權利。

㈡轉讓出資的生效要件

1.非董事的一般股東

股東非得其他全體股東過半數同意，不可以將其出資的全部或一部轉讓給他人，不同意其轉讓的股東，有優先受讓權，如果不行使優先受讓權承受該股東的出資，視為同意轉讓，並同意修改章程有關股東及股東出資額的事項（公§111 I、II）。

2.擔任董事的股東

董事轉讓出資，應該獲得其他股東全體的同意。對於不同意董事轉讓出資的股東，公司法並沒有優先受讓權的規定，所以只要有一位股東反對，董事就不可以轉讓出資的全部或一部（公§111 III）。

3.法院依強制執行程序，將股東出資轉讓他人

公司法為保障有限公司股東（包括董事）的債權人權益，所以允許股東的債權人對股東的出資聲請強制執行，但為顧及有限公司的非公開性特質，所以讓公司及其他全體股東有指定受讓人行使優先受讓權的權

利，也就是說，法院依強制執行程序，將股東出資轉讓給他人時，應該通知公司及其他全體股東，在二十日內，指定受讓人，逾期未指定或指定的受讓人不願意受讓時，視為同意轉讓，並同意修改章程有關股東及其出資額的事項（公§111 IV）。

(三)轉讓出資的時期

股東必須在公司完成設立登記後，才可以轉讓出資（公§104準用§163但書）。

(四)轉讓出資的效力

有限公司股東轉讓出資，必須並將受讓人的本名（或名稱）及住所（或居所），記載在股單及股東名簿，才可以對抗公司（公§104準用§165）。

四、冷庫是不是一定要辭去另一家旅行社業務副總的職務，才能擔任飛馬旅遊有限公司的董事長？

有限公司至少應設置董事一人以執行公司業務，最多設置董事三人。董事應經三分之二以上股東同意，從有行為能力的股東中選任。董事有數人時，可以在章程中指定一人擔任董事長，對外代表公司（公§108 I）。

代表公司的董事或董事長，關於公司營業上一切事務，有辦理的權利。公司對於董事代表權所加的限制，不可以對抗善意第三人。代表公司的董事，如果為自己或他人與公司為買賣、借貸或其他法律行為時，不可以同時擔任公司的代表，但向公司清償債務時，不在此限。也就是說，有限公司的董事亦負有競業禁止的義務（公§108 III）。

參考答案

　　艾妮等人雖然同意增資，但沒有依原出資比例再出資的義務，如果因此而無法增資，可以經過全體股東的同意，招募新股東加入公司。至於飛馬有限公司因增資而變更章程的部分，雖然溫柔不同意增資，但依公司法的特別規定，視為溫柔同意變更章程。

　　飛馬有限公司應該在設立登記後，發股單給各股東，以證明各股東已完成繳納出資的義務。

　　由於溫柔不是飛馬公司的董事，所以只要取得股東過半數的同意，就可以將出資轉讓給宛約，凡是不同意溫柔轉讓出資的股東，可以行使優先受讓權，請求溫柔轉讓出資給自己，如果不行使優先受讓權，則視為同意溫柔轉讓出資給宛約。

　　公司法對於有限公司董事的競業禁止義務，並沒有類似無限公司或股份有限公司以股東或股東會的決議，解除競業禁止的規定。換句話說，就算取得其他股東全體同意，仍然不能解除有限公司董事的競業禁止義務，所以冷庫一定要辭去另一家旅行社業務副總的職務，才能擔任飛馬公司的董事長。

習　題

◎問答題

1.有限公司與股份有限公司在公開性與資本確定方面有何不同？

2.公司法對有限公司股東轉讓出資，有什麼規定？

第三節　有限公司的會計

◎分派盈餘

- 原則→無盈餘時不能分派
- 例外┬ 法定盈餘公積已超過資本總額百分之五十
     └ 在有盈餘年度所提存的盈餘公積，超過該盈餘的百分之二十
- 分派程序→彌補虧損→完納稅捐→提撥百分之十的法定盈餘公積→分派盈餘

◎少數股東選派檢查人聲請權

近年來國人出國旅遊風氣日盛，飛馬公司又適時推出許多新奇有趣的旅遊活動，例如：「法院巡禮五日遊」、「南極破冰之旅」……，每項活動叫好又叫座，經過幾年的努力，公司的法定盈餘公積已高達二千萬元，遠超過公司的資本額。

這是本公司最完整的會計簿冊!!

哇!也太完整了吧!連假帳都做出來了!!

在會計年度終了分配盈餘時，冷庫提議：「今年公司的稅後盈餘只有一千萬元，為不影響股東的權益，今年的盈餘全部分派給全體股東。」這項提議獲得全體股東無異議通過。

股東孟翰在無意間翻閱公司所送來的會計表冊，發現有一筆五十萬元的支出，未說明去向及用途，一氣之下跑到公司理論，沒想到卻被公司的職員轟出來。

案　例

經過幾年的努力，公司的法定盈餘公積已高達二千萬元，遠遠超過公司的資本額。在分配盈餘時，冷庫提議：「今年公司的稅後盈餘比往年差一點，只有一千萬元，為不影響股東的權益，今年的盈餘全部分派給全體股東。」這項提議獲得全體股東無異議通過。

股東孟翰在十月十日無意間翻閱公司所送來的會計表冊，發現有一筆五十萬元的支出，未說明去向及用途，很可能是被董事長A了，一氣之下就跑到公司理論，沒想到卻被公司的職員轟出來。

問　題

一、冷庫所提出將盈餘全部分派的提議，是不是符合法律規定？

二、孟翰認為公司帳目有問題，應該怎麼辦？

---- 說　明 ----

一、冷庫所提出將盈餘全部分派的提議,是不是符合法律規定?

　　有限公司在彌補虧損、完納稅捐後,分派盈餘前,應先提出百分之十作為法定盈餘公積;但法定盈餘公積已達資本總額時,不在此限。公司負責人不依法提撥法定盈餘公積時,各科新臺幣六萬元以下的罰金(公§112)。除了提撥法定盈餘公積之外,有限公司可以在章程中規定、或經全體股東的同意,另外提撥特別盈餘公積。

　　有限公司非彌補虧損及依公司法規定,提出法定盈餘公積後,不可以分派盈餘。公司沒有盈餘時,也不可以分派盈餘;但法定盈餘公積已超過實收資本額百分之五十時,得以超過部分分派股息及紅利,而不受限制。公司負責人違反上述規定分派盈餘時,各處一年以下有期徒刑、拘役或科或併科新臺幣六萬元以下罰金,同時,公司債權人可以請求股東退還公司所分派的盈餘,並可以請求賠償因此所受的損害。盈餘的分派,除章程另有規定外,以各股東的出資額比例為分派標準(公§110 III準用§232)。

二、孟翰認為公司帳目有問題,應該怎麼辦?

　　有限公司每屆會計年度終了,董事應該依照公司法第二百二十八條的規定,編造各項表冊,分送各股東,請求各股東承認。該表冊送達給各股東後,股東超過一個月未提出異議時,視為承認該項表冊(公§110 I、II)。各項表冊經承認後,視為公司已解除董事的責任,但董事有不法

行為時，不在此限（公§110 III準用§231）。

如果認為公司的帳目有問題，繼續一年以上持有資本總額百分之三以上股單的股東，可以聲請法院選派檢查人檢查公司業務帳目及財產情形。法院對於檢查人的報告，認為必要時，可以命監察人召集股東會。對於檢查人的檢查有妨礙、拒絕或規避行為時，各科新臺幣二萬元以上十萬元以下罰鍰（公§110準用§245 I）。

◆ 參考答案

飛馬有限公司有盈餘時，不可以直接全部分派給各股東，必須先彌補虧損、完納稅捐，並依法提出百分之十作為法定盈餘公積，才可以分派盈餘給各股東，除非該公司的法定盈餘公積已超過實收資本的百分之五十，原則上冷庫的提議已符合公司法的規定。

孟翰如果認為公司帳目有問題，不能自己調查公司的業務與財務狀況，必須由繼續一年以上持有資本總額百分之三以上股單的股東，聲請法院選派檢查人檢查。

習　　題

◎問答題

請簡述有限公司分派盈餘的條件。

第四節　有限公司的合併、解散、變更組織與清算

本節重點

◎有限公司變更組織的程序

　　經全體股東同意→變更公司章程→辦理變更登記

◎有限公司的合併、解散與清算→準用無限公司的規定

　　經過十年努力，飛馬公司躍升為全國知名旅行社，除傳統的旅遊活動設計、帶隊工作外，更擴及旅遊點的規劃等新領域。為使公司順利擴展業務，冷庫決定將公司改組為股份有限公司。

因為飛馬公司至今仍維持有限公司的經營形態，使得公司的擴展計畫受挫，一直無法朝向多元化發展。為使公司的體制更加健全，以因應休閒時代的來臨，冷庫決定大刀闊斧改造企業，冷庫第一步便是希望將公司由有限公司改組為股份有限公司，並將變更組織的事宜交由吳擎全權負責。

問　題

一、飛馬有限公司應如何變更為股份有限公司？
二、有限公司應如何進行合併、解散及清算？

說　明

一、飛馬有限公司應如何變更為股份有限公司？

有限公司如果有增資的需要,但股東不願意按照原出資比例出資時,可以經過全體股東的同意，加入新股東，可以經過全體股東的同意，減資或變更組織為股份有限公司（公§106 III、IV）。

有限公司決議變更組織後，應立刻通知及公告各債權人（公§107 I）。有限公司變更為股份有限公司時，其法人人格繼續存續，不因此受影響，並由變更組織後的公司，應承擔變更組織前公司的債務。

有限公司變更組織為股份有限公司後，應於變更後十五日內，向主管機關申請辦理變更登記（公司之登記及認許辦法§15）。

二、有限公司應如何進行合併、解散及清算？

依公司法第一百十三條的規定，有限公司的合併、解散及清算，均準用無限公司的規定，請參見第三章第四節的敘述。

◆ 參考答案

飛馬有限公司如果要變更為股份有限公司，應先取得全體股東的同意，變更公司章程，並辦理變更登記。

習　　題

◎問答題

請簡述有限公司變更公司組織的程序。

第六章

兩合公司

三.合併.解散.變更組織與清算.

二.退股與除名.

一.設立及內.外部關係.

本章目標

　　兩合公司之法律架構，除有限責任股東之部分外，多與無限公司相同，因此公司法僅就兩合公司特殊之點加以規定，其他事項則準用公司法關於無限公司之條款，故本章僅就兩合公司特別規定之點予以說明，包括：

1. 業務執行機關與監察機關。

2. 無限、有限責任股東規定之不同處：

　(1)出資轉讓方式。

　(2)競業禁止義務。

　(3)退股與除名。

3. 兩合公司變更為無限公司之事由。

第一節　兩合公司的設立及內、外部關係

本節重點

◎設立程序

　　訂立章程→股東出資→申請設立登記

◎內部關係

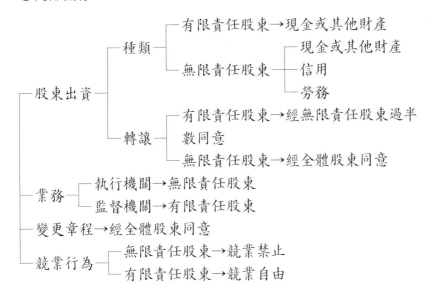

股東出資
- 種類
  - 有限責任股東→現金或其他財產
  - 無限責任股東
    - 現金或其他財產
    - 信用
    - 勞務
- 轉讓
  - 有限責任股東→經無限責任股東過半數同意
  - 無限責任股東→經全體股東同意

業務
- 執行機關→無限責任股東
- 監督機關→有限責任股東

變更章程→經全體股東同意

競業行為
- 無限責任股東→競業禁止
- 有限責任股東→競業自由

◎外部關係

代表公司股東→無限責任股東

股東責任
- 無限責任股東→連帶無限清償責任
- 有限責任股東
  - 原則→有限責任
  - 例外→表見無限股東責任

最近網際網路發展快速，網際網路咖啡廳因應而生。李來發、王無疚與伍樂蓓見市場前景看好，打算成立一家「國際硬特累咖啡嚇破」(International Internet Coffee Shop)。

爭論結果是由李來發與伍樂蓓擔任無限責任股東，之後他們又找「掃毒專家電腦公司」擔任有限責任股東，「掃毒專家電腦公司」另提出一個提議：如果讓「掃毒專家電腦公司」擔任執行業務股東，「掃毒專家電腦公司」願意再提供臺中車站附近價值一千二百萬的店面作為資金。

案 例 ）

　　最近網際網路發展快速，已成為新新人類最酷的休閒活動之一，李來發、王無疚與伍樂蓓見市場前景看好，打算成立一家「國際硬特累咖啡嚇破」(International Internet Coffee Shop)兩合公司，由李來發與伍樂蓓擔任無限責任股東，王無疚擔任有限責任股東。之後又找「掃毒專家電腦公司」擔任有限責任股東，其中李來發出資五百萬，伍樂蓓以她電腦網際網路的專才技術出資五百萬元，王無疚出資三百萬元，而「掃毒專家電腦公司」則以公司中價值二百萬元的電腦軟硬體設備為出資，公司的資本額共為一千五百萬元。「掃毒專家電腦公司」並提議：如果讓「掃毒專家電腦公司」擔任公司的執行業務股東，「掃毒專家電腦公司」願意再提供臺中車站附近六十坪價值一千二百萬元的店面，作為資金。李來發、王無疚與伍樂蓓聽到這麼優厚的條件，想也不想就答應了。

◀ 問 題 ）

一、李來發等人應如何設立「國際硬特累咖啡嚇破兩合公司」？

二、「掃毒專家電腦公司」可以擔任「國際硬特累咖啡嚇破兩合公司」的執行業務股東嗎？

■ 說 明 ）

一、李來發等人應如何設立「國際硬特累咖啡嚇破兩合公司」？

　　兩合公司性質上是人合公司與資合公司的結合，屬於中間公司的一種。雖然兩合公司在性質上及經濟機能上，與無限公司不完全相同，但

由於兩合公司的法律結構,與無限公司除了涉及有限責任股東的部分外,多屬相同,因此公司法僅就兩合公司的特殊點加以規定,其他事項則準用公司法關於無限公司的條款（公§115）。

兩合公司只有發起設立,不能募集設立。其設立程序如下:

1.訂定章程

兩合公司的章程,除了比照無限公司章程應載明的各款事項外,還必須記明各股東的責任是無限或有限（公§116）。

2.股東出資

兩合公司的股東出資,因股東責任不同而不同。無限責任股東的出資,準用無限公司的規定,可以用現金、財產、信用、勞務及其他權利出資。有限責任股東,則只能以現金及財產出資（公§117）,且出資額必須在公司設立時繳足。

3.辦理設立登記

兩合公司應於章程訂立後十五日內,向主管機關申請辦理公司的設立登記（公司之登記及認許辦法§3 I）。

二、「掃毒專家電腦公司」可以擔任「國際硬特累咖啡嚇破兩合公司」的執行業務股東嗎?

(一)兩合公司的內部關係

1.股東出資

(1)出資種類

無論無限責任股東或有限責任股東,都可以用現金及財產出資,但只有無限責任股東可以用信用或勞務出資（公§117反面解釋）。

(2)出資的轉讓

①無限責任股東轉讓出資，必須經全體股東（包括有限及無限責任股東）的同意，才可以轉讓（公§115準用§55）。

②有限責任股東必須得到無限責任股東過半數的同意，才可以轉讓出資的全部或一部（公§119 I）。不同意轉讓的股東有優先受讓權，如果不行使優先受讓權（即不願意承受出資），視為同意轉讓，並視為同意修改章程有關股東及出資額的事項（公§119準用§111 II）。法院依強制執行程序，將股東出資轉讓他人時，應通知公司及其他全體股東，在二十日內，依無限責任股東過半數同意的方式，指定受讓人，逾期未指定或指定的受讓人不願意受讓時，視為同意轉讓，並同意修改章程有關股東及其出資額事宜（公§119準用§111 IV）。

2.業務的執行

(1)業務執行機關

兩合公司只有無限責任股東，才可以執行業務，有限責任股東不可以執行公司業務也不可以對外代表公司（公§122），因為有限責任股東所負的責任較輕，與公司的利害關係較淡，所以公司法特別為此規定。

(2)業務執行方法

無限責任股東有二人以上時，各有執行業務的權利，但公司得以章程特別指定由無限責任股東中的一人或數人執行業務（公§115準用§45 I）。執行方法除公司章程另有規定外，應取得執行業務股東過半數的同意（公§115準用§46 I）。

執行業務股東，關於通常事務，可以單獨執行，但其他執行業務股東，有一人提出異議時，應立即停止執行，而由全體執行業務股東決議（公§115準用§46 II）。

3.業務的監察

有限責任股東在每會計年度終了時，可以查閱公司帳目、業務及財產情形，但平時不可以查閱公司帳目、業務及財產情形。有限責任股東只能在必要時，向法院聲請，允許其隨時檢查公司帳目、業務及財產情形，此稱為有限責任股東的臨時監察權。妨礙、拒絕或規避有限責任股東的檢查者，各科新臺幣二萬元以上十萬元以下罰鍰，連續妨礙、拒絕或規避，並按次連續各處新臺幣四萬元以上二十萬元以下罰鍰（公§118）。

4.章程的變更

兩合公司變更章程，必須得全體股東（包括無限及有限責任股東）的同意（公§115準用§47）。變更章程後應該由全體無限責任股東申請辦理變更登記。

5.競業禁止

兩合公司的無限責任股東是公司的執行業務股東，所以無限公司關於執行業務股東競業禁止的規定，應該一併準用（公§115準用§54）。至於有限責任股東，因為不執行業務，又不能代表公司，縱使為自己或他人，從事與公司同類的營業行為，對公司影響不大，所以不受競業禁止的限制。另一方面，有限責任股東對公司僅有出資的義務，所以公司法並不禁止有限責任股東成為他公司的無限責任股東或合夥事業的合夥人（公§120）。

(二)兩合公司的外部關係

1.公司的代表

兩合公司的對外代表權，**專屬於無限責任股東**，各無限責任股東均可對外代表公司，但公司可以在章程中指定一人或數人擔任公司代表（公§115準用§56 I）。代表公司的股東，關於公司營業上一切事務，有

辦理之權（公§115準用§57），公司對股東代表權的限制，不可以對抗善意第三人（公§115準用§58）。代表公司的股東如果為自己或為他人，與公司為買賣、借貸等法律行為時，不可以同時擔任公司的代表，但向公司清償債務時，不在此限（公§115準用§59）。

2.股東的責任

無限責任股東，在公司財產不足清償債務時，對公司債務負連帶無限清償責任。有限責任股東，僅以出資額為限，對公司負責（公§114 II）。但有限責任股東，如果有令人信其為無限責任股東的行為時，例如出示名片並自稱無限責任股東，則對於該善意第三人負無限清償責任（公§121）。

參考答案

「掃毒專家電腦公司」是「國際硬特累咖啡嚇破兩合公司」的有限責任股東，依公司法的規定，有限責任股東不可以擔任兩合公司的執行業務股東，所以李來發等人，應該拒絕「掃毒專家電腦公司」的提議。

習　題

◎問答題

1. 兩合公司中，無限責任股東與有限責任股東在股東責任、出資種類、轉讓出資及競業自由等方面，有何不同？
2. 請簡述兩合公司的執行業務機關，及業務監察機關。

第二節　兩合公司的退股與除名

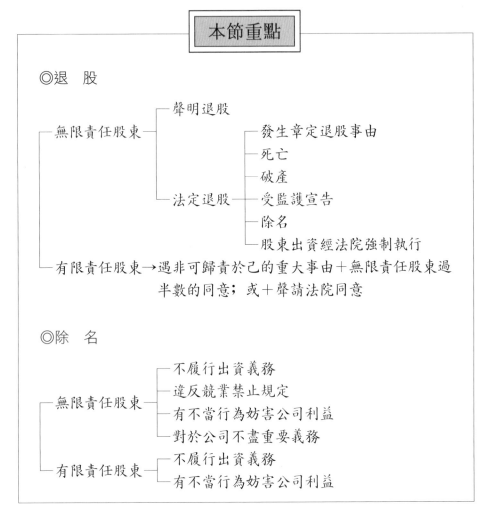

本節重點

◎退　股

無限責任股東

聲明退股

法定退股

發生章定退股事由

死亡

破產

受監護宣告

除名

股東出資經法院強制執行

有限責任股東→遇非可歸責於己的重大事由＋無限責任股東過半數的同意；或＋聲請法院同意

◎除　名

無限責任股東

不履行出資義務

違反競業禁止規定

有不當行為妨害公司利益

對於公司不盡重要義務

有限責任股東

不履行出資義務

有不當行為妨害公司利益

由於王無疚沒被選上執行業務股東，所以在一個月黑風高的晚上潛進公司，將「漏網之魚電腦病毒」灌入公司的電腦系統中，並在牆上噴漆留言，事後股東們決定將王無疚除名，並追討公司因此所受的損失。

案　例

　　因有限責任股東不可以擔任兩合公司的執行業務股東，所以國際硬特累咖啡嚇破公司就維持一千二百萬元的資本額，並選李來發擔任公司的執行業務股東。王無疚認為「國際硬特累咖啡嚇破」是專業人士的高級場所，竟然交給門外漢來經營，越想越氣，於是在一個月黑風高的晚上潛進公司，將自己所研發成功的「漏網之魚電腦病毒」灌入公司的電腦系統中，並在牆上噴漆留言：「你們一定不知道是誰幹的！哈！哈！哈！！王無疚秘密留言」。事後股東們決定將王無疚除名，並追討公司因此所受的損失。經過這次的風暴，伍樂菩覺得商業活動沒有真友誼可言，決定要退出「國際硬特累咖啡嚇破公司」，有人失望卻有人滿懷希望，在伍樂菩退股的同時，趙添與錢帝卻申請入股分別擔任無限責任及有限責任股東。

一、伍樂蓓應該如何退股？

二、李來發等人將王無疚除名是否合法？

說 明

一、伍樂蓓應該如何退股？

㈠無限責任股東的退股

1.聲明退股

⑴兩合公司章程未規定公司的存續期間，且對股東退股沒有特別規定時，無限責任股東可以在每會計年度終了時退股，但應在六個月以前向公司聲明（公§115準用§65 I）。

⑵無限責任股東有非可歸責於自己的重大事由時，不問公司是否定有存續期限，可以隨時退股（公§115準用§65 II）。

2.法定退股

無限責任股東有下列情事時，依法退股（公§115準用§66 I）：

⑴發生章程規定的退股事由。

⑵死亡。

⑶破產。

⑷受監護宣告。

⑸除名。

⑹股東出資經法院強制執行。

無限責任股東退股後，對於退股登記前公司的債務，在登記後二年

內，仍負連帶無限責任（公§115準用§70 I）。

(二)有限責任股東的退股

有限責任股東，遇有非可歸責於己的重大事由時，可以經無限責任股東過半數的同意退股，或聲請法院允許其退股（公§124）。但是有限責任股東，不會因受監護宣告或死亡而退股，有限責任股東死亡時，其出資由繼承人繼承（公§123）。

二、李來發等人將王無疚除名是否合法？

(一)無限責任股東的除名

無限責任股東有下列情事時，可以經其他股東全體同意除名，但必須通知後才發生對抗該股東的效力（公§115準用§67）：

　1.不能繳納出資或屢催不繳。

　2.違反競業禁止規定。

　3.有不正當行為妨害公司利益。

　4.對於公司不盡重要義務。

(二)有限責任股東的除名

有限責任股東有下列情事時，可以經全體無限責任股東的同意，將其除名，但必須通知後才發生對抗該股東的效力（公§125）：

　1.不履行出資義務。

　2.有不正當行為妨害公司利益。

參考答案

伍樂蓓是國際硬特累咖啡嚇破公司的無限責任股東，而該公司的章程並未規定公司存續期限，所以伍樂蓓可以在會計年度終了時退股，但必須在六個月以前向公司聲明。

王無疚是國際硬特累咖啡嚇破兩合公司的有限責任股東，現作出不當的行為嚴重損害公司利益，所以李來發等人可以經過其他股東全體同意後，將王無疚除名，但必須通知王無疚後，才發生對抗王無疚的效力。

習　題

◎問答題

　1.請簡述兩合公司股東的退股事由。

　2.請簡述兩合公司股東的除名事由。

第三節　兩合公司的合併、解散、變更組織與清算

賀伯颱風後，許多商店紛紛改名……

國際硬特累 水底電腦 公司

漏網之魚

漏網之魚

公司連連受到打擊，在「漏網之魚電腦病毒」事件後，又因為莫拉克颱風的侵襲以致店面淹水，所有電腦設備都因泡水而無法使用。

案　例

「國際硬特累咖啡嚇破公司」在「漏網之魚電腦病毒」事件後，又因為莫拉克颱風的侵襲以致店面淹水，所有電腦設備都因泡水而無法使用，接著又因裝潢材料未符合消防法規，而被勒令歇業，限期改善。所有股東看到「國際硬特累咖啡嚇破公司」還沒有開始賺錢，就已經賠得一塌糊塗，都無心繼續經營下去，在沒有異議的情況下，一致通過解散公司，至於清算事宜，因為都沒有人要管，李來發就自行處理了。

一、李來發可以將公司變更組織為無限公司嗎?

二、國際硬特累咖啡嚇破公司解散後應如何清算?

三、兩合公司應如何合併?

說　明

一、李來發可以將公司變更組織為無限公司嗎?

　　兩合公司可以變更為無限公司，其情形有二:

1.有限責任股東全體退股而變更為無限公司（公§126 II）

　　兩合公司的有限責任股東全體退股時，兩合公司必須解散（公§126 I）或加入有限責任股東繼續經營，但如果無限責任股東有二名以上，可以經全體無限責任股東的同意，將公司變更為無限公司，以避免解散後再設公司的麻煩。

2.全體股東同意變更為無限公司（公§126 III）

　　本案中，李來發應先徵詢趙添之意願，倘趙添願意繼續留下擔任無限責任股東，則可將公司變更為無限公司;若趙添不願意，則因無限責任股東只剩一人，不能變更公司組織，只有解散公司一途。

二、國際硬特累咖啡嚇破公司解散後應如何清算?

1.兩合公司的解散

　　兩合公司的解散事由，除與無限公司的解散事由相同外，還會因無限責任股東或有限責任股東全體退股而解散。但其餘股東可以經全體的

同意，加入無限責任股東或有限責任股東，繼續經營（公§126 I）。

2.兩合公司的清算

兩合公司（在本案即為國際硬特累咖啡嚇破公司）原則上準用無限公司關於清算的規定。但清算人應由全體無限責任股東擔任（在本案即是李來發、趙添二人），而無限責任股東可以採用過半數同意的方式，另行選任第三人或有限責任股東為清算人（公§127）。

三、兩合公司應如何合併？

兩合公司的合併，公司法沒有特別規定，準用無限公司有關公司合併的規定。

習　題

◎問答題

1.兩合公司在何種情形可以變更為無限公司？

2.請簡述兩合公司的解散事由。

第七章

外國公司

本章重點

◎認　許

```
┌─積極要件→在本國依其本國法設立登記並營業
│                    ┌─目的或事業違反法令或公序良俗
│           ┌─應不認許─┬─設立分公司的地區限制外國人居
│           │         │  住；所營事業限制外國人經營
├─消極要件──┤         └─公司法第四百三十五條所列事項
│           │            有虛偽情事
│           └─得不認許→不符平等互惠原則
│        ┌─取得法人資格
└─效力──┼─可以在中國境內營業
         └─可以在中國境內設立分公司
```

◎權利義務

```
┌─權利限制─┬─購買房地產的限制
│          └─募股募債的限制
└─義務────┬─遵守資金及資本額規定的義務
           └─備置章程名冊的義務
```

◎認許的撤回與撤銷

```
┌─撤回→公司自行申請撤回認許
│                       ┌─申報事項或文件有虛偽情事
└─撤銷→主管機關依職權撤銷─┼─公司解散
                         └─公司破產
```

本章目標

1. 本章最主要使讀者瞭解:

(1)外國公司之定義。

(2)外國公司如何成為中國法律上之權利主體，即認許之意義、要件及程序。

(3)外國公司在何種情形下會遭主管機關撤銷認許。

2. 外國公司經認許後，除資金、不動產之購置及募股募債，有些許限制外，其權利義務大致與本國公司相同，亦受本國主管機關之監督。

山田羅來把是日本「牛津圖書出版株式會社」的社長，為開拓臺灣市場，遂以「日商牛津圖書出版有限公司」為名，向有關機關申請認許，待取得公司執照後，在臺中設立分公司，並派手下大將風川壽司來臺擔任總經理。

　　山本羅來把是日本「牛津圖書出版株式會社」的社長，為開拓臺灣市場，遂以「日商牛津圖書出版有限公司」為名，向有關機關申請認許，待取得公司執照後，在臺中設立分公司，並派手下大將風川壽司來臺擔任總經理。風川壽司是日裔華僑，對臺灣的出版業非常熟悉，使「日商牛津圖書出版有限公司」很快就能步上軌道，在臺灣很具競爭力。數年後，山本羅來把突然病故，日本的「牛津圖書出版株式會社」因後繼無人，業務量逐漸萎縮，最後不免結束營業。

問　題

一、「日商牛津圖書出版有限公司」來臺申請認許的條件是什麼？

二、「日商牛津圖書出版有限公司」經認許後，有什麼權利義務？

三、「牛津圖書出版株式會社」在日本解散後，臺中的分公司能不能繼續營業？

說　明

一、「日商牛津圖書出版有限公司」來臺申請認許的條件是什麼？

㈠外國公司的認許

　　所謂外國公司，指以營利為目的，按照外國的法律組織成立，並經我國政府認許，在我國境內營業的公司（公 §4）。外國公司取得我國政府認許的條件有：

1.積極條件

　　外國公司向我國政府申請認許，必須先在本國依其本國法設立登記，

而且在其本國有營業（公§371），以免不法之徒假借外國公司的名義，進行詐騙。

2.消極條件

有下列情形，應不予認許（公§373 I）：

①其目的或事業，違反中華民國法律、公共秩序或善良風俗。

②公司申請認許的事項或文件，有虛偽情事者。

(二)外國公司認許的效力

1.取得法人人格，成為法律上的權利主體（民法總則施行法§12 I）。

2.可以在我國境內營業（公§371 II）。

3.可以在我國境內設立分公司（公§375）。

二、「日商牛津圖書出版有限公司」經認許後，有什麼權利義務？

外國公司（在本案即「日商牛津圖書出版有限公司」）經認許後，法律上的權利義務大體上與我國公司相同，僅將公司法對於外國公司的特別規定，說明如下：

(一)外國公司的權利

經認許的外國公司，於法令限制內，與同種類的中國公司享有相同的權利能力。（民法總則施行法§12 I）。

(二)外國公司的義務

1.外國公司應專撥其在中華民國境內營業所用的資金，並應受主管機關對其所營事業最低資本額規定的限制（公§372 I）。

2.外國公司應在認許後，將章程備置在中華民國境內指定的訴訟及

非訟代理人處所，或其分公司，如果有無限責任股東時，並應備置無限責任股東的名冊。公司負責人違反前項規定，不備置章程或無限責任股東名冊者，各處新臺幣一萬元以上五萬元以下罰鍰，連續拒不備置，各處以新臺幣二萬元以上十萬元以下罰鍰。

所謂外國公司負責人，指外國公司在中華民國境內指定的訴訟及非訟代理人（公§372 II）。代理人在更換或離境前，外國公司應另指定代理人，並將其姓名、國籍、住所或居所申請主管機關登記（公§385）。另外參照公司法第八條第二項的規定，外國公司在中華民國境內設立分公司時，分公司的經理人在執行職務的範圍內，也是中華民國境內的負責人。

(三)外國公司的名稱

外國公司的名稱，應該翻譯成中文，除標明公司種類外，並應標明國籍（公§370），以方便公司的交易對象及社會大眾辨識，明確瞭解該公司的組織，維護交易安全。經過認許的外國公司，可以使用外語譯音。

三、「牛津圖書出版株式會社」在日本解散後，臺中的分公司能不能繼續營業？

(一)外國公司認許的撤回

外國公司經我國政府認許後，如果無意在中華民國境內繼續營業時，應繳回原認許證件，向主管機關申請撤回認許。撤回認許後，該公司不可以在中華民國境內繼續營業，其所設立的分公司也應一併撤銷，但在申請撤回前所負擔的責任或義務，並未免除（公§378）。

(二)外國公司認許的撤銷

外國公司因發生法定事由，由我國主管機關撤銷或廢止認許，讓該

外國公司在我國境內喪失法人資格，不可以再繼續營業。外國公司有下列情事之一時，主管機關應撤銷認許（公§379 I）：

⑴申請認許時所申報的事項或所繳交的文件，經查明有虛偽情事。

⑵公司已解散。

⑶公司已受破產宣告。

撤銷認許後，該公司就不可以在中華民國境內繼續營業，其所設立的分公司也應一併撤銷，但在撤銷認許前所負擔的責任或義務，並未因此免除（公§379 II）。

㈢外國公司的清算

撤回或撤銷認許的外國公司，應就其在中華民國境內營業、或分公司所生的債權債務清算了結，所有清算未了的債務，由該外國公司清償。外國公司的清算，由外國公司在中華民國境內的負責人、或分公司的經理人擔任清算人，並依外國公司的性質，準用公司法有關各種公司的清算程序（公§380）。

外國公司進行清算，會發生下列效果：

1. 撤回或撤銷認許的外國公司，在清算範圍內，視為尚未撤回或撤銷認許（公§377準用§25）。

2. 為保障公司債權人，公司法第三百八十一條特別規定：外國公司在中華民國境內的財產，在清算時期中，不可以移出中華民國境內；並且除了清算人為執行清算外，不可以處分。

3. 撤回或撤銷認許的外國公司，所有清算未了的債務，仍由該外國公司清償（公§380 I）。

4. 外國公司在中華民國境內的負責人、或分公司的經理人，違反上述第1.、2.項規定時，對於外國公司在中華民國境內營業、或分公司所生的債務，應與外國公司負連帶責任（公§382）。

「日商牛津圖書出版有限公司」來臺申請認許時，必須(1)「牛津圖書出版株式會社」已經按照日本的公司法成立，並在日本有營業，而且; (2)該公司的目的或業務，不違反中華民國法律、公共秩序或善良風俗; (3)公司申請認許的事項或文件，沒有虛偽情事。

由於「牛津圖書出版株式會社」在日本解散，其在外國所設的分公司，無法單獨存續，依公司法的規定，「日商牛津圖書出版有限公司」臺中分公司應該自行向主管機關申請撤回認許，或由主管機關撤銷認許，以維護交易安全，並由風川壽司負責清算。

習　題

◎選擇題

(　) 1.所謂外國公司，是指　(1)公司股東全部都是外國人　(2)公司股東超過一半是外國人　(3)公司依照外國法律組織成立　(4)以上皆非。

(　) 2.外國公司經認許後　(1)取得法人資格　(2)可以在中華民國境內營業　(3)可以在中華民國境內設立分公司　(4)以上皆是。

(　) 3.下列何者不是撤銷外國公司認許的法定原因?　(1)申請認許所繳交的文件，經查明有虛偽情事　(2)公司已經解散　(3)公司受破產宣告　(4)外國公司負責人捲款潛逃。

◎問答題

1.試述外國公司取得認許的要件。

2.試述公司法對外國公司的權利的特殊限制規定。

附錄一

習題解答

第一章

第一節

◎選擇題

(一)答　案

　　1.(4)　2.(1)　3.(4)

(二)解　析

　　1.民國九十年公司法修正前，規定有限公司由五人以上、二十一人以下股東組織；股份有限公司則由七人以上股東所組織。民國九十年公司法修正時，大幅放寬有限公司與股份有限公司的股東人數限制，使得有限公司由一人以上股東組織，股份有限公司由二人以上的自然人股東或政府、法人股東一人所組織。使得組織有限公司或股份有限公司更為便捷，也無需為了符合法律規定而找來「人頭股東」充數，造成以合法掩護非法的情形，因此本題正確解答為第四選項。

　　2.當公司財產不足清償公司債務時，無限責任股東對公司的債務，負無限清償責任，既然梅注義是無限責任股東，當黑吃黑成衣兩合公司財產不足清償公司債務時，債權人可以向梅注義請求清償，本題正確解答為第一選項。

　　3.有限責任股東僅就其出資額負有義務，也就是說，有限責任股東有繳納完畢出資額的義務，對公司的債務不負任何責任，所以債權人不可以向吳天理請求償還黑吃黑公司的債務，本題正確解答為第四選項。

第二節

◎選擇題

(一)答　案

　　1.(3)　2.(1)　3.(1)

(二)解　析

　　1.依公司法第三條的規定，公司應以本公司所在地為住所，本題正確解答為第三選項。

2.依公司法第十八條第一項的規定：同類業務之公司，不問是否同一種類，是否在一省（市）區域以內，不得使用相同或相類似名稱。本題中，甲、乙二公司既然經營同類業務，雖乙在名稱中加入業務類型及公司種類，仍然與甲公司之名稱類似，本題正確解答為第一選項。

3.依公司法第十八條第二項的規定：不同類業務之公司，使用相同名稱時，登記在後之公司，應於名稱中加記可資區別之文字，二公司名稱中標明不同業務種類者，其公司名稱視為不相同或不類似。本題中，雖甲、乙二公司經營不同種類的業務，但乙公司並未於名稱中標明業務種類，也未於名稱中加記可資區別的文字，所以二公司的名稱應為類似，故本題正確解答為第一選項。

第三節

◎選擇題

(一)答　案

　　1.(4)　　2.(2)　　3.(2)

(二)解　析

1.有限公司的設立程序為：(1)由發起人訂定公司章程，在章程中載明公司名稱、所營事業、股東姓名、住所或居所、資本總額及各股東出資額、盈餘及虧損分派比例或標準、董事人數及姓名、公司為公告之方法、訂立章程之年月日等必要記載事項；(2)由發起人繳納出資；(3)辦理公司的設立登記。所以本題正確解答為第四選項。

2.由於柳澄等人所設公司的住所在台北市，所以應該向台北市建設局申請登記。本題正確解答為第二選項。

3.依公司法第十九條的規定，未經設立登記，不得以公司名義經營業務或為其他法律行為，籌備中公司欲為籌備之必要行為時，應以公司籌備處的名義為之。本題中，柳澄等人應以「有機蔬果有限公司籌備處」的名義，承租辦公司，所以正確解答為第二選項。

第四節

◎選擇題

(一)答　案

(3)

(二)解　析

公司不若自然人般有身體，所以基於身體而衍生的生命權、健康權等權利，公司即無法享受，所以本題正確解答為第三選項。

◎問答題

公司有沒有侵權行為能力？請說明之。

公司是否有侵權行為能力，公司法中並無明文規定。從民法第二十八條規定來看：「法人對於其董事或其他有代表權之人因執行職務所加於他人之損害，與該行為人連帶負賠償之責任。」法人具有侵權行為能力，而公司為法人之一種，故亦應有侵權行為能力。而公司法第二十三條第一項規定：「公司負責人對於公司業務之執行，如有違反法令致他人受損害時，對他人應與公司負連帶賠償之責。」雖然本條係規定公司負責人之侵權責任，但從條文可推知公司應有侵權行為能力，否則公司負責人無法與公司負連帶責任。

第五節

◎選擇題

(一)答　案

1.(3)　2.(2)　3.(1)　4.(1)

(二)解　析

1.依公司法第十三條第一項之規定，公司不得成為他公司的無限責任股東，也不可以成為其他合夥事業之合夥人，因此沙米亞冬橡膠有限公司不得成為新活力輪胎合夥事業之合夥人，亦不得成為全方位食品兩合公司之無限責任股東，本題正確解答應為第三選項。

2.依公司法第十三條第一項之規定,沙米亞冬公司成為跨世紀股份有限公司之有限責任股東時,其所有投資總額,除公司章程另有規定,或取得股東同意,不得超過本公司實收股本百分之四十,也就是新臺幣一千二百萬(30,000,000×40%),本題正確解答為第二選項。

3.公司於籌措資金時,究應以短期或長期支應,由公司自行評估財務狀況後決定。民國九十年修正後的公司法採取不干涉態度,因此本題正確解答為第一選項。

4.公司必須合於下列條件,才能將資金貸與他人:(1)貸款對象包含公司或行號;(2)貸與對象與公司間必須有業務往來或(3)有融通資金之必要。新活力輪胎合夥事業雖非公司,但民國九十年公司法修正時,容許公司將資金貸給與公司有業務往來、融通資金必要的行號,因此本題正確解答為第一選項。

第六節

◎選擇題

㈠答　案

　　1.⑴　2.⑵　3.⑵

㈡解　析

1.無行為能力人及公司,不得成為無限公司的股東;而財團法人,依經濟部之解釋,僅得成為有限責任股東,所以本題正確解答為第一選項。

2.依公司法第八條之規定,有限公司之當然負責人為董事;兩合公司之當然負責人為執行業務或代表公司之股東;股份有限公司之當然負責人為董事,故本題正確解答為第二選項。

3.依公司法第三十二條之規定,經理人不得為他人經營同類之業務,由於食品與飲料屬於同類業務,故皮再揚不得兼任爆發力飲料有限公司之業務經理,本題正確解答為第二選項。

第七節

◎選擇題

㈠答　案

1.(3)　2.(1)　3.(3)

(二)解　析

1.依經濟部之解釋，公司法上的分公司必須從事營業行為，對外經營業務，並有獨立之財務會計，故本題正確解答為第三選項。

2.分公司並無獨立之法人格，故本題正確解答為第一選項。

3.雖然分公司無獨立之法人格，但司法實務為求方便，認為分公司在民事訴訟上具當事人能力，分公司得獨立為原被告，因此，對分公司之訴訟，得以本公司或分公司為被告，本題正確解答為第三選項。

第八節

◎選擇題

(一)答　案

1.(1)　2.(4)　3.(2)　4.(1)　5.(4)

(二)解　析

1.依公司法第五條之規定，公司之中央主管機關為經濟部，本題正確解答為第一選項。

2.依公司法第十九條之規定，公司未辦理設立登記，而以公司名義經營業務或為其他法律行為時，不論中央或地方主管機關，皆有權禁止其使用公司名稱，故本題正確解答為第四選項。

3.依公司法第九條第四項之規定，公司負責人因：(1)公司之設立登記或其他登記事項有違法情事；(2)對登記事項為虛偽記載；(3)公司應收之股款，股東並未實際繳納，而以申請文件表明收足後，或股東雖已繳納而於登記後將股款發還股東，此三種情事而受有罪判決，待判決確定後，由地方法院檢察署通知中央主管機關撤銷其登記，故本題正確解答為第二選項。

4.依公司法第十條之規定，公司有下列情事時，主管機關得依職權直接命令解散：公司設立登記後六個月尚未開始營業，或開始營業後自行停止營業六個月以上，故本題正確解答為第一選項。

5.依公司法第二十一條之規定，凡是主管機關，不分地方或中央，皆得隨時派

員檢查公司業務及財務狀況，故本題正確解答為第四選項。

第九節

◎選擇題

(一)答　案

　　1.(2)　2.(2)　3.(2)　4.(3)　5.(1)

(二)解　析

　　1.為避免公司任意變更組織，影響公司債權人之權益，所以公司變更組織之種類，以公司法規定者為限：依公司法第七十六條規定，無限公司得經全體股東之同意，加入有限責任股東，變更組織為兩合公司；依公司法第一百零六條第四項之規定，有限公司因增資而加入新股東，致人數超過七人時，得變更為股份有限公司；依公司法第一百二十六條之規定，兩合公司僅得變更為無限公司，不得變更為有限公司，故本題正確解答為第二選項。

　　2.公司變更組織時，依公司法第七十七條準用第七十五條之結果，公司法人人格並不會因變更而消滅，其權利義務由變更後之公司概括承受，亦即變更前之公司與變更後之公司，享有同一個法人人格，故本題正確解答為第二選項。

　　3.雖公司法對公司合併之態樣並無設規定，但為顧及公司債權人之權益，學者多認為公司合併之態樣有限制之必要：無限公司得與兩合公司合併為無限或兩合公司；兩合公司得與有限公司合併為兩合公司（倘合併為有限公司，則原先應負無限責任之股東，於合併後僅負有限責任，影響公司債權人之權益）；股份有限公司得與有限公司合併為股份有限公司基於立法政策之考量，不得合併為有限公司，故本題正確解答為第二選項。

　　4.依公司法第一百十三條準用公司法第七十五條規定之結果，因合併而消滅之有限公司，其權利義務，應由合併後存續或新設之公司（在本題即為跨世紀有限公司）概括承受，故正確解答為第三選項。

　　5.依公司法第二十四條之規定，公司除因破產或合併而解散外，公司解散後應進行清算，故本題正確解答為第一選項。

第二章

第一節

◎問答題

1.試簡單說明股份有限公司特質。

股份有限公司有二大特色:

(1)股份自由轉讓

由於股份有限公司係資合公司,不注重股東個人的資格,因此股東在公司設立後,可自由移轉股東權,不受限制,以刺激社會大眾投資股份有限公司之意願。

(2)企業所有與經營分離

股份有限公司股東眾多,股份分散,多數股東志在謀利不在經營,因此將公司業務交由對企業經營有興趣、經驗之人負責,非由全體股東參與經營,以利公司經營之合理化,達成股份有限公司追求利潤之目標。

2.試簡單說明股份有限公司的資本三大原則。

(1)資本確定原則

股份有限公司設立之初,資本總額必須在章程中確定,且應認足(指發起設立時)或募足(指募集設立時)。惟現行公司法對資本確定原則已有修正,准許公司分次發行章程所定之資本總額。

(2)資本維持原則

股份有限公司存續中,至少須經常維持相當於資本總額之財產。

(3)資本不變原則

股份有限公司之資本總額,一經章程確定,應保持固定不變,如欲增加或減少資本總額,須踐行嚴格的法定程序。

第二節

◎選擇題

㈠答　案

　1.⑵　2.⑷　3.⑸　4.⑶　5.⑴

㈡解　析

　1.依公司法第一百二十八條之規定，股份有限公司之發起人，必須是具有完全行為能力之自然人、或政府、或法人。本題中柳澄僅十八歲，屬於限制行為能力人，而合夥事業不具法人人格，故正確解答為第二選項。

　2.依民國九十四年修訂後的公司法第一百五十六條第二項之規定，股份有限公司之股份總數，可以分次發行，沒有最低發行比例的限制，故正確解答為第四選項。

　3.發起人應負連帶責任之情形包括：⑴第一次應發行之股份數額未認足；⑵認股人已認股份而未繳股款；⑶認股人已繳股款又撤回；⑷公司不能成立時，因設立公司所需之費用；⑸發起人用以抵作股款之財產有冒濫。本題之第三選項，蘇喜用以抵作股款之財產僅值一百萬，卻折抵二十萬股（每股十元，相當於二百萬元），顯有冒濫，蘇喜亦應負連帶責任，故本題正確解答為第五選項。

　4.股份有限公司起訴董事的不法行為，應經股東會決議（公§112），或由繼續一年以上，持有已發行股份總數百分之五以上股東提起（公§114），故本題正確解答為第三選項。

　5.由於發起人所得享受的特別利益，屬於章程中相對必要記載事項，故須載明始屬有效。但此條款並無記載特定期限或數額的限制。股東會享有修改章程的權限，故得以修改章程的方式，裁減發起人得領取的特別利益。最後，發起人領取的特別利益，是發起人的專屬利益，不得移轉給他人，故正確解答為第一選項。

第三節

◎是非題

㈠答　案

　1.×　2.○　3.×　4.○　5.○　6.×　7.×　8.○

(二)解　析

蘇喜是垂涎三尺食品股份有限公司的發起人及董事長，該公司資本額為一百萬股，公司設立時發行四十萬股，設立後又發行二十萬股，蘇喜共持有十萬股。

1.依公司法第一百五十六條第一項之規定，股份有限公司之股份，每股金額應歸一律，故本題敘述為誤。

2.依公司法第一百六十條之規定，股份有限公司的股份可以共有，故本題敘述為正確。

3.由於蘇喜是垂涎三尺公司的發起人，依公司法第一百六十三條第二項之規定，發起人必須在設立登記一年後，才得轉讓其所持有之股份，故本題敘述為誤。

4.依公司法第一百九十七條第一項之規定，董事於當選後，有向主管機關申報其所持有股份數額之義務，故本題敘述為正確。

5.依公司法第一百六十五條第二項之規定，股東名簿記載之變更，於股東常會開會前一個月內不得為之，本題中離垂涎三尺公司股東常會仍有一個月，所以蘇喜仍然可以轉讓股票給其他人，並可辦理「過戶」手續，故本題敘述為正確。

6.依公司法第一百六十七條之規定，公司不得收買股份，故本題敘述為誤。

7.依公司法第一百六十八條之規定，公司非依減少資本之規定，不得銷除其股份，因此蘇喜不得任意銷除艾棗茶之股份，本題敘述為誤。

8.依公司法第一百六十七條第一項但書之規定，股東受破產宣告時，得按市價收回其股份，抵償其於破產宣告前結欠公司之債務，故本題敘述為正確。

◎問答題

1.簡述特別股的種類。

(1)優先分派盈餘股：就特定比例之盈餘，享有優先分派權，可分為：

①累積的優先──若特定年度未達優先股所定之分配率，得就次年或次年以後之盈餘，補其不足。

②非累積的優先──縱未達優先股所定之分配率，亦不得以次年或次年以後之盈餘補足。

③參加的優先──除享有優先分配率外，還能與普通股一同分配剩餘之盈餘。

④非參加的優先 ── 不得再與普通股一同分配剩餘之盈餘。

(2)優先分派賸餘財產股：公司清算後，如有賸餘財產，可優先接受分派。

(3)表決權優先股：指一股享有數表決權，目前我國並無表決權優先股。

2.簡述發行具優先權利特別股的條件。

公司有下列情形之一者，不得公開發行具有優先權利之特別股：

(1)最近三年或開業不及三年之開業年度課稅後之平均淨利，不足支付已發行及擬發行之特別股股息。

(2)對於已發行之特別股約定股息，未能按期支付者。

第四節

◎選擇題

(一)答　案

1.(2)　2.(3)　3.(3)

(二)解　析

1.依公司法第一百六十一條之一規定，公司應於設立登記或發行新股變更登記後，三個月內發行股票，否則負責人將被科處罰鍰，故本題正確解答為第二選項。

2.依公司法第一百六十六條之規定，無記名股票之股數，不得超過已發行股份總數二分之一，垂涎三尺股份有限公司已發行六十萬股，60萬股÷2＝30萬股，故正確解答為第三選項。

3.無論記名或無記名股票，其轉讓均應將股票交付股東，但記名股票須以背書為之，方生轉讓效力，至於過戶手續，僅發生對抗公司之效力，故本題正確解答為第三選項。

第五節

◎選擇題

(一)答　案

1.(4)　2.(1)　3.(2)　4.(4)　5.(3)　6.(4)　7.(3)　8.(1)　9.(4)　10.(4)　11.(5)

12.(2)　13.(1)　14.(1)

(二)解　析

1.公司必設的機關有三：股東會、董事會及監察人，本題正確解答為第四選項。

2.依公司法之規定，原則上股東會之召集人為董事會，監察人、清算人亦得依法召集股東會，而董事長僅有召集董事會之權，並無召集股東會之權，故本題正確解答為第一選項。

3.依公司法第一百七十條之規定，股東常會每年至少須召集一次，其召集次數、時間，得規定於章程中，惟應於每營業年度終結「後」六個月內召集，其召集程序不同於股東臨時會，故本題正確解答為第二選項。

4.依公司法第一百七十七條之規定，股東得委託代理人出席股東會，一人同時可代理數股東出席；雖法條規定須出具公司印發之委託書，惟此規定屬於訓示規定，縱使委託人所使用之委託書，非公司所印製，亦不影響委託代理之效力；又，除信託事業外，一人同時受二位以上股東委託時，其代理之表決權不得超過已發行股份總數表決權之百分之三，超過部分不予計算。本題中，柳澄同時代理蘇喜及白木耳，因此其代理之表決權，不可以超過垂涎三尺公司已發行股份總數之百分之三，即十八萬股（600×3%），故本題正確解答為第四選項。

5.未於依章程規定之地點召集股東會，屬於召集程序違法，依公司法第一百八十九條之規定，股東得自決議之日起一個月內，訴請法院撤銷其決議，故本題正確解答為第三選項。

6.三個選項中所列的事項均須經股東會特別決議，故本題正確解答為第四選項。

7.所謂普通決議，指須有代表已發行股份總數過半數股東之出席，出席股東表決權過半數之同意。垂涎三尺公司雖已發行六百萬股，惟其中五十萬股並無表決權，不算入已發行股份總數，該公司已發行股份總數應為五百五十萬股。本題中，出席股東所代表之股份總數，已超過垂涎三尺公司已發行股份總數之半數（5,500,000×1/2＝2,750,000），出席股東表決權之半數為一百四十萬股（2,800,000×1/2＝1,400,000），故本題正確解答為第三選項。

8.本題中，由於該議案與梅注義有利害關係，且有可能影響垂涎三尺公司之利益，故梅注義不得加入表決，其所持有之股份數亦不算入已出席股東之表決權數，

因此出席股東表決權數為二百七十萬股（2,800,000－100,000＝2,700,000），其半數為一百三十五萬股（2,700,000×1/2＝1,350,000），本題正確解答為第一選項。

9.締結與他公司經常共同經營之契約，屬於公司法第一百八十五條所列之公司重大行為特別決議，依公司法第一百八十六條之規定，反對該決議之股東，必須：(1)股東會前以書面通知公司，表達反對該項行為之意思表示；(2)在股東會中表達反對意見，符合此二要件，方能請求公司以當時公平價格收買其所持有之股份，故本題正確解答為第四選項。

10.依公司法第一百九十八條之規定，股份有限公司之董事，應採用累積投票方式選任，正確解答為第四選項。

11.股份有限公司董事之義務包括：忠實執行業務之義務、善良管理人之注意義務、報告損害之義務、競業禁止之義務及禁止雙方代理之義務，本題正確解答為第五選項。

12.依公司法第一百九十七條之規定，董事在任期中轉讓超過其選任當時所持有股份數額二分之一時，當然解任，蘇喜當權時持有一百萬股，故只要轉讓超過五十萬股，即當然解任，正確解答為第二選項。

13.公司法中，並未設置常務董事長，僅有董事長、副董事長及常務董事，而董事會的召集權屬於董事長，故本題正確解答為第一選項。

14.公司與股東間有訴訟時，仍應由代表公司之董事，代表公司進行訴訟，故本題正確解答為第一選項。

第六節

◎選擇題

(一)答　案

　1.(5)　　2.(2)　　3.(3)　　4.(4)　　5.(1)

(二)解　析

　1.依公司法第二百二十八條之規定，公司應編造的會計表冊包括營業報告書、財產目錄、現金流量表、股東權益變動表、損益表……等，本題正確解答為第五選項。

　2.依公司法第二百二十八條之規定，公司會計表冊之編造負責人為公司之董

事會，本題正確解答為第二選項。

3.董事會編製完成之會計表冊，依公司法第一百三十條之規定，應提交給股東常會請求承認，本題正確解答為第三選項。

4.股份有限公司在分派盈餘前，應先撥補虧損、提存法定盈餘公積、並完納稅捐後，才能分派盈餘，本題正確解答為第四選項。

5.依公司法第二百三十九條之規定，應先使用意定公積，再使用法定盈餘公積，最後使用資本公積，故本題正確解答為第一選項。

◎問答題

1.什麼叫作公積？公積的用途是什麼？

⑴所謂公積，指公司之純財產額超過其資本額之數額時，為達特定目的積存於公司之金額而言。故公積係一計算上之數額，而非具體財產。

⑵公積之用途，視其種類有不同：

①任意公積，由章程或股東會決議指定其用途。

②法定公積之用途有三：

A.彌補虧損，應先以特別盈餘公積（任意公積）彌補，再以法定盈餘公積彌補，最後以資本公積彌補。

B.分派盈餘，當法定盈餘公積超過資本總額半數，或由盈餘年度所提存之盈餘公積超過該盈餘的百分之二十時，為維持股票價格，得以超過部分派充股息與紅利。

C.撥充資本，公司發行新股時，得將公積之全部或一部撥充資本，但以法定盈餘公積撥充資本時，以該項公積已達實收資本之半數，並以撥充其半數為限。

2.公司沒有盈餘可以分派股息嗎？

原則上公司無盈餘時不得分派股息，但公司法設有二項例外規定：

⑴以盈餘公積分派股息

法定盈餘公積超過資本總額半數，或由盈餘年度所提存之盈餘公積超過該盈餘的百分之二十時，為維持股票價格，得以超過部分派充股息與紅利。

⑵建業股息之預付

公司依其業務性質，自設立登記後需二年以上之準備，始能開始營業者，經主管機關許可，得以章程明訂於開始營業前分派股息予股東。

第七節

◎選擇題

(一)答　案

1.(2)　　2.(3)　　3.(1)　　4.(4)　　5.(2)　　6.(4)　　7.(4)

(二)解　析

1.依公司法第二百四十六條之規定，股份有限公司發行公司債之決議機關，為董事會，但董事會必須將募集公司債之原因及有關事項，向股東會報告，故本題正確選項為第二選項。

2.依公司法第二百四十七條之規定，無擔保公司債的發行總額，不得超過公司現有全部資產減去全部負債及無形資產後之餘額的二分之一，垂涎三尺公司之現有全部資產為六千萬元（現金＋廠房、生產設備＋債券、專利權），減去二千萬元的負債，再扣除一千萬元的無形資產（專利權），餘額為三千萬元，餘額的二分之一是一千五百萬元，故正確解答為第三選項。

3.依公司法第二百五十條之規定，倘公司對於前已發行之公司債或其他債務有違法或遲延支付本息之事實，尚在繼續中；或最近三年或開業不及三年之開業年度課稅後之平均淨利，未達原定發行之公司債應負擔年息總額之百分之一百，且無銀行保證者，不得發行公司債，故本題正確解答為第一選項。

4.依我國公司法之規定，公司債之監督機關為：債權人之受託人及債權人會議，故正確解答為第四選項。

5.受託契約是由發行公司債之公司，為公司債債權人之利益，與受託人所訂定，締約當事人為公司與受託人，正確解答為第二選項。

6.依公司法第二百六十三條之規定，公司債債權人會議之召集權人為：(1)發行公司債之公司；(2)公司債債權人之受託人；(3)持有同次公司債總數百分之五以上之公司債債權人，故本題正確解答為第四選項。

7.公司債之消滅原因包括：清償、抵銷、混同、免除、提存及收買銷除（公司

以自有之資金買回公司債銷除之），在抵銷方面，公司或公司債債權人皆得主張抵銷，故本題正確解答為第四選項。

◎解釋名詞

1.有擔保公司債

指公司債附有物上擔保，或有人之擔保，於公司不能清償公司債時，得拍賣抵押物以求償，或請求保證人代公司履行債務。有擔保公司債之發行條件與發行總額之限制，較無擔保公司債寬鬆。

2.可轉換公司債

指附有轉換權之公司債，債權人得行使轉換權將公司債轉換為公司股份，而取得股東地位。

3.公司債債權人的受託人

指基於信託契約，受發行公司債公司之委託，為公司債債權人之利益，監督公司履行公司債發行事項，及取得、保管、實行擔保物權之金融事業或信託事業。

第八節

◎問答題

1.何謂增資？公司可以用那些方法增資？

公司法所稱之增資，係指增加章程所定之資本總額。增資之方式有三：增加股份金額、增加股份數額、增加股份金額與數額。

2.何謂減資？公司減資應該踐行何種程序以保護公司的債權人？

減資係指減少章程所定之資本總額。公司減資應踐行下列程序，以保護公司債權人：

(1)應立即編造資產負債表及財產目錄。公司負責人違反規定不編造時，各科新

臺幣六萬元以下罰金；若在資產負債表或財產目錄為虛偽記載，依刑法或有關規定處罰。

(2)立即分別通知各債權人並對外公告，同時指定三個月以上的期限，聲明債權人可以在該期限內提出異議，公司負責人未履行此一程序時，各科新臺幣六萬元以下的罰金。

3.請詳細說明員工優先承購權。

(1)員工優先承購權之意義

為讓員工有機會參與公司經營、增加員工對公司之向心力，公司發行新股，除經目的事業中央主管機關專案核定者外，應保留原發行新股總額百分之十至十五的股份，由公司員工承購。

公營事業經主管機關專案核定，可以保留部分新股由員工承購，但保留的股份不可以超過發行新股總額的百分之十。

公司負責人違反規定，未讓員工優先承購或承購比例未達法定標準時，各處新臺幣九千元以上六萬元以下罰鍰。

(2)員工優先承購權之資格

限於具備員工身分者，且該權利不得獨立轉讓予他人。

(3)員工優先承購權之限制

員工新股優先認購權之規定，僅在公司因調度資金而為「通常的發行」時，才有適用，在公司因合併他公司、以轉換公司債轉換為股份而增發新股，或公司受政府紓困而發行新股轉讓於政府時，不適用；至於公司以公積或資產增值抵充，核發新股給原有股東時，因此種新股係專門為股東而發行，故員工不能享有優先認購權。

(4)因行使優先承購權所取得股票之轉讓限制

公司對於員工依法優先承購之股份，可限制其在二年內不得轉讓予他人。

4.公開發行新股與不公開發行新股最大的區別何在？並請簡述其發
　行程序。

(1)公開發行與非公開發行之區別點有二：

①非公開發行之認購人以特定人為限；公開發行則無此限制。

②公司法對公開發行新股之限制較嚴格：

A.公司財務連續虧損二年或資產不足抵償債務者，不得公開發行新股。

B.公司營運能力欠佳或債信欠佳者，不得公開發行具有優先權利之特別股。

(2)非公開發行之發行程序：

①董事會決議。

②由員工承購及股東認購或洽由特定人認購。

③備置認股書。

④繳納股款。

⑤改選董監事。

⑥辦理發行新股登記。

(3)公開發行新股之發行程序：

①董事會決議。

②由員工承購及股東認購。

③申請證券管理機關核准。

④對外募股（備置認股書＋公告與發行）。

⑤繳納股款。

⑥改選董監事。

⑦辦理發行新股登記。

第九節

◎選擇題

(一)答　案

　　1.(1)　　2.(1)　　3.(4)　　4.(2)　　5.(1)

(二)解　析

　　1.依公司法第二百八十二條之規定，公司重整之聲請人有：(1)公司；(2)繼續六個月以上持有已發行股份總數百分之十以上股份之股東；(3)相當於公司已發行股份總數金額百分之十以上之公司債權人，故本題正確解答為第一選項。

2.依公司法第二百八十二條之規定，公司重整應經法院之裁定許可，本題正確解答為第一選項。

3.依公司法第二百九十四條之規定，裁定重整後，會使下列各項程序停止：⑴破產程序；⑵和解程序；⑶強制執行程序；⑷因財產關係所生之訴訟程序，本題正確解答為第四選項。

4.依公司法第八條之規定，重整程序中，公司之負責人為重整人，本題正確解答為第二選項。

5.依公司法第三百十一條之規定，公司重整完成後，未依法申報之債權，其請求權消滅，債權人不得再向公司請求清償債務，本題正確解答為第一選項。

◎解釋名詞

1.重整債權人

在法院重整裁定成立前，對公司享有債權之人。

2.關係人會議

由重整債權人及股東組成，審議、表決重整計畫，及其他相關事項，為重整期間之法定必要意思機關。

3.重整計畫

由重整人訂定，調整債權人與股東間之利害關係、訂定公司未來經營業務之方向，使陷於財務困難之公司能再生之計畫，為公司重整程序進行之指針。

第十節

◎問答題

1.股東如果不同意公司合併時，有什麼權利可以行使？

反對公司合併的股東，得依公司法第三百十七條第一項規定，於股東會集會前或集會中，以書面表示異議，或以口頭表示異議經記錄者，得放棄表決權，而請求

公司按當時公平價格，收買其所持有之股份。

2.請簡單說明股份有限公司的解散事由，並請說明解散後公司是否應該進入清算程序。

(1)公司之解散事由包括：

①發生章程規定的解散事由。但股東會可以變更章程，以繼續經營公司。

②公司所欲經營的事業已經完成，或客觀上不能完成。

③股東會決議解散公司。

④記名股東不滿七人。但公司可以用增加記名股東的方式，繼續經營。

⑤公司與其他公司合併。

⑥破產。

⑦主管機關命令解散或法院裁判解散。

(2)股份有限公司除因合併或破產而解散外，均應進入清算程序。

3.請簡單說明普通清算程序與特別清算程序之不同處。

特別清算程序與普通清算程序最大的不同，在於特別清算是由法院與公司債權人一起積極干預公司清算事務的進行，而普通清算則由公司自行清算，法院僅為消極的監督。

4.特別清算程序的清算機關有那些？其功能為何？

特別清算的機關有五個：

(1)清算人特別清算時之公司負責人，負責處理特別清算程序之事務。

(2)債權人會議：由公司的全體普通債權人（不包括有優先權或別除權的債權人）所組成，透過會議之召開，參與公司清算事務，以保障其權益。

(3)監理人：由債權人會議所選任，為債權人之利益，監督、輔助清算人的機關。

(4)法院：積極監督、干預特別清算程序之進行。

(5)檢查人：由法院選派，作為法院的左右手。

第三章

◎問答題

 1.關係企業有那些類型?

依公司法第三百六十九條之一規定,關係企業類型有二:

⑴相互投資之公司

指公司與他公司相互投資各達對方有表決權之股份總數或資本總額三分之一以上。

⑵有控制與從屬關係之公司

其情形可分為:

①公司持有他公司有表決權之股份或出資額,超過他公司已發行有表決權之股份總數或資本總額半數者為控制公司,該他公司為從屬公司。

相互投資公司各持有對方已發行有表決權之股份總數或資本總額超過半數者,或互可直接或間接控制對方之人事、財務或業務經營者,互為控制與從屬公司。

②公司直接或間接控制他公司之人事、財務或業務經營者亦為控制公司,該他公司為從屬公司。

③有下列情事之一者,推定為有控制與從屬關係:

A.公司與他公司之執行業務股東或董事有半數以上相同者。

B.公司與他公司之已發行有表決權之股份總數或資本總額有半數以上為相同之股東持有或出資者。

 2.倘控制公司直接或間接使從屬公司為不合營業常規或其他不利益之經營,應否負賠償責任? 賠償義務人為何? 請求權人為何?

⑴控制公司直接或間接使從屬公司為不合營業常規或其他不利益之經營,依公司法第三百六十九條之四規定,倘控制公司未於營業年度終了時為適當補償,致從屬公司受有損害者,控制公司應負賠償責任。

⑵賠償義務人

①控制公司(公§369之4 I)

②控制公司負責人（公§369之4 II）

倘控制公司負責人使從屬公司為不合營業常規或其他不利益之經營者，應與控制公司負連帶賠償責任。

③受有利益之該他從屬公司（公§369之5）

控制公司使從屬公司不合營業常規或其他不利益之經營者，致他從屬公司受有利益，受有利益之他從屬公司於其所受利益限度內，就控制公司依公司法第三百六十九條之五規定應負之賠償，負連帶責任。

⑶請求權人

①未受適當補償之從屬公司（公§369之4 I）

②從屬公司之債權人（公§369之4 III）

控制公司未為賠償時，從屬公司之債權人得以自己名義行使從屬公司之權利，請求控制公司對從屬公司為給付。

③繼續一年以上持有從屬公司已發行有表決權股份總數或資本總額百分之一以上之股東（公§369之4 III）

第四章

第一節

◎問答題

1.請說明無限公司的股東出資種類。

⑴財產出資

①以現金、動產、不動產或其他權利（如商標專利權）作為出資內容。

以現金以外之財產作為出資時，應將其出資種類、數量、價格或估價標準，記載於章程中。

②出資方式包括直接將財產移轉給公司，或將財產交給公司使用、收益。

以債權出資，而債權到期不獲清償時，該股東須補繳出資，並賠償公司因此所受之損害。

③股東以財產出資，原則上應該在公司申請設立登記前，繳納完畢出資。

(2)勞務出資

指以工作（包括耗腦力或是耗體力的工作）作為出資。

股東以勞務出資時，章程上應該載明估定的價格及勞務的標準。

(3)信用出資

指股東將其個人的信用，提供公司使用，例如擔任公司之保證人。

2.請簡述無限公司執行業務股東的義務。

(1)遵守法令規章的義務

股東執行業務如違背法律、章程或股東之決定，致公司受有損害時，須負賠償責任。

(2)交還代收款項的義務

股東執行業務代收公司款項，未於期間內返還公司，或挪用公司款項，應加計利息一併償還，並賠償公司因此所受之損害。

(3)報告業務及答覆質詢的義務

執行業務股東，應隨時將執行業務情形報告公司，並答覆不執行業務股東之質詢。

(4)不得隨意辭職之義務

公司章程明訂由一位或數位股東執行業務時，該股東不得無故辭職，其他股東亦不得無故使其退職。

(5)競業禁止之義務

執行業務股東不得為自己或為他人為與公司同類業務之行為。若違反此項義務，得經其他股東過半數之決議，將該股東為自己或他人所為行為之所得，作為公司之所得。

3.請簡述無限公司股東轉讓出資的限制。

依公司法第五十五條之規定，非得其他股東全體同意，不得將出資之全部或一部轉讓他人。

第二節

◎問答題

1. 何謂無限公司的外部關係、內部關係?

⑴外部關係

指公司與第三人間之關係,及股東與第三人間之關係。

⑵內部關係

指公司與股東間之關係,及股東相互間之關係。

2. 請簡述無限公司股東的特殊責任。

⑴新加入股東之責任

新加入股東對加入前公司已負之債務,亦須負無限責任。

⑵表見股東之責任

非股東而有可以令人信其為股東之行為者,對於善意第三人,應負與股東相同之責任。

⑶退股股東之責任

退股股東就退股登記或轉讓出資登記前之公司債務,於登記後二年內仍負連帶責任。

⑷解散後股東之責任

無限公司股東間之連帶責任,自公司辦理解散登記後,滿五年而消滅。

⑸變更組織後股東的責任

股東依公司法第七十六條第一項之規定,改為有限責任時,就公司變更組織前之債務,於公司變更登記後兩年內,仍然負無限責任。

3. 公司法對於無限公司債權人及公司股東間債務抵銷,有什麼特別規定?

依公司法第六十四條之規定:公司債務人,不得以其債務與其對於股東之債權

抵銷。

第三節

◎問答題

1.請簡述無限公司股東的入股程序與效果。

(1)入股程序

①取得全體股東同意，訂立入股契約。

②變更章程。

③辦理變更章程登記。

(2)入股效果

①取得股東資格。

②新加入之股東就入股前公司所負債務，亦負無限責任。

2.請簡述無限公司的法定退股事由，並說明退股的效果。

(1)法定退股事由

①發生章程規定的退股事由。

②股東死亡——因無限公司重視股東個人之信用，故股東死亡構成法定退股原因。

③股東破產——受破產宣告之股東，已喪失其信用，不適宜繼續擔任無限責任股東。

④受監護宣告。

⑤除名——有下列情形之一時，得經其他股東全體之同意，將該股東除名，但非經通知不可以對抗該位被除名的股東：A.應繳納的出資不能照繳或屢催不繳；B.未經過其他股東的全體同意，擔任其他公司的無限責任股東，或合夥事業的合夥人；C.以不正當行為妨害公司的利益；D.不履行股東的重要義務。

⑥股東出資，經法院強制執行。

(2)退股效果

①停止使用姓名——公司名稱中，倘列有股東的姓、或姓名，股東退股時，得

請求公司停止使用其姓名（公§68）。

②結算退股——股東退股後，公司應按退股時公司之財產狀況，進行結算。

③退股股東，應向地方主管機關申請辦理登記，就登記前公司之債務，於登記後二年內，仍負連帶無限清償責任。

第四節

◎選擇題

(一)答　案

　　1.(4)　　2.(2)　　3.(1)

(二)解　析

　　1.公司之法人人格於清算完結時消滅，所謂清算完結，除向法院聲報清算完結外，尚須依非訟事件法之規定，向法院辦理清算終結登記，故本題正確解答為第四選項。

　　2.無限公司與其他公司合併時，因合併而消滅之公司，因不須經過清算程序，故其人格於完成解散登記時消滅，本題正確解答為第二選項。

　　3.依公司法第九十六條之規定，股東之連帶無限責任，自解散登記後滿五年而消滅，本題正確解答為第一選項。

◎問答題

　　1.請簡述無限公司的解散原因。

(1)發生章程規定的解散事由。

(2)公司所營事業已成就或不能成就。

(3)股東全體決議。

(4)股東人數不足法定最低人數——但可以加入新股東後繼續營業。

(5)與他公司合併。

(6)公司破產。

(7)主管機關命令解散或法院裁判解散。

2. 請簡述無限公司清算人的選任及解任。

(1)清算人之選任

①法定清算人 —— 原則上由全體股東擔任清算人，若股東死亡，由繼承人執行清算事務，如繼承人有數人，由繼承人互推一人執行。

②選任清算人 —— 公司章程得另定清算人，或由股東決議另選清算人。

③選派清算人 —— 無法定清算人又不能選任清算人時，利害關係人可以聲請法院選派清算人。

(2)清算人之解任

①法院解任 —— 法院因利害關係人之聲請，認為必要時，得將清算人解任。

②股東解任 —— 股東選任之清算人，得經股東過半數之同意將其解任。

③清算人自行請辭。

④發生委任終止事由。

3. 請簡述無限公司的合併程序。

(1)訂定合併契約。

(2)經全體股東之同意作成合併決議。

(3)編造資產負債表及財產目錄。

(4)通知及公告公司債權人，並對合法異議的債權人提出清償或擔保。

(5)辦理合併登記。

第五章

第一節

◎問答題

1. 請簡述有限公司的設立程序。

(1)由股東五至二十一人共同訂定章程。

(2)繳納股款：僅得以現金或財產出資，且不得分期繳款，亦不得向外招募。

(3)自章程訂立後十五日內，向主管機關申請設立登記。

2.請簡述有限公司股東的出資種類及出資方式。

⑴出資種類：以金錢或其他財產為限，不得以信用或勞務出資。

⑵出資方式：由各股東全部繳足，不得分期繳款，或向外招募。

第二節

◎問答題

1.有限公司與股份有限公司在公開性與資本確定原則方面有何不同？

⑴公開性

①有限公司嚴格限制股東人數，須在五人至二十一人間，不似股份有限公司之股東人數，無上限之限制，惟有限公司股東人數因繼承或遺贈而變更時，不在此限。

②有限公司不得發行股票，其出資轉讓亦有限制。

⑵資本確定原則

有限公司之資本，遵守嚴格的資本確定原則，其資本總額及各股東之出資額，必須記載於章程，並須由股東全部繳足，不得分期繳納，不似股份有限公司採授權資本制，得分次發行資本總額。

2.公司法對有限公司股東轉讓出資，有什麼規定？

⑴轉讓出資之生效要件

①擔任董事之股東：非得其他全體股東之同意，不得以其出資之全部或一部轉讓於他人。

②一般股東：非得其他全體股東之同意，不得以其出資之全部或一部轉讓於他人；惟不同意轉讓之股東，有優先受讓權，如不行使優先受讓權，視為同意轉讓，並同意修改章程有關股東及其出資額事項。

③法院依強制執行程序，將股東出資轉讓他人：法院依強制執行程序，將股東出資轉讓他人時，應通知公司及其他全體股東，於二十日內，依公司法第一百十一條第一項或第三項之方式，指定受讓人，公司逾期未指定受讓人，或指定之受讓人

不依同一條件承受時，視為同意轉讓，並同意修改章程有關股東及其出資額事項。

(2)轉讓出資之時期

股東非於公司設立登記後，不得轉讓出資。

(3)轉讓出資之對抗效力

股東非將出資受讓人之本名或名稱及住所或居所，記載於股單及股東名簿，不得以其轉讓對抗公司。

第三節

◎問答題

請簡述有限公司分派盈餘的條件。

(1)公司非彌補虧損、完納稅捐並提出百分之十的盈餘作為法定盈餘公積後，不得分派盈餘。

(2)公司無盈餘時，亦不得分派盈餘，但符合下列條件且必要時，公司亦得分派盈餘：

①法定盈餘公積超過資本總額百分之五十時；

②於有盈餘之年度所提存之盈餘公積，有超過該盈餘百分之二十數額者。

第四節

◎問答題

請簡述有限公司變更公司組織的程序。

(1)取得全體股東之同意。

(2)通知並公告各債權人。

(3)辦理公司變更登記。

第六章

第一節

◎問答題

1. 兩合公司中，無限責任股東與有限責任股東在股東責任、出資種類、轉讓出資及競業自由等方面，有何不同？

	無限責任股東	有限責任股東
股東責任	於公司不能清償債務時，負連帶無限清償責任。	僅就其出資額負責。
出資種類	得以現金、財產、勞務、信用出資。	僅得以現金或財產出資。
轉讓出資	須經全體無限責任股東及有限責任股東同意，方得轉讓出資。	須得無限責任股東過半數之同意，方得轉讓出資。
競業自由	負競業禁止義務，不得成為他公司之無限責任股東或他合夥事業之合夥人，不得經全體股東同意解除競業禁止業務。	不受競業禁止之限制。

2. 請簡述兩合公司的執行業務機關，及業務監察機關。

⑴執行業務機關：專屬於無限責任股東。無限責任股東有二人以上時，各有執行業務之權利，但章程訂定由股東中之一人或數人執行業務者，從其訂定。

⑵業務監察機關：除經法院許可外，有限責任股東平時並無查核權，僅得於每會計年度終了時，查閱公司帳目、業務及財產情形。

第二節

◎問答題

1. 請簡述兩合公司股東的退股事由。

⑴聲明退股事由

①無限責任股東

A.章程未定公司存續期限者，除章程另有規定外，無限責任股東得於每會計年度終了時退股，但應於兩個月前向公司為聲明。

B.無限責任股東因非可歸責於己之重大事由，不問章程有無訂定公司存續期限，均得隨時退股。

②有限責任股東

因非可歸責於己之重大事由，得經無限責任股東過半數之同意退股，或聲請法院准其退股。

⑵法定退股事由

①發生章程所定退股事由。

②破產。

③除名。

④股東出資經法院強制執行。

⑤無限責任股東死亡或受死亡宣告（有限責任股東死亡或受死亡宣告時，其出資歸其繼承人所有）。

⑥無限責任股東受監護宣告（有限責任股東受監護宣告時，由法定代理人代為行使權利、履行義務）。

　2.請簡述兩合公司股東的除名事由。

⑴無限責任股東

①應出之資本不能照繳或屢催不繳。

②違反公司法第五十四條第一項競業禁止之規定。

③有不正當行為妨害公司之利益者。

④對於公司不盡重要之義務者。

⑵有限責任股東

①不履行出資義務者。

②有不正當行為，妨害公司利益者。

第三節

◎問答題

　1.兩合公司在何種情形可以變更為無限公司？

⑴有限責任股東全體退股而變更為無限公司。

⑵經全體股東同意變更為無限公司。

2. 請簡述兩合公司的解散事由。

(1)發生章程所定解散事由。

(2)公司所營事業已成就或不能成就。

(3)股東全體之同意。

(4)股東經變動而不足法定最低人數。

(5)與他公司合併。

(6)破產。

(7)無限責任股東或有限責任股東全體退股。

第七章

◎選擇題

(一)答　　案

　　1.(3)　　2.(4)　　3.(4)

(二)解　　析

　　1.依公司法第四條之規定，所謂外國公司，係指以營利為目的，依照外國法律所組織成立的公司，本題正確解答為第三選項。

　　2.外國公司經認許後，取得法人資格，成為我國法律上的權利主體，可以在中華民國境內營業，亦可在中華民國境內設立分公司，故本題正確解答為第四選項。

　　3.依公司法第三百七十九條之規定，主管機關得依職權撤銷外國公司認許之情形有三：(1)申請認許時所報事項或所繳文件，經查明有虛偽情事者；(2)公司已解散者；(3)公司已受破產宣告者。不包括外國公司負責人捲款潛逃之情事，故本題之解答為第四選項。

◎問答題

　　1.試述外國公司取得認許的要件。

(1)積極要件

①須在其本國設立登記。

②須在其本國已為營業。

(2)消極要件

應不予認許之情形：

①其目的或業務，違反中華民國法律、公共秩序或善良風俗者。

②其設分公司之地區，限制外國人居住或其業務限制外國人經營者。

③外國公司申請認許時，應報明並備具之事項及文件有虛偽情事者。

2.試述公司法對外國公司的權利的特殊限制規定。

⑴外國公司依法購買業務上所需之房地產，必須事先申請地方主管機關轉呈中央主管機關核准，且以其本國法律亦准許中華民國公司享受同樣權利者為限。

⑵外國公司之本國法律，禁止中華民國公司在其境內募集股份或募集公司債者，該外國公司不得在中華民國境內募集股份或公司債。

附錄二

公司申請登記表格

一、無限公司登記應附送書表一覽表

單位：份

登記事項 ＼ 附送書表	申請書	其他機關核准函（註2）	公司章程	章程修正條文對照表	股東同意書（股東需親自簽名）	股東資格及身分證明文件（註3）	合併後改推新代表公司之股東，其身分證明文件	經理人資格及身分證明文件	辭職證明文件	合併契約	股東退股證明書	法院裁定文件	最近一期房屋完稅稅單（或所有權狀）影本及建物所有權人同意書正本及（註5）	其附件會計師資本額查核報告書暨	委託會計師簽證之委託書	設立（變更）登記表
1.公司設立	1	1	1		1	1							1	1	1	2
2.公司名稱變更	1	1	1	1	1											2
3.修正章程	1	1	1	1	1											2
4.公司所營事業變更	1	1	1	1	1											2
5.股東出資轉讓	1	1	1	1	1	1（新增者）										2
6.股東地址變更	1	1	1		1											2
7.公司所在地變更（同一縣市）	1	1			1								1			2
7.公司所在地變更（不同縣市）	1	1	1		1								1			2
8.變更組織	1	1	1		1	1（新增者）										2
9.經理人委任	1	1			1			1								2
10.經理人解任	1	1			1			1（辭職者檢附）								2
11.經理人、分公司經理人地址變更	1	1						1								2
12.分公司設立	1	1			1			1					1			2
13.分公司經理人變更	1	1			1			1								2
14.分公司名稱變更	1	1			1（如因總公司更名者免附，但應檢附總公司變更登記表影本等證明文件）											2
15.分公司所在地變更	1	1			1								1			2
16.分公司撤銷	1	1			1											
17.停業	1															
18.復業	1															
19.延展開業	1															
20.增資	1	1	1	1	1	1（新增者）								1	1	2
21.減資	1	1	1	1	1						1			1	1	2
22.新設合併	1	1	1		1（含新設及各消滅公司）	1				1			1	1	1	2
23.存續合併	1	1	1	1	1（含存續及各消滅公司）		1			1				1	1	2
24.合併解散	1	1			1					1						
25.解散	1	1			1											2
26.裁定解散	1	1										1				2

備註：
1. 委託會計師或律師代理者，應另檢附委託書一份。
2. 依法應先經主管機關許可者，應檢附許可文件影本，無則免送。
3. 如有涉及外國文件者，應另檢附中譯本。
4. 公司申請設立、新設合併、名稱及所營事業變更者，應於申請書件上載明「公司名稱及所營事業登記預查申請表」核准文號。
5. 公司登記所在地之建物所有權人出具之同意書，應載明同意提供使用之公司名稱；建物為公司所自有者或檢附租賃契約影本，免附同意書，仍應附最近一期房屋完稅稅單（或所有權狀）影本。

二、兩合公司登記應附送書表一覽表

單位：份

登記事項	申請書	其他機關核准函（註2）	公司章程	章程修正條文對照表	股東同意書（股東需親自簽名）	股東資格及身分證明文件（註3）	股東退股、除名證明書	合併後改推新代表公司之股東，其身分證明文件	經理人資格及身分證明文件	辭職證明文件	合併契約	法院裁定文件	最近一期房屋完稅稅單（或建物所有權人同意書正本及所有權狀）影本（註5）	其附件會計師資本額查核報告書暨	委託會計師簽證之委託書	設立（變更）登記表
1.公司設立	1	1	1		1	1							1	1	1	2
2.公司名稱變更	1	1	1	1	1											2
3.修正章程	1	1	1	1	1											2
4.公司所營事業變更	1	1	1		1											2
5.股東出資轉讓	1	1	1		1	1（新增者）										2
6.股東地址變更	1		1	1	1											2
7.公司所在地變更　同一縣市	1												1			2
7.公司所在地變更　不同縣市	1	1	1	1	1								1			2
8.變更組織	1	1	1		1	1（新增者）										2
9.經理人委任	1		1		1				1							2
10.經理人解任	1		1		1					1（辭職者檢附）						2
11.經理人、分公司經理人地址變更	1								1							2
12.分公司設立	1		1													2
13.分公司經理人變更	1		1													2
14.分公司名稱變更	1		1		1（如因總公司更名者免附，但應附總公司變更登記表影本等證明文件）											2
15.分公司所在地變更	1		1		1								1			2
16.分公司撤銷	1		1													
17.停業	1															
18.復業	1															
19.延展開業	1															
20.增資	1	1	1	1	1	1（新增者）								1	1	2
21.減資	1	1	1	1	1		1							1	1	2
22.新設合併	1	1	1		1（含新設及各消滅公司）	1					1			1	1	2
23.存續合併	1	1	1		1（含存續及各消滅公司）			1			1			1	1	2
24.合併解散	1		1								1					
25.解散	1		1													2
26.裁定解散	1											1				2

備註：　1.委託會計師或律師代理者，應另檢附委託書一份。
　　　　2.依法應先經主管機關許可者，應檢附許可文件影本，無則免送。
　　　　3.如有涉及外國文件者，應另檢附中譯本。
　　　　4.公司申請設立、新設合併、名稱及所營事業變更者，應於申請書件上載明「公司名稱及所營事業登記預查申請表」核准文號。
　　　　5.公司登記所在地之建物所有權人出具之同意書，應載明同意提供使用之公司名稱；建物為公司所自有者或檢附租賃契約影本，免附同意書，仍應附最近一期房屋完稅稅單（或所有權狀）影本。

三、有限公司登記應附送書表一覽表

單位：份

登記事項 ＼ 附送書表	申請書	其他機關核准函（註2）	公司章程	章程修正條文對照表	董事同意書（董事需親自簽名）	股東同意書（股東需親自簽名）	董事願任同意書（註3）	股東資格及身分證明文件（註4）	董事或其他負責人資格及身分證明文件（含指派、改派代表人之指派）	經理人資格及身分證明文件	辭職證明文件	股東會議事錄	董事會議事錄及其簽到簿影本	合併契約	新任董監事資格及身分證明文件	董監事願任同意書（含指派代表人之指派書）文件	法院裁定（囑託登記）文件	建物所有權人同意書正本及最近一期房屋完稅稅單（或所有權狀）影本（註6）	會計師資本額查核報告書暨其附件	委託會計師簽證之委託書	部立（變更）登記表
1.公司設立	1	1	1			1	1	1										1	1	1	1
2.公司名稱變更	1	1	1	1		1												1			2
3.修正章程	1	1	1	1		1															2
4.公司所營事業變更	1	1	1	1		1															2
5.股東出資轉讓	1	1	1			1		1（新增者）													2
6.股東地址變更	1		1	1		1															2
7.改推董事、董事長	1					1	1		1												2
8.董事、董事長解任	1					1															2
9.董事、臨時管理人地址變更	1								1												2
10.公司所在地變更（同一縣市）	1	1			1（已附股東同意書者免附）	1（已附董事同意書者免附）															
10.公司所在地變更（不同縣市）	1	1	1	1		1												1			2
11.變更組織	1	1	1	1		1							1		1	1	1				2
12.經理人委任	1	1				1				1											2
13.經理人解任	1	1				1（辭職者免附）					1（辭職者檢附）										2
14.經理人、分公司經理人地址變更	1									1											2
15.分公司設立	1	1				1				1											2
16.分公司經理人變更	1	1				1				1											2
17.分公司名稱變更	1	1				1（如因總公司更名者免附，但應附總公司變更登記表影本等證明文件）															2
18.分公司所在地變更	1	1				1															2
19.分公司撤銷	1																				2
20.停業	1																				
21.復業	1																				
22.延展開業	1																				
23.增資	1	1	1	1		1		1（新增者）											1	1	2
24.減資	1	1	1	1		1													1	1	2
25.新設合併	1	1	1			1（含新設及各消滅公司資料）		1	1			1		1					1	1	2
26.存續合併	1	1	1	1		1（含存續及各消滅公司資料）		1	1			1		1					1	1	2
27.合併解散	1	1												1							2
28.解散	1	1																			2
29.裁定解散	1																1				2

備註： 1.委託會計師或律師代理者，應另檢附委託書一份。

2.依法應先經主管機關許可者，應檢附許可文件影本，無則免送。

3.如擔任董事者已於股東同意書親自簽名同意時，免附。

4.如有涉及外國文件者，應另檢附中譯本。

5.公司申請設立、新設合併、名稱及所營事業變更者，應於申請書件上載明「公司名稱及所營事業登記預查申請表」核准文號。

6.公司登記所在地之建物所有權人出具之同意書，應載明同意提供使用之公司名稱；建物為公司所自有者或檢附租賃契約影本，免附同意書，仍應附最近一期房屋完稅稅單（或所有權狀）影本。

四、股份有限公司登記應附送書表一覽表

單位：份

登記事項 ＼ 附送書表	申請書	其他機關核准函（註2）	公司章程	章程修正條文對照表	發起人報告書	發起人會議事錄	創立會議事錄	股東會議事錄	董事會議事錄	董事監察人或檢查人調查報告書	董事會議事錄及其簽到簿影本	合併契約	分割計畫書	股份交換契約	股份轉換契約	營業或財產讓與（或收購）契約	發起人名冊	董監事或其他負責人資格及身分證明文件（各指派、改派代表人之指派書）	董監事願任同意書	辭職證明文件、證交稅額繳納書或死亡證明書	發起人資格及身分證明文件	經理人資格及身分證明文件	國內股東身分證明文件、董事委託代理出席董事會之委託書	董事居住國外事證	法院裁定（囑託登記）文件	建物所有權人同意書正本及最近一期房屋完稅稅單（或所有權狀）影本（註5）	會計師資本額查核報告書暨其附件	委託會計師簽證之委託書	設立（變更）登記表
1. 發起設立	1	1	1							1							1		1		1					1	1	1	2
2. 募集設立	1	1	1		1	1	1			1							1		1		1					1	1	1	2
3. 公司名稱變更	1	1	1	1				1																					2
4. 修正章程	1	1	1	1				1																					2
5. 公司所營事業變更	1	1	1	1				1																					2
6. 改選董監事	1	1						1										1（原任者免附身分證明文件，仍應檢附指、改派書）	1										2
7. 改選董事長、副董事長、常務董事	1	1									1（如原已擔任董事者免附）							1（如原已擔任董事者免附）	1（如原已擔任董事者免附，惟董事長須加附董事長願任同意書）										2
8. 補選董監事	1	1						1										1	1										2
9. 董監事解任	1	1						1（經股東會解任者檢附）												1									2
10. 法人股東改派代表人為董監事	1	1																1	1										2
11. 重整人、重整監督人登記	1																	1（解任者免附）							1				2
12. 董監事、臨時管理人、重整人、重整監督人地址變更	1																	1											2
13. 公司所在地變更 — 同一縣市	1	1									1															1			2
13. 公司所在地變更 — 不同縣市	1	1	1	1							1（股東會已決議新地址者免附）															1			2
14. 居住國外董事委託國內股東代理出席董事會登記	1																						各1	1					2
15. 經理人委任	1	1									1											1							2

項目	1	2	3	4	5	6	7	8	9	10	11	12	13	14	15	16	17	18
16.經理人解任	1	1					1(經董事會解任者檢附)						1(辭職者檢附)					2
17.經理人、分公司經理人地址變更	1															1		2
18.分公司設立	1	1						1								1	1	2
19.分公司經理人變更	1	1					1(經理人調動者免附)									1		2
20.分公司名稱變更	1	1					1(如因總公司更名者免附,但應附總公司變更登記表影本等證明文件)											2
21.分公司所在地變更	1	1					1									1		2
22.分公司撤銷	1	1					1											
23.停業	1																	
24.復業	1																	
25.延展開業	1																	
26.增資、發行新股	1	1	1(不涉及修章者免附)	1(不涉及修章者免附)			1(依公司法第266規定以現金發行新股者免附)	1								1	1	2
27.可轉換公司債換發新股	1		1(不涉及修章者免附)	1(不涉及修章者免附)			1(不涉及修章者免附)	1								1	1	2
28.減資	1	1	1(不涉及修章者免附)	1(不涉及修章者免附)			1	1(股東會已決議減資基準日者免附)								1	1	2
29.新股分割	1	1	1		1		1(檢附各被分割公司資料)	1(含新股及各被分割公司資料)	1		1	1			1	1	1	2
30.吸收分割發行新股	1	1	1(不涉及修章者免附)	1(不涉及修章者免附)			1(含既存及各被分割公司資料)	1(含既存及各被分割公司資料)	1							1	1	2
31.分割減資	1	1	1(不涉及修章者免附)	1(不涉及修章者免附)			1(含既存【或新股】及各被分割公司資料)	1(含既存【或新股】及各被分割公司資料)	1							1	1	2
32.分割消滅	1	1					1	1	1									
33.新股合併	1	1	1		1		1(檢附各消滅公司資料)	1(含新股及各消滅公司資料)	1		1	1			1	1	1	2
34.存續合併	1	1	1(不涉及修章者免附)	1(不涉及修章者免附)			1(含存續及各消滅公司資料)	1(含存續及各消滅公司資料)	1							1	1	2
35.合併解散	1	1					1	1(股東會已決議合併基準日者免附)										

36.解散	1	1				1												2
37.裁定解散	1															1		2
38.股份交換發行新股	1	1				1		1									1	1	2
39.股份轉換發行新股	1	1	1(不涉及修章者免附)	1(不涉及修章者免附)		1(含各公司資料)	1(含各公司資料)		1								1	1	2
40.收購發行新股	1	1	1(不涉及修章者免附)	1(不涉及修章者免附)		1(含各公司資料)	1		1								1	1	2
41.股份轉換新股	1	1	1		1	1(含各公司資料)	1(含各公司資料)		1	1	1	1		1		1	1	1	2

備註：　1.委託會計師或律師代理者，應另檢附委託書一份。

　　　　2.依法應先經主管機關許可者，應檢附許可文件影本，無則免送。

　　　　3.如有涉及外國文件者，應另檢附中譯本。

　　　　4.公司申請設立、新設合併、新設分割、名稱及所營事業變更者，應於申請書件上載明「公司名稱及所營事業登記預查申請表」核准文號。

　　　　5.公司登記所在地之建物所有權人出具之同意書，應載明同意提供使用之公司名稱；建物為公司所自有者或檢附租賃契約影本，免附同意書，仍應附最近一期房屋完稅稅單（或所有權狀）影本。

五、外國公司申請認許應附送書表一覽表

單位：份

登記事項 ＼ 附送書表	申請書	其他機關核准函（註2）	法人資格證明文件（須經驗證並附中譯本）	合併之法人資格證明文件（須經驗證並附中譯本）	公司章程（須經驗證並附中譯本）	股東會或董事會請求認許之議事錄（須經驗證並附中譯本）	議事錄（須經驗證並附中譯本）	董事會決議撤回認許之議事錄（須經驗證並附中譯本）	在中華民國境內營運資金之匯入匯款通知書、買匯水單（盈餘轉增資時免附）	改派在中華民國境內指定之訴訟及非訴訟代表人授權書（須經驗證並附中譯本）	改派在中華民國境內指定訴訟及非訴訟代表人身分證明文件（註3）	分公司經理人身分證明文件（註4）	建物所有權人同意書正本及最近一期房屋完稅稅單（或所有權狀）影本（註8）	會計師資本額查核報告書暨其附件	委託會計師簽證之委託書	認許（事項變更）表	外國公司分公司設立（變更）登記表
1.新設認許	1	1	1		1		1		1	1	1					2	
2.改派在中華民國境內訴訟及非訴訟代表人	1	1								1	1					2	
3.增加在中華民國境內營業所用資金	1	1							1					1	1	2	
4.減少在中華民國境內營業所用資金	1	1							1					1	1	2	
5.在中華民國境內所營事業變更	1	1														2	
6.本公司所在地變更	1															2	
7.本公司資本額變更	1															2	
8.本公司所營事業變更	1															2	
9.本公司董事名單變更	1															2	
10.本公司名稱(中、英文)	1	1	1（英文名稱變更時）													2	2
11.因境外合併公司外文名稱變更	1	1	1	1	1											2	2
12.設立在台分公司	1	1											1	1	1	2	
13.分公司經理人變更	1	1										1		1		2	
14.分公司名稱變更	1																2
15.分公司所在地變更	1	1											1			2	2
16.分公司撤銷	1	1														2	
17.停業	1																
18.復業	1																
19.延展開業	1																
20.撤回認許	1	1						1									

備註： 1.委託會計師或律師代理者，應另檢附委託書一份。

2.依法應先經主管機關許可者，應檢附許可文件影本，無則免送。

3.在中華民國境內指定訴訟及非訴訟代表人為中華民國國籍者應檢附國民身分證影本；若係外國人應檢附居留證影本或護照影本加載地址並簽名、蓋章。

4.分公司經理人在臺應有居、住所，其為中華民國國籍者應檢附國民身分證影本；若係外國人應檢附居留證影本或護照影本加載地址並簽名、蓋章。

5.法人資格證明文件如為本公司所在地之政府機關出具之文件，得免經驗證。

6.驗證有效期限為自驗證日起算計1年。

7.公司申新設認許、名稱及所營事業變更者，應於申請書件上載明「公司名稱及所營事業登記預查申請表」核准文號。

8.公司登記所在地之建物所有權人出具之同意書，應載明同意提供使用之公司名稱；建物為公司所自有者或檢附租賃契約影本，免附同意書，仍應附最近一期房屋完稅稅單（或所有權狀）影本。

商事法　潘維大、范建得、羅美隆／著　黃心怡／修訂

　　修訂九版主要是針對公司法、商業登記法與保險法之修訂。民國九十六年六月保險法就保險業監督管理、退場處理程序，及同業公會自律組織部分進行大幅調整，並就保險契約法中若干規定進行修正。民國九十七年一月，為配合商業發展及放寬行政規範，修正公布商業登記法全文三十七條；且為維護市場公平競爭，復於民國九十八年一月增訂商業名稱及所營事業，於登記前應先申請核准之相關規定。民國九十八年一月公司法針對接受政府紓困公司增訂相關規定，同年四月又將公司最低資本總額之限制予以刪除。本書延續第八版風格，在章節編排上務求綱舉目張、提綱挈領，冀希使讀者迅速瞭解我國商事法律之理論與實務。

民法概要　潘維大／編著　黃心怡／修訂

　　對法律的初學者，或是想查閱法律規定的民眾而言，多有被法條艱澀的文字，或是一般法律書籍中學術性的說明拒於千里之外的感覺。著眼於此，本書以淺顯的說明方式，介紹法律體系中最基本也是最重要的一部法律——民法。並盡可能在每一章的開始，以日常生活中常見的事實為案例，提點出該章欲說明的法律問題。內文說明的部分，除了以易懂的敘述方式說明法律規定外，針對有興趣更進一步學習法律者，本書並介紹法律學者對法律規定適用上、解釋上的不同見解，以便深入學習。當然，針對案例中所涉及的法律爭議，在章末也附有案例解答，作為參考。

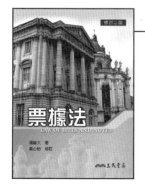

票據法　潘維大／著　黃心怡／修訂

　　這是一本能讓讀者有如閱讀小說、漫畫般，輕鬆認識票據法的書。口語式的活潑筆法，讓抽象的法律條文從此不再艱澀拗口；小說般的故事情節，讓票據法不再如天上明月般遙不可及，而與生活緊密結合。隨著書中人物面臨的大小事故，錯綜難解的法律關係，變成饒富趣味的生活小品。想試試法律變成趣味休閒版的滋味嗎？就從閱讀本書開始吧！

公司法原論　廖大穎／著

　　本書係配合民國九十八年公司法接連三次局部修正之增訂版,內容以資合性的股份有限公司與人合性的無限公司、兩合公司及有限公司制度為兩大主軸,非常適合學術界與實務界人士參考。本書將我國公司組織的實態與運作,配合現行法的規範,區分為四個單元,十八個章節,針對我國的企業型態與公司法制,提綱挈領,簡明扼要剖析公司與法的基本設計,並試圖藉由本書,勾勒出現代公司法的原貌,以開啟大學相關科系學生與一般讀者對公司法學的興趣。當然,就企業併購法之相關公司法制部分,亦將之納入本書的範疇,期以完整呈現我國目前的公司法制。

證券交易法導論　廖大穎／著

　　本書係配合民國九十四年與九十五年新修正證券交易法條文的修訂版,前後共分十一章,就發行市場、流通(交易)市場的規制、證券法制與企業秩序、證券交易機關之構造及民國九十八年最新修正的證券投資人保護法等主軸,依照現行法典所規範的內容撰寫而成,是一本淺顯而易懂的參考書籍。

100/95